让孩子快乐学习的52个方法

减负增效的家庭教育途径

康小明　蔡　芳◎编著

南开大学出版社
天津出版传媒集团
天津科学技术出版社

图书在版编目(CIP)数据

让孩子快乐学习的52个方法:减负增效的家庭教育途径/康小明,蔡芳编著. -- 天津:南开大学出版社:天津科学技术出版社,2021.12
 ISBN 978-7-310-06221-8

Ⅰ.①让… Ⅱ.①康… ②蔡… Ⅲ.①学习方法 Ⅳ.① G442

中国版本图书馆CIP数据核字(2021)第252443号

版权所有　侵权必究

让孩子快乐学习的52个方法
RANG HAIZI KUAILEXUEXI DE 52 GE FANGFA

南开大学出版社　出版发行
天津科学技术出版社

出版人:陈　敬
地址:天津市南开区卫津路94号　邮政编码:300071
营销部电话:(022)23508339　营销部传真:(022)23503542
https://nkup.nankai.edu.cn

天津兴湘印务有限公司　全国各地新华书店经销
2021年12月第1版　2021年12月第1次印刷
710毫米×1000毫米　16开本　17印张　190千字
定价:48.00元

如有图书印装质量问题,请与本社营销部联系调换,电话:(022)23508339

作者简介

康小明，男，靠着优异的高考成绩从井冈山脚下走入北京的一介书生，亲身体验了学习带来的快乐感和成就感，也正在身体力行引导自己的两个孩子体验着学习的愉悦感和成就感。先后参加了国内外的众多重要考试，在以创新人才培养为核心的教育理论、家庭教育、教师教育以及高效学习方法等领域具备多年的研究和实践积累。

蔡芳，女，新加坡南洋理工大学教育硕士，高级家庭教育指导师，中国家庭教育学会理事。北京市朝阳区社区学院院长，北京市朝阳区家庭教育指导中心、家校社共育咨询室负责人。策划、编辑出版《儿童家庭教育系列家长手册》《生涯指导36问—给高中教师的生涯指导建议》《乐学国学系列教材》等书籍。

本书简介

本书将理论、方法和案例有机地结合在一起，为父母们分享了引导孩子快乐学习的理论、方法和途径。从乐学的理论基础和操作方法看，从同步开发左右脑、尊重需求层次规律、了解孩子的气质特征、认识孩子的性格类型、同步提升智商与情商等，到把握孩子学习的关键期，再到引导孩子追求乐学的最高境界，既有理念剖析，又有方法指南和经典案例。此外，为了引导孩子实现乐学，父母应该高度重视构建孩子强大的生命支柱、人格支柱和能力支柱。生命支柱包括：呵护自尊、树立自信、勇于担当、真诚感恩、强化自立以及唤醒自强等；人格支柱包括：催生孩子积极向善、培养孩子宽容大度、塑造孩子信守诺言、培养孩子积极乐观的心态、塑造孩子优秀的团队精神、帮助孩子遇事果断、塑造孩子的坚毅品格以及培养孩子的规则意识等；能力支柱包括：激发孩子的学习兴趣、培养良好的学习习惯、优化时间管理、强化目标管理、强化观察和注意力、激发想象和创造力、强化记忆力以及提高阅读能力等。最后，本书阐述了激发孩子快乐学习的十大经典教育方法，那就是：真爱无价、由衷欣赏、科学表扬、积极鼓励、确认放大、理解万岁、陪伴依恋、批评有度、规则育人以及榜样的力量等。此外，在书中还穿插了亲子沟通的艺术和技巧、如何提升孩子的学习内驱力以及如何利用孩子成长过程中的学习开窍期助力孩子的学业提升等。

目录

序言　父母应该为每一个天使插上快乐学习的翅膀 / 001

第1章　快乐学习的理论基础：乐学有道 / 001

  1.1　同步开发左右脑：学习的脑力基础 / 002

  1.2　尊重需求层次规律：快乐学习的渐进性 / 008

  1.3　丰富多彩的气质类型：气质特征与学习 / 011

  1.4　条条大路通罗马：性格特征与学习 / 013

  1.5　智商与情商：智商是底数，情商是幂指数 / 017

第2章　把握孩子学习的关键期 / 021

  2.1　关键的关键期：把握关键期，学习必腾飞 / 022

  2.2　独立意识初长成：3岁左右的第一个叛逆期 / 027

  2.3　青春萌动需呵护：12岁时的第二个叛逆期 / 032

  2.4　花季雨季困惑多：走出困惑，晴空万里 / 038

  2.5　表达能力伴终身：把握语言发展的关键期 / 044

第3章　追求学习的最高境界：快乐和愉悦 / 051

  3.1　追求快乐，享受愉悦：学习的最高境界 / 052

  3.2　积极的自我价值：主动学习的源动力 / 057

  3.3　孩子的独一无二性：欣赏孩子的出发点 / 061

  3.4　呼唤平等和尊重：快乐学习的主体保障 / 065

  3.5　渴望欣赏和赞美：给孩子世间最动听的语言 / 068

3.6　自信的孩子斗志强：越学越欢的秘诀 / 071

3.7　境由心生：阳光的孩子乐趣多 / 076

3.8　人人都爱被表扬：激发斗志的催化剂 / 080

3.9　挫折面前宜鼓励：重新奋进的加油站 / 084

3.10　掌控自己的行为：自我决定兴致高 / 087

第4章　构建孩子快乐学习的生命支柱 / 093

4.1　呵护自尊，激发孩子的上进心 / 094

4.2　树立自信，帮助孩子攻坚克难 / 099

4.3　勇于担当，夯实热情的基点 / 105

4.4　真诚回馈，感恩的孩子有人缘 / 110

4.5　摆脱依赖，自立的孩子前程广 / 114

4.6　唤醒自强，迎难而上成就多 / 119

第5章　构建孩子快乐学习的人格支柱 / 125

5.1　催生孩子积极向善：自古仁者皆无敌 / 126

5.2　培养孩子宽容大度：锻造真正的强者胸怀 / 131

5.3　塑造孩子信守诺言：诚实守信是成功的永动机 / 135

5.4　培养孩子积极乐观的心态：阳光孩子人缘好 / 139

5.5　塑造孩子优秀的团队精神：善于合作的孩子天地更宽广 / 144

5.6　帮助孩子遇事果断：当断不断，反受其乱 / 149

5.7　塑造孩子的坚毅品格：坚忍不拔终成大器 / 152

5.8　培养孩子的规则意识：没有规矩，不成方圆 / 156

第6章　构建孩子快乐学习的能力支柱 / 163

6.1　激发孩子的学习兴趣：激发意趣，子必好学 / 164

6.2　培养良好的学习习惯：优秀是一种习惯 / 168

6.3　管理时间就是管理生命——立即行动，远离拖延 / 174

6.4　管理目标就是管理方向：志之所向，一往无前 / 178

6.5　强化观察和注意能力：专心致志，学必有成 / 184

6.6　激发想象力和创造力：创新之本，进步之源 / 189

6.7　强化记忆力：记忆是智慧之母 / 195

6.8　提高阅读能力：读而精思，学必轻松 / 200

第7章　激发孩子快乐学习的十大教育方法 / 205

7.1　真爱无价：爱是智慧和成功的催化剂 / 206

7.2　由衷欣赏：科学欣赏激发无限潜能 / 210

7.3　科学表扬：讲究方法注重实效 / 214

7.4　积极鼓励：引导孩子从挫折中奋起 / 218

7.5　确认放大：培植孩子优点的终南捷径 / 222

7.6　理解万岁：理解是引导孩子的前提 / 227

7.7　陪伴依恋：孩子情感模式初始化的重要途径 / 234

7.8　批评有度：善用、慎用批评和惩罚 / 238

7.9　规则育人：贵在公正平等和透明 / 245

7.10　榜样的力量：无穷的身教影响力 / 250

结束语 / 257

参考文献 / 260

序言

父母应该为每一个天使插上快乐学习的翅膀

在数以亿计的中国家庭中，孩子历来都是家庭的核心，寄托着父母对未来无限的期冀和憧憬。孩子不仅是父母生命的延续者，还是父母生命的超越者，更是父母生命的升华者。正因如此，无数父母在"望子成龙，望女成凤"的动力驱使下，想尽各种办法让自己的孩子成材或成功。在各级各类优质教育资源稀缺的现实背景下，为了实现成材或成功的理想，孩子就不得不在日趋激烈的各级选拔性考试中脱颖而出，尤其是令无数中国父母爱恨交加的中考和高考。

为了在中考和高考中获得理想的成绩，众多家长首先想到的是如何帮助孩子选择一所好学校以及如何强化名师或教育培训机构的课程辅导，无形中忽略了完善家长自身的教育理念和方法以及激发孩子内在的学习动力（也就是我们常说的内驱力），帮助孩子在学习过程中体会到无限的愉悦感和成就感，从而在快乐学习的过程中不断获得理想的学习成绩。当然，这种"快乐"并不是浅层次的感官愉悦，而是经由学习的成就感而带来的精神上的愉悦感。如果仅仅将孩子的学习

52 | 让孩子快乐学习的 52 个方法：
减负增效的家庭教育途径

寄托在学校教育和课外辅导上，那么家长费尽九牛二虎之力也很难达到预期的效果，最终在事倍功半的耐性消磨中对孩子从满怀期望逐渐到满心失望甚至绝望。而将孩子的学习重点放在自主学习动力的激发和快乐学习境界的追求上，家长将会在事半功倍的成功喜悦中找到帮助孩子成材或成功的捷径，最终在不断获得育人喜悦感和成就感的同时实现孩子成绩的不断提高，这才是成功的育儿之道，也是顺利实现无数家长"望子成龙，望女成凤"理想的终极捷径。

为了给孩子插上快乐学习的翅膀，爸爸和妈妈必须了解并熟悉孩子的身心成长规律以及学习的内在规律。非常遗憾的是，众多的中国家长非常愿意为了孩子而将大量的时间、精力和金钱投入到各种各样的课外文化课辅导班以及各种各样的艺术体育等方面的技能培训上，却不愿意为自身育人能力的提高花费必要的时间、精力和金钱。正如我国著名女作家池莉所言：我发现从古至今，孩子都是一样的，家长却发生了巨大的改变。现在太多的父母只愿意在孩子身上花钱，不愿意花费时间、精力和心思。实质上是家长变得糊涂了、自私了、盲目了、愚蠢了、懒惰了[1]。殊不知，让孩子被动地参加各种课外辅导班，违背个人兴趣地学习各种文艺体育技能，不仅无法达到家长的预期效果，还很可能让孩子对学习产生厌烦、逆反和抵触等负面情绪感受。一旦这种负面情绪感受深深扎根于孩子的心灵，再想激发出孩子的学习兴趣，将要付出巨大的代价，有些负面影响甚至将贯穿孩子的一生。而在了解孩子的身心成长规律以及学习的内在规律的基础上，运用科学的教育理念和方法引导孩子更加快乐地学习，不仅将对提高孩子的学业成绩发挥着事半功倍的作用，也将对孩子一生的成长起到积极的促进作用，还将对家庭幸福指数的提高起着决定性的影响，进而影响到父母的事业发展或职业提升。君不见，不陪孩子写作业的时候母慈子孝，一旦陪孩子写作业就鸡飞狗跳，绝大部分都是因为父母没有掌握学习的内在规律、孩子的身心特点以及高效的学习方法（笔者将有另外一本拙作专门探讨高效学习的理论和实践问题，对于两书重叠部分的基础理论并未在本书中展现）。一旦掌握到位，将对家庭幸福以及孩子的学业进

---

[1] 池莉，《来吧孩子》，作家出版社，2008 年 6 月第 1 版，55 页。

序言
父母应该为每一个天使插上快乐学习的翅膀

步产生重要的积极影响。由此可见，父母学习掌握科学的家庭教育理念和方法将同时对家庭的幸福指数、孩子的学业成绩，甚至是父母的职业或事业发展产生积极的促进作用。不仅如此，全面掌握以促进高效学习和快乐学习为核心的科学的家庭教育理念和方法还将对国家"双减"（进一步减轻义务教育阶段学生作业负担和校外培训负担的简称）政策的落实、真正实现中小学生的减负增效发挥积极的促进作用。因为减负的重要途径就是通过父母的科学引导，让孩子实现乐学，用高效的学习方法武装孩子，让孩子实现善学，用积极的成长环境熏陶孩子，让孩子拥有强大的学习内驱力，在发奋上进的同时实现求真、向善和尚美。如果能为上述目标的实现提供些力所能及的助力，也算是本书的一大贡献了。

每一个孩子来到这个世界都是非常可爱的小天使，虽然这些天使并非完美无瑕，但是都蕴藏着无限的学习潜力和发展可能。如何让这些学习潜力和发展可能转变为现实，父母承担着责无旁贷的首要职责。正如两千多年前的西方圣贤亚里士多德所言：母亲的素质决定城邦的未来。在现代社会的分工格局下，父亲和母亲的素质将共同决定孩子的未来，进而决定民族的未来。苏联著名教育家马卡连柯在《父母必读》一书中也言辞恳切地强调了父母在孩子成长过程中的重要性："你们应该常常记得：你们生养和教育子女，不仅仅是为了享受做父母的愉快。在你们的家庭里，在你们的领导下，成长着未来的公民、未来的事业家、未来的战士。如果你们处理无方，教育出不好的人来，那么，由此所得到的苦痛，不仅是你们的，而且是许多人的，是整个国家的。不要忽视这个问题，不要认为这是使人厌烦的老生常谈。要知道，在你们的工厂里，在你们的生产机关里，如果没有生产很好的产品，而生产了粗劣的产品，你们会感到羞愧；而给社会造就出不好的或有害的分子，将是你们更大的耻辱。"而要将孩子培养成合格的社会人，造就未来的卓越人才，需要父母掌握科学的教育理念和方法。正如18世纪的法国著名哲学家和教育家爱尔维修说的那样："人刚生下来都是一样的，仅仅由于环境和教育的不同，有人可能成为天才，有人则变成凡夫俗子甚至蠢材。即使再普通的孩子，只要教育方法得当，也会成为不平凡的人……"。

笔者殷切地期望中国的亿万父母都能在对孩子满怀爱心的同时，熟悉并掌握最基本的科学教育孩子的理念和方法，让自己的孩子真切地体验到学习的快乐感和成就感，最终将孩子培养成适应未来社会发展的栋梁之才！

在本书即将付梓印刷之际，恰逢国家颁布《中华人民共和国家庭教育促进法》，这是家庭教育从"家事"上升到"国事"的重要体现，也是党和国家全面落实立德树人教育根本任务的重要抓手。笔者从十多年前就开始呼吁，国家应该将科学的家庭教育知识作为公共产品向全民免费提供。包括北京市朝阳区在内的诸多区域已经进行了非常成功的探索，也构建了相对完善的家庭教育知识普及和推广体系，笔者也有幸全程参与了该体系从建立到完善的整个过程。伴随着《家庭教育促进法》的正式实施，我国的家庭教育知识普及和推广体系必将越来越完善，覆盖的区域也将越来越广。待到科学的家庭教育理念和方法在全民深入普及之时，一定是中华民族伟大复兴的中国梦实现之日！

第 1 章

快乐学习的理论基础：乐学有道

1.1 同步开发左右脑：学习的脑力基础

孩子的学习离不开大脑对客观现实世界的反映，这些反映又可以分为两种。一种是直接反映，例如触觉和视觉等；另外一种是间接反映，例如思维活动等。无论是直接反映，还是间接反映，都必须通过大脑中的神经元—大脑用于记忆和思考等活动的基本记忆元件。根据现代生命科学、脑科学和解剖学等的研究成果，正常人的大脑神经元总量将有数百亿。从理论上说，这些神经元完全能够满足孩子的学习和考试需要。但是在现实生活中，并不是每一个孩子都能在求学过程中获得满意的学习成绩。究其原因，一是没有按照大脑生长发育的内在规律实现大脑神经元或大脑突触的充分发育；二是没有按照左右脑的各自优势分工充分实现全脑开发。正如爱因斯坦所言：人类最伟大的发现之一，就是对大脑无限潜能的认识，而人类在未来面临的最重要的问题就是对大脑潜能的充分开发。由此可知，当父母充分了解了大脑神经元的生长发育规律并帮助孩子实现左右脑同步开发后，自然就为孩子的快乐学习提供了坚实的脑力保障。

（1）大脑神经元的生长发育规律

童年时代是大脑和智力发育的关键时期。正如苏联著名教育家苏霍姆林斯基所说"智慧训练开始得离儿童出生的时间越远，这个孩子就越难教育"。换句话说，

第 1 章
快乐学习的理论基础：乐学有道

智慧训练开始得离儿童出生的时间越近，这个孩子就越好教育。如果以 17 岁少年的智力发育水平为参照标杆，那么大部分孩子在 4 岁左右时就已经具备了 60% 的智力，8 岁左右时就具备了 90% 的智力。换句话说，正常孩子在 0—3 岁之间就将实现 60% 的大脑智力功能发育，3—6 岁之间再发育 20%，6—8 岁之间又将发育 10%，8 岁以后再发育剩余的 10%。这也能从大脑功能发育的角度解释我国的一句古话"三岁看大，七岁看老"[1]。而意大利著名教育家蒙台梭利也说过一句话：人生的头 3 年胜过以后发展的各个阶段，胜过 3 岁直到死亡的总和。

由上可知，孩子的大脑神经元总量在 5 岁之前基本上已经发育完毕，这将决定孩子长大后观察和思考问题的广度，但是连接外部信息和脑神经细胞之间传递回路的大脑突触尚未发育成型。进入 5 岁以后，大脑功能的发育重点将开始转向推动大脑突触往纵深方向发展，这将决定孩子今后学习能力的高低。而大脑突触的纵向发育程度将对孩子思考问题的深度以及学习能力产生直接的影响。

在大脑发育初期，虽然孩子的理解能力很弱，思维能力也基本为零，但是其吸收能力很强，尤其是整体吸收能力非常强。这种整体式的吸收刺激的方式会将孩子看到的、听到的、感知到的各类信息不加选择地照单全收，就像海绵吸水那样自然。经典教育的理论依据之一即在于此：让孩子从小接受经典的语言、文字、画面、音乐和舞蹈等的熏陶，从而让孩子从小就开始接受最优质的信息刺激。孩子在 3 岁之前如果能够听遍世界名曲，看尽世界名画，体验如画的风景，欣赏各类博物馆、美术馆、文化馆以及著名的经典建筑等，这些信息刺激将会深入骨髓，植入孩子的心灵深处，刺激孩子的大脑神经元总量迅速增长，进而为孩子学习能力的提高打下坚实的根基。

【理念剖析】

在儿童时代，特别是在 5 岁之前，父母应该多带孩子参加各种适合的体育

---

[1] 这是人们在漫长的农耕社会总结出来的经验之谈，在现代社会，笔者一般愿意把它修正为"七岁看大，十二岁看老"，但是，这个经验之谈仍然有着非常重要的借鉴意义，因为这个时期不仅是大脑功能发育的关键时期，也是孩子基础人格形成的关键时期。

让孩子快乐学习的 52 个方法：
减负增效的家庭教育途径

运动，包括尚未学会走路之前的充分爬行、荡秋千、滑滑梯、上下楼梯、坐旋转木马等，让孩子有充分的感觉训练以及感觉统合训练的机会。此外，父母还应该多带孩子接触大自然，观察各种花鸟虫鱼，欣赏色彩斑斓的自然景观，接触各种形状和质地的沙石、土壤和植被等，这些都将让孩子的大脑神经元接收到充分的刺激，进而得到充分发育，从而为孩子未来形成良好的学习能力打下坚实的基础。

进入 5 岁之后，父母的引导重心是帮助孩子的大脑突触更好地实现纵向发育。由于大脑突触的纵向发育必然伴随着大脑神经元的不断精简与凝练，因此，父母要注重磨练孩子良好的行为习惯（例如早晚自己刷牙、按时完成作业、独立完成力所能及的特定任务、待人接物彬彬有礼等）、情感习惯（例如遇到困难时兴奋不已、帮助别人时感觉很快乐、取得进步时乐于继续奋斗等）和思维习惯（例如，遇到事情总是从积极的角度看问题，遇到失败和挫折时首先从自己身上找原因等）。

【方法指南】

为了促使孩子大脑神经元的更好发育和大脑突触的更好生长，家长可以采取如下教育方法。

（1）父母经常陪伴孩子一起欣赏中外经典音乐，欣赏世界名画和著名建筑等。

（2）父母经常带着孩子一起融入大自然，多观察花鸟虫鱼、飞禽走兽、江河湖海等。

（3）父母经常带着孩子参加各种各样的体育运动和游戏活动。例如充分爬行、走平衡木、滑滑梯、跳绳、拍球、坐旋转木马、上下楼梯、荡秋千、玩沙石等。

（4）经常及时地表扬孩子，激发孩子内心的挑战欲，培养孩子勇于挑战困难的勇气和精神。

（5）家长经常当着孩子的面认可学校的优点，同时当着孩子的面从积极的角度讨论老师的言行，让孩子渐渐喜欢学校、喜欢老师。

（6）帮助孩子养成今日事今日毕的习惯，杜绝孩子的拖拉和磨蹭现象。

（7）引导孩子自己的事情自己做，家长千万不能代替孩子做主，也不要越俎代庖让孩子失去锻炼和体验的机会。

（8）家长要认真倾听孩子说话，特别是怀着一颗感动、欣赏和尊重的心去聆听孩子说话。这将激发孩子的表达能力、创造能力和独立思考能力等。

（9）家长发现孩子遇到失败和挫折时，不应指责而应接纳和鼓励，让孩子自己学会反省和悦纳失败。

（10）让孩子养成在做事的过程中不计得失、全力以赴、一丝不苟地追求精益求精的习惯，充分享受做事过程中的乐趣。

（2）同步开发左右脑，全面提升学习力

孩子的学习靠大脑，而大脑又分为功能和特征差异非常明显的左半脑和右半脑。早在20世纪40年代，美国著名的脑神经学家斯佩里（R.Sperry）就采用了心理学实验方法，研究了人的大脑两半球的功能特征。斯佩里以及后续很多权威科学家的研究发现：大脑左右两侧的功能具有不对称性，左半脑具备语言、概念运用、逻辑推理和分析计算等功能，更加擅长数字型的理性思维。由此可见，左半脑的思维方式具有连续性、延续性和分析性等特点，又被科学家称为"意识脑""逻辑脑""学术脑""语言脑"等。人的右半脑则具备情感、音乐、绘画、综合、整体思考、空间想象、直觉判断和纵览全局等功能，更加擅长模拟型的形象思维。因此，人的右半脑因具有图像化功能而呈现无序性、跳跃性和直觉性等特征，又被科学家称为"本能脑""潜意识脑""创造脑""音乐脑"和"艺术脑"等。

斯佩里及后续的很多研究人员还发现，人脑所储存的信息绝大部分在右脑中，右脑能够通过分门别类、提纲挈领等高效率的方式储存大量的信息，正常右脑的信息储存量是左脑的上百万倍。孩子的学习和思考过程就是，左脑一边观察并提取右脑所描绘的图像，一边经过逻辑加工过程将其进行符号化和语言化处理，最终转化成语言和数字信息。斯佩里因为证实了大脑左右两侧不对称性的"左右脑分工理论"或"大脑双势理论"而获得了1981年度的诺贝尔医学生理学奖，他发现的人类右脑的神奇功能征服了全世界，也为人类大脑科学研究和学习潜能激

发研究做出了非常巨大的贡献。

【理念剖析】

斯佩里的"左右脑分工理论"为父母开发孩子智力、提高孩子学习能力、激发孩子创造性等提供了有益的启示。我国传统教育模式，往往将语言、数学、理化和其他社会科学类课程作为必修课的重点，其学习方法多以记忆、背诵和再现为主。特别是我国传统的应试教育体系，过度强调机械记忆和背诵，不断强化反复做题，其老师偏重填鸭式的知识灌输，进而形成了过度偏重左脑的理性思维教育、忽视右脑在形象、艺术、情感、灵感和顿悟等方面的创造思维教育的现状。我国主管教育科技工作的国务院前副总理李岚清同志也说过：我们很多应试教育只注重开发左脑，而忽视了右脑的开发。而更多的深层次的思考，深层次的创意，永久性的记忆靠右脑。多用右脑，多训练右脑可以事半功倍，不是事倍功半，甚至可以提高几百倍。

为了全面提高孩子的学习能力，应该充分发挥形象思维和抽象思维（又称逻辑思维）的协同功能和作用。那些学习和事业都优秀者，大脑左右两半球的功能往往是均衡和协调发展的，两者既各司其职又密切配合，共同构成了一个统一的控制系统。如果没有左脑功能的充分开发，右脑功能也不可能得到完全开发；如果离开了右脑功能的充分开发，左脑功能以及大脑的学习潜能也不可能得到有效开发。因此，为了给孩子的学习提供坚实的脑力保障，父母应该注重从小帮助孩子实现左右脑的均衡与协调发展。

【方法指南】

为了帮助孩子从小实现左右脑同步开发，同步提高孩子的逻辑思维能力和形象思维能力，家长应该有意识地采取相应的教育方法。由于我国的传统教育方法非常重视左脑开发，因此，这里将重点介绍开发右脑的方法。

（1）多让孩子有意识地锻炼左手（包括左半身器官）或左右手（包括左半身和右半身器官）同时并用。例如，多练习左右手同时并用的电子琴、钢琴等，多参加跑步、骑自行车、做操等体育活动等。多玩左右手同时并用的手指操等，由于左脑负责控制右手和右半身器官，右脑负责控制左手和左半身器官，所以如果孩子天生是左撇子，千万不要硬生生地把他纠正为右撇子，那样很可能从一开始就把一个天才儿童给扼杀掉了。

（2）下围棋有益于激活孩子的右脑功能。围棋的核心是靠围地多少决定胜负，它是占领一个范围的空间思维游戏，因而有利于激活孩子的右脑功能。

（3）多让孩子锻炼使用珠算和心算。珠算的特点在于左右手指尖协调并用通过拨珠以实现计算的功能，心算的特点则在于调动孩子大脑的整体思维能力，最终刺激右脑功能日益发达。

（4）通过培养孩子的绘画兴趣提高形象思维能力。绘画能够锻炼并激发孩子的形象思维能力，特别是教孩子指物画画、指物联想、闭目遐想等，都能培养孩子的形象思维能力。

（5）多带孩子融入大自然和生活场景。父母应多带孩子去公园、动物园、图书馆、书店、博物馆、展览馆等，同时多带孩子去农场、蔬菜大棚、超市等，让孩子能够将文字资料与具体的自然和生活场景对应起来。

（6）培养孩子爱听故事和讲故事的习惯。让孩子从小习惯听父母讲故事或者广播中的少儿故事，这样不仅可以提高孩子的注意力，还可以充分发展孩子的想象力。当孩子还不识字的时候，可以让孩子练习看图说话、看图讲故事等，以充分激活其右脑功能。

（7）培养孩子对音乐的爱好。心理学家们的研究发现，音乐由右脑感知，因而音乐可以开发孩子的右脑。因此，在孩子从事其他活动时，可以为孩子创设一个优雅的音乐环境。由于左脑并不受音乐影响，因而可以继续独立工作。

（8）用好开发大脑潜能的五个关键词：运动、阅读、游戏、团队和快乐。当然，这里的游戏是指非电子产品类的线下游戏活动。创造条件，尽量让孩子带着快乐的情绪体验在团队氛围中从事运动和游戏活动，同时从小培养其良好的阅读习惯。

以上是开发孩子大脑潜能最重要，也是最常用的途径和方法。

1.2 尊重需求层次规律：快乐学习的渐进性

父母要想让孩子喜欢学习、爱上学习，就必须了解并尊重孩子的需求层次规律。只有当孩子产生快乐学习需求之前的其他需求都获得满足时，才能引导孩子体验到学习的快乐感，进而产生强烈的学习需求。美国著名心理学家马斯洛（A.H.Maslow）将人的需求分为五个层次，这五个需求层次从低到高依次为：生理需求、安全需求、归属和爱的需求、尊重需求（属于人的基本需求）以及自我实现的需求（属于人的成长需求）。实际上，马斯洛在1954年完成的《激励与个性》一书中还探讨了另外两种需求：求知需求与审美需求。这两种需求处于尊重需求与自我实现需求之间，刚开始并未被列入其需求层次序列，由于学习属于孩子的成长需求，因此，要让孩子找到学习的快乐，主动积极地学习，就必须在尊重孩子不同需求层次的基础上，引导孩子水到渠成地进入求知需求的满足状态，从而实现物质需求和精神需求的统一，达到主动学习、自觉学习的境界，进而逐渐实现高效学习和快乐学习。

【理念剖析】

按照马斯洛的层次需求理论，任何个体成长与发展的内在力量都是动机。动机的本质是由各种不同性质不同层次的需求构成，每一层次的需求与满足，将直接决定着个体人格发展的境界程度。正像民谚说的那样："世界上没有懒惰的孩子，只有缺乏动机的孩子。"父母教育孩子、让孩子能够快乐学习的核心就是不断提高孩子的需求层次，如果能将孩子的内在需求提高到自我实现的需求层次，那么父母就可以发现，教育孩子将变得非常轻松、愉悦，同时也充满着成就感。马斯洛的五大需求层次的内涵如下。

（1）生理需求。生理需求是生命个体最原始、最基本的需求。例如吃饭、喝水、穿衣和呼吸等。两千多年前孔子说的"食色，性也"反映的也是这个道理。如果最基本的生理需求得不到满足,则生命个体将面临无法继续生存下去的危险。在很多情况下,这种来自最底层的需求往往是推动人们前进的强大动力来源。

（2）安全需求。当生理需求得到满足后,生命个体往往会产生出更高一级的需求,那就是安全需求。安全需求使得人们希望生活稳定、工作安全、不受各种天灾人祸的威胁以及未来有保障等。现实生活中的人,只要生理需求得到满足后,就会自然而然地产生安全感的需求以及自由的需求等。

（3）归属和爱的需求。归属与爱的需求又称社交需求,是指每一个生命个体都渴望得到家庭、团队、朋友、亲戚和同事等的关心、爱护、理解和支持,都渴望亲情、友情和爱情。归属和爱的需求是生理和安全之上的需求,因而更加细微,更加难以把握和度量,它与个人性格、家庭背景、生活阅历、风俗人情、生活习惯和宗教信仰等都有一定的关系。但是可以肯定的是,任何个体在最基本的生理需求和安全需求得到满足的情况下,自然会希望获得身边个体或团队成员的认可,得到他人的关爱,体验到归属感。

（4）尊重需求。归属和爱的需求获得满足后,随之而来的便是人的尊重需求,包括自尊和他人对自己的尊重两个方面。这种需求在获得必要的满足后,将使人充满幸福感和愉悦感,觉得生活和工作都将更有价值和意义。一个善解人意的人,一定能够得到别人的理解和尊重；一个充满着尊重的班集体,一定是一个积极上进的班集体；一个充满着尊重氛围的社会,一定是一个和谐幸福的社会。因此,尊重需求的满足将是个体和社会发展高度的象征。尊重的需求获得必要的满足之后,个体将会随之产生求知的需求和审美的需求。

（5）自我实现的需求。自我实现的需求是个体最高层次的需求。满足这种需求就要求个体完成与自己能力相匹配的工作,最大限度地发挥自己的潜能,实现自己的理想和奋斗目标。自我实现者是一种不断创造需求、又不断满足需求的人,他能充分地、愉悦地、忘我地、集中精力全力以赴地体验生活并享受工作和奋斗。

【方法指南】

马斯洛的需求层次理论启示我们,为帮助孩子尽快达到生命个体需求的最高层次，父母应该在尊重孩子需求层次的基础上，按照循序渐进的原则让孩子逐步达到自我实现的需求层次。

（1）父母应该无条件地成为孩子最基本的生理需求的保障者。作为孩子的法定监护人，同时也作为孩子最信赖、最可依靠的人，父母应该为孩子无条件地提供衣、食、住、行等最基本的生理需求保障。之所以说无条件，是因为父母千万不能以此为条件，威胁或胁迫孩子必须按照自己的意志或想法说话或做事。

（2）父母应该无条件地关爱自己的孩子，同时让孩子充分发挥自我决定和自我负责的自由意志。父母应该无条件地关爱和支持自己的孩子，特别是在孩子3岁之前，这种来自父母的无条件的关爱是孩子消除恐惧感、建立安全感、形成积极自我价值的关键。此外，父母对孩子无条件的关爱也是推动父母与孩子之间构建牢固情感纽带的重要方式。牢固的情感纽带一旦构建起来，将对孩子未来的学习和生活等诸多方面产生积极的促进作用，其中最为显著的就是通过情感纽带或情感链接大大提高孩子的学习内驱力。

（3）父母应该科学地关心、爱护、理解和支持自己的孩子，为孩子的学习和成长营造温馨、和谐而稳定的家庭环境。来自身边最亲近的人的欣赏、鼓励和接纳等是孩子拥有无穷斗志的动力源泉。只有当孩子对父母、对家庭拥有了高度的归属感，能够感觉到父母无条件的爱时，才会从内心深处对学习产生积极性和责任感。

（4）父母是孩子的第一任老师，也是陪伴孩子时间最长的老师。如果父母能够对孩子平等以待，充分尊重自己的孩子，那么孩子不仅能够体验到学习和生活的幸福感和愉悦感，还能学会如何平等地对待别人，如何给别人以应有的尊重。这是现代社会合格公民的基本素养，也是由内而外激发出孩子快乐学习感觉的重要动力。

（5）父母应该激发孩子树立远大的理想和目标，培养并完善自主学习、自我激励、自我调节、自觉成长的自我发展机制。父母对孩子无条件的关爱、欣赏、鼓励和支持应该是孩子自主学习和自我发展的坚强后盾，父母永远不可能也不应该代替孩子去学习、成长和发展。只有建立了自我发展、自我实现的内在动力机制，孩子才能成为一个真正强大的人。树立了远大的人生理想或时代使命感，可以大大提高孩子学习的内驱力。

1.3　丰富多彩的气质类型：气质特征与学习

19世纪法国杰出的批判现实主义作家司汤达曾经说过：做一个杰出的人，光有一个合乎逻辑的头脑是不够的，人还要有一种强烈的气质。这种气质类型就是不同的高级神经活动类型在人的行为特点中的不同表现。正如俄国著名的生理学家和心理学家巴普洛夫所言：气质是每一个人最一般的特征，是他的神经系统最基本的特征。而这种特征在每一个人的一切活动上都打上了一定的烙印。这种烙印的区别可以从苏联心理学家达维多娃讲的一个故事中得到鲜明的体现。

有四个人一起去看戏，眼看马上要迟到，大家急冲冲跑得满头大汗。谁知一到剧场，门刚刚关上。第一个人见此情景，立马跳进门口，但被服务员拉住。只见他情绪激动，大动作加上大嗓门，与服务员争了起来。第二个人看到这种场面，心想：这样去争没有好处。便悄悄从门边溜了进去。第三个人见了，冷冷地说："何必多费周折，不要急嘛，在休息室里坐下来看会儿书，等第一场结束后再进去也不迟。"于是一个人坐下来，慢悠悠地拿出书来看了。第四个人在一旁迟疑了半晌，摇摇头，叹了一口气："唉，我这个人总是很倒霉，连看戏也会碰到这种情况。"于是，愁眉不展，拖着疲乏的身子，慢吞吞回家了。[①]

【理念剖析】

早在两千五百多年前，古希腊医生希波克拉底就提出了"体液学说"，其认为人体内有四种液体：血液、黏液、黄胆汁和黑胆汁，并根据何种体液占优势将人的气质分为四种类型：多血质、黏液质、胆汁质和抑郁质。随着现代生命科学

---

① 引自《影响人生的118个心理习惯》，中国纺织出版社，2008年版。

和心理学的发展，这种"体液学说"已经不被采纳，但是四种不同气质类型的名称却一直沿用至今。

多血质的人总体表现比较温和，但是情感和行为动作发生得很快，变化得也快，属于神经活动强而均衡的灵活型。优点是灵活机敏，精神振奋，善于交际，适应性强；缺点是粗心大意，情绪多变，注意力不稳定。文学作品中的典型代表就是孙悟空，上面故事中的典型代表就是第二个人。

黏液质的人往往反应性低，情感和行为动作迟缓、稳定，缺乏灵活性，属于神经活动强而均衡的安静型。优点是坚定沉着，耐心谨慎，心境平和，自制力强；缺点是动作缓慢，按部就班，冷淡少言。文学作品中的典型代表就是林冲，上面故事中的典型代表就是第三个人。

胆汁质就是人们常说的急性子，属于神经活动强而不均衡型。优点是热情坦率，精力旺盛，勇敢大胆，敏捷好动；缺点是急躁冒失，易于冲动，自制力差。文学作品中的典型代表就是张飞，上面故事中的典型代表就是第一个人。

抑郁质的人就是人们常说的多心的人，属于神经活动弱型。此类人往往反应慢而不灵活，情绪体验深刻而不外露，孤僻沉静，多愁善感。优点是谦虚温和，观察细致，感情细腻，想象丰富；缺点是刻板孤僻，自卑多疑，胆怯，容易疲倦。文学作品中的典型代表就是林黛玉，上面故事中的典型代表就是第四个人。

在现实生活中，仅仅具有某一气质类型特征的人并不多见，大部分人都属于中间型或混合型，即较多地具有某一类型的特点，同时又具有其他气质类型的一些特点。这些特点使得人的全部心理活动以及行为表现都带有鲜明且独特的个人色彩。

【方法指南】

不同气质类型的孩子确实在心理和行为活动方面体现出不同的特征，但是，父母应该对如何引导不同气质类型的孩子要有科学而全面的认识。

（1）气质类型本身并无好坏之分，任何一种类型的气质都存在着积极和消极两方面的特征。也就是说，任何一种气质类型的孩子都有可能成为人格完善、成绩优秀的好孩子。

（2）不同气质类型的孩子长大后确实更擅长胜任不同性质的工作。例如，胆汁质的人适合担任需要一股冲劲而速度快的任务（如短跑、举重等），多血质的人适合担任灵活性大、变化快的工作（如宣传干部、体操运动员等），黏液质的人适合需要耐心且细致的工作（如银行职员等），抑郁质的人适合担任需要观察仔细、情感体验深的工作（例如从事音乐或诗歌等方面的工作）。

（3）气质类型与职业发展之间的对应关系是相对的，不是绝对的。因为同一职业领域也可能存在着不同的特征和要求，因而不同气质类型的人在同一领域都有可能取得杰出的成就。例如，同为俄国的著名作家，普希金就属于典型的胆汁质类型，赫尔芩就属于典型的多血质型，克雷洛夫就属于典型的黏液质型，而果戈理则属于典型的抑郁质型。

（4）气质类型虽然具有天赋性，是与生俱来的、稳定的个体心理特征，但是又不是绝对不可改变的，随着后天环境和教育的熏陶，个人阅历的丰富，气质特征也会发生一定程度的改变。这就为广大父母利用科学的教育理念和方法将孩子培养成优秀的孩子提供了广阔的天地。

1.4　条条大路通罗马：性格特征与学习

顾名思义，性格是指人对现实的态度和相应的行为方式中比较稳定、具备核心意义的个性心理特征。因此，性格最能体现人们对现实和周围世界的态度、观念和想法，同时也必然会体现在言行举止中，进而对人的学习、生活和成长产生非常重要的影响。性格的形成往往与孩子小时候的各种行为模式和成长环境密切相关，正如美国著名心理学家威廉·詹姆士（William James，1842—1910）所说：播下一个行动，收获一种习惯；播下一种习惯，收获一种性格；播下一种性格，收获一种命运。也就是说，孩子从小的行为模式及其养成的习惯将决定其性格，而性格又将决定其将来的命运。由于性格一旦形成就具备着一定的稳定性，因此，我国古谚中有"江山易改,秉性难移"之说。正如文艺复兴时期意大利著名画家米开朗基罗·博那罗蒂(Michelangelo Buonarroti)在雕塑大卫像之前,花了很长一段时间用于挑选大理石,因为他深知:再著名的画家也只能改变石头的外形,而无法改变石头本身的质地和纹理。此外,由于孩子早期形成的心理特点和个性倾向等会对其长大后的心理与个性特征产生非常重要的影响,因此,我国古谚"三岁看大,七岁看老"就不仅仅是古人通过不完全归纳总结出来的育儿经验,而是蕴含着一定的现代教育心理学依据。

【理念剖析】

中国有句老话,"人上一百,形形色色",说的就是人的多样性,其中性格的差异是产生多样性的重要原因。以英国心理学家艾森克的人格理论(Eysenck's personality theory)为基础,从情绪稳定还是不稳定以及个性内向还是外向出发,可以将人的性格划分为四大类,情绪稳定且个性外向者为能量型性格,情绪稳定且个性内向者为完美型性格,情绪不稳定且个性外向者为活泼型性格,情绪不稳定且个性内向者为和平型性格。具体的性格分类及其主要特征如下表所示。

表1—1 人的不同性格类型及其特征

个性特征/情绪特征	稳定	不稳定
外向	**能量型**(容易生气,容易激动,不太安定,喜欢进攻好斗,爱冲动,比较乐观,积极主动性强)	**活泼型**(开朗健谈,活泼,无忧无虑,善于领导,社会化倾向明显)
内向	**完美型**(心境被动,严峻焦虑,冷静庄重,比较悲观,保留己见,不好交际,比较文静)	**和平型**(温和安宁,镇静克制,谨慎可靠,积极思考,心境被动)

第1章
快乐学习的理论基础：乐学有道

此外，也有人根据认识特征是理性还是感性，个性特征是率直还是优柔，将人的性格进行分类。理性且率直的人是能量型性格，理性且优柔的人是完美型性格，感性且率直的人是活泼型性格，感性且优柔的人是和平型性格。具体的性格分类及主要特征如下表所示。

表1—2 人的不同性格类型及其特征

个性特征／认识特征	理性	感性
率直	**能量型**（决断力强，行动迅速，强烈的控制欲，权威性强，善于管理，主动积极，工作效率高）	**活泼型**（热情待人，热切表达自己的想法，易吸引别人注意，善于劝导和处理人际关系）
优柔	**完美型**（注重细节，条理性强，思考深刻，挑战困难，善于分析，一丝不苟）	**和平型**（善于调解和团结人，平息风暴，忍耐坚持，恪尽职守，善于倾听）

虽然人与人之间的性格差异很大，但是有两点必须注意。一是性格没有绝对的好坏之分，任何一种性格的孩子都有可能成为优秀的孩子。二是认识性格比性格本身更重要，了解自己的性格并寻找到一条最适合自己性格特征的成长和发展道路才是最重要的。例如，在古今中外的世界级名人中，既有能量型性格的典型代表，也有活泼型性格的典型代表，还有完美型性格的典型代表（例如曾任俄罗斯总统，后任俄罗斯总理，继而又任俄罗斯总统的普京），同样也有和平型性格的典型代表（例如美国总统福特以及微软公司的创始人比尔·盖茨等）。当父母们能够认识到，每一种性格的孩子都有可能成长为未来的杰出英才时，他们就能以更加从容的姿态接纳甚至悦纳眼前的孩子。

【方法指南】

虽然孩子的性格本身没有绝对的好坏之分，但是在现实生活中，很难将孩子的性格特征绝对地对号入座到某一特定的性格类型，孩子的性格往往是某几种性格特征的组合。因此，父母在教育孩子的过程中，应该有意识地引导孩子培养或强化各类性格中的优秀特征。

（1）愉悦地接纳孩子已有的性格特征。不要过于在意孩子已经形成的性格是好是坏，任何一种性格的孩子都有可能取得伟大的成就。

（2）由衷地欣赏自己的孩子，并通过确认放大原理不断地培养或强化孩子的优秀性格特征。例如，父母有意识地让活泼型的孩子学会聆听；让完美型的孩子更多地关注事物的积极方面；让能量型的孩子学会请求协助，而不是生硬地支配别人；让和平型的孩子更有主见，学会恰当地拒绝别人，等等。

（3）从小给孩子提供充分的触觉训练，以提高孩子情绪的稳定性。只要可能，尽量顺产。孩子出生后，父母要对孩子多爱抚、多拥抱，孩子在2岁之内不要限制其吃手、咬毛巾、吃玩具等，注意干净卫生即可。在注意安全的情况下让孩子在地板上多爬行、打滚和翻跟头等。多给孩子创造玩石子、沙子、泥土和水的机会等。

（4）从小给孩子提供参与人际交往的机会，提高孩子悦纳他人的能力。父母要给孩子多创造与其他小朋友交往的机会，让孩子学会与别人交往，愿意与别人交往，学会解决人际交往中遇到的各种问题，体会与别人交往的乐趣，渐渐提高孩子悦纳他人的能力。

（5）为孩子的成长营造一个温馨和谐的家庭环境。在孩子的成长过程中，家庭环境对其影响非常巨大，父母相互恩爱、相互体贴，家庭和谐，其乐融融，将对孩子培养良好的性格特征发挥巨大的积极作用。

（6）父母要注意培养自己乐观开朗、积极向上的阳光心态。如果父母（尤其是母亲，因为母亲是整个家庭的"情绪传感器"）乐观开朗、积极向上，则整个家庭气氛就是阳光的、积极的，如果父母（尤其是母亲）悲观沉闷，消极抱怨，则整个家庭气氛就是阴暗的、消极的。父母的阳光心态和积极情绪稳定而持久是孩子一生受用不尽的巨大财富。

1.5 智商与情商：智商是底数，情商是幂指数

智商又称智力商数（Intelligence Quotient，简称 IQ），是人们认识客观事物并运用知识解决实际问题的能力，主要包括注意能力、观察能力、记忆能力、思维能力、想象能力、分析判断能力和应变能力等。情商（Emotion Quotient，简称 EQ）是人们具有的一系列与人的素质有关的情感心理素质和处理情绪的能力，主要包括自信心、爱心、责任心、意志力、目标性、乐观、诚实、交际与合作等。按照美国哈佛大学教授丹尼尔·戈尔曼（Daniel Goleman）的研究结论，情商（EQ）是人类最重要的生存能力，那些杰出人物取得的成功，只有 20% 可以归功于智商，另外 80% 应归功于情商。也有其他学者的研究结论认为，如果一个人的成功可以用智商与情商之间的函数关系进行表达的话，那么智商应该是底数，情商应该是幂指数。也就是说，成功等于 IQ 的 EQ 次方。无论是哪个研究结论，都可以充分证明情商在孩子学习和成长中的重要作用。

【理念剖析】

情商又称情感智力，该词最早由巴布娜·柳娜（Barbara Leuner）于 1966 年首先提出。到了 1990 年，美国耶鲁大学心理学家彼得·萨洛维（Peter Salovey）和新罕布什尔大学教授约翰·梅耶（John Mayer）将情感智力描述为如下三种能力：准确评价和表达情绪的能力；有效调节情绪的能力；将情绪体验运用于驱动、计划和追求成功等动机和意志过程的能力。

到了 1995 年，丹尼尔·戈尔曼（Daniel Goleman）出版了《情感智力》（*Emotional Intelligence*）一书，按照其研究结论，情商主要包括五个方面的能力：一是认识自身情绪的能力；二是妥善管理情绪或称调节情绪的能力；三是自我激励的能力；四是认识他人情绪的能力；五是人际关系的管理能力（即领导、管理和协调等能力）。

52 | 让孩子快乐学习的 52 个方法：
减负增效的家庭教育途径

情商不仅对人的事业发展起着非常重要的作用，同时也对学习成绩的高低有着举足轻重的影响。在历届的美国总统中，最富盛名的富兰克林、华盛顿和罗斯福都是属于"二流智商、一流情商"的典型代表，肯尼迪和里根的智商也都只属于中等，但是因为善于结交朋友而被许多美国人誉为"最优秀、最可亲的领袖"。此外，中国校友会网"大学评价课题组"曾经调查了 1977—1998 年间 350 多个有案可查的高考状元的职业发展状况，发现这些高考状元的职业发展并不理想，甚至其职业成就平平，远远低于社会预期。

此外，我国的教育领域中也存在着一个非常普遍的"第十名"现象，即在基础教育阶段甚至在高等教育阶段，那些排名在第十名左右的学生，进入社会后反而更容易取得杰出的职业发展成就。之所以会出现这种现象，主要的可能原因如下：一是第十名左右的学生往往阅读面和知识面更广，其功课也学得不错；二是第十名左右的学生有更多的时间参加文艺体育活动以及社会活动，其人际交往能力更强；三是第十名左右的学生有更多的时间参加运动，身体更健康，身体的健康与较高的灵活性反过来又能促进其学习能力的提高，而身体健康也能更好地促进心理健康；四是第十名左右的学生具备较强的抗挫折能力和对不良情绪的调节能力，从而更容易保持良好的心理状态。从上面的这些原因分析可以发现，其中的绝大部分都与学生的情商发展密切相关。由此可见，情商对学习成绩的可持续提高同样发挥着非常重要的作用。

【方法指南】

情商的培养不仅有助于孩子的快乐学习，还能提高孩子快乐生活和快乐做事的能力。因此，应从小注重孩子情商的培养。概括起来，培养孩子的情商应着重从如下方面着手。

（1）培养孩子的自我情绪意识。父母要从小让孩子清楚地知道自己会有喜、怒、哀、乐等各种情绪。父母应每天抽出一定的时间与孩子交谈，善于聆听孩子的述说，引导孩子说出自己的情绪感受，同时也可以把自己的一些情绪感受与孩子分享。

第 1 章
快乐学习的理论基础：乐学有道

（2）培养孩子的自我调节能力。自我控制能力即自制力，是孩子意志品质的重要组成部分。父母一方面要让孩子懂得调节不良情绪（例如愤怒和失望等）的重要意义（经常出现愤怒等负面情绪的人往往容易得高血压和癌症等），教会孩子调节不良情绪的方法，还要以身作则调节好自己的不良情绪，从语言和行动上做到"退一步海阔天空，让三分心平气和"。

（3）引导孩子学会自我欣赏。每个孩子都希望得到别人的欣赏和认可，来自父母的欣赏和认可也确实是孩子快乐成长的巨大动力。但是，随着孩子慢慢长大，并不总是能得到其他人的欣赏和认可，这时就需要孩子具备发现并欣赏自己长处和成功的能力，特别是在身处逆境时，能够不断地自我激励，这样将更容易应对挫折并取得成功。

（4）注意培养孩子的人际沟通和交流能力。应该以家庭为中心，不断扩大孩子的人际交往范围和舒适圈。面对在与其他小朋友交往时遇到的问题，应引导孩子自己想办法解决，父母不要轻易代替孩子去处理，更不能伸长手臂越俎代庖直接找到其他孩子的家长试图解决孩子的问题。鼓励孩子参加各种各样的团体活动，例如以培养孩子的生存能力和协作能力为目标的夏令营和团队体育活动等。

（5）适时培养孩子的抗挫折能力。每个人最大的敌人不是别人而是你自己，只有拥有自制力的人，才是真正的强者。这种自制力往往与抗挫折能力紧密相连。因此，从小注意培养孩子的抗挫折能力将对孩子将来的学习和工作发挥出不可估量的作用。

（6）从小培养孩子的同理心。所谓的同理心就是感同身受的情绪体验能力，即设身处地地理解他人情绪感受的能力，这是人际交往中最基本的处理人际关系的能力。具有同理心的孩子能够从细微的信息反馈去察觉他人的心理感受和内在需要，能够设身处地为别人着想。这样的孩子长大后就非常容易受到周围人的接纳、认可与欢迎。

第 2 章

把握孩子学习的关键期

2.1 关键的关键期：把握关键期，学习必腾飞

现代心理学的研究结果表明，在儿童心理发展过程中存在着许多发展的关键期，一旦错过这些关键期，人的某些心理品质就很难得到应有的发展，从而成为终身的缺失或"遗憾"。如果能在关键期对孩子进行及时引导和教育，那么孩子学起来就会很容易，能收到事半功倍的效果。如果孩子错过关键期再去学，就要花费更多的精力和时间，最终导致事倍功半。由此可见，关键期是孩子最容易学会和掌握某种知识技能和行动动作的特定时期。了解关键期的目的是为了抓住对孩子教育起决定作用的敏感时段，根据孩子的身心状况和兴趣爱好，有的放矢地选择教育内容与教育方式并进行相应的教育。如果错过这些关键期，就会影响教育效果，增加教育难度。

【理念剖析】

"关键期"理论最早是由奥地利著名的生物学家、诺贝尔奖获得者昆拉多·洛伦兹提出来的。1935年，洛伦兹经过实验研究发现，在人类个体的早期发展过程中，存在着获得某些能力或学会某些行为的关键时期。例如，小鹅在刚刚孵化出来的几小时到十几小时之间，存在着明显的认母行为。在此期间，如果小鹅第一次见到了"活动"物体（无论它是鹅妈妈，还是玩具汽车，或者是移动的气球），就会把它当成"母亲"而跟着走。如果出生20个小时内不让小鹅接触鹅妈妈，过

第 2 章
把握孩子学习的关键期

了一两天之后，无论是货真价实的鹅妈妈还是其他运动的物体，小鹅都不会跟随，也不会"认母"了。在关键期里，个体时刻处在一种积极的准备和接受状态。如果这时能得到适当的刺激和帮助，那么某种能力或行动就会迅速发展起来。这就是所谓的"关键期"（又称关键年龄、可塑期、最佳年龄、敏感期等），这个时期的个体对外界的刺激特别敏感，也特别容易接受外界信息。换句话说，在关键期内，环境将对个体发展起着至关重要的作用。

"关键期"理论的核心内容为，在关键期内，只要提供适宜的环境，孩子要获得某种行为、技能和知识将非常容易，发展也特别迅速。因此，如果能在这个时期施以正确的教育方式，将能收到事半功倍的效果。但是，如果错过了这个时期，就需要花费更多的精力才能弥补，甚至有可能付出再多的努力都无法弥补。由于个体在关键期内对环境影响极为敏感，对细微刺激就能发生反应。因此，有的科学家干脆将其称为敏感期。此外，关键期可以划分为开始阶段、中间阶段和结尾阶段。在关键期的开始和结尾阶段，个体对环境的敏感度较低，在中间阶段的敏感度最高。如果能在关键期的中间阶段给孩子提供合适的环境刺激，孩子将特别容易接收外界信息，其先天潜能也能得到充分发挥，从而迅速获得自己需要的某种能力、某些知识或技能。

了解了关键期的重要性之后，父母还得掌握孩子的成长过程中都有哪些重要的关键期并有针对性地进行教育和引导。例如，生命科学和脑科学的研究成果已经证明：孩子的大脑在0—6岁时是发育过程中的一个关键阶段，该阶段的孩子只有接触丰富的环境刺激，大脑的发育才能完善。控制孩子视觉、听觉、触觉、动觉和语言等的区域才能变得更加敏锐。只有大脑发育完善的孩子才能成为聪明的孩子，进入学校后才能轻松应对各类学习任务。

【方法指南】

父母如果善于利用关键期对孩子进行良好的引导和教育，就能收到事半功倍的效果。为了充分发挥"关键期"的教育效果，父母应该注重如下方法。

（1）重视关键期但不迷信关键期。父母一方面要充分认识到关键期的重要作用,明确关键期对孩子一生发展的重要影响;另一方面,父母也不应盲目迷信关键期,以为过了关键期就彻底没戏了。只要循序渐进、科学有效地教育和引导,即使错过了关键期也仍然能够将孩子培养成优秀的孩子。此外,抓住关键期对孩子进行教育固然重要,但有一个重要的前提,那就是尊重孩子的实际情况,按照孩子的个性和身心特征等来确定合适的发展目标,不能简单地一概而论。

(2)抓住关键期发展孩子的智能。孩子的各项智能指标发育也存在着相应的关键期,如果能在这些关键期内培育孩子的相关智能,将能事半功倍,即孩子轻松,父母也轻松。例如,"玩"既是孩子的天性,也是开发孩子智力的重要途径。因此,家长应给孩子足够的时间进行玩耍,尤其是对于已经入学的孩子,回到家以后,既要让孩子有一定的时间玩耍,也要留给他们做梦、畅想、思考和创新的时间、空间和机会,同时也要让孩子学会自我探索以及自我学习,以便发掘出与生俱来的天赋和才能。

(3)抓住关键期培养孩子的良好习惯。按照叶圣陶先生的观点,培养孩子的良好习惯占据了教育中50%的职能(另外一个重要的职能是培养能力)。良好习惯的培养也存在着关键期。在未成年以前,尤其在年幼的时候是培养行为习惯的最佳时期。孩子成长中的每一天都是习惯培养的好时机,这一时期也是矫治不良习惯的最佳时期,也可以说是关键期。因此,父母应该抓住这一关键时期让孩子拥有良好的行为习惯、情感习惯和思维习惯。特别是6—12岁之间,是孩子学习模式初始化的关键期,在这个阶段,孩子形成了什么样的学习模式,将对后续的学习产生非常重要的影响。

(4)抓住关键期适当培养孩子的兴趣爱好。按照哈佛大学教授加德纳的观点,每个孩子都有其自身的潜能特点和独特的兴趣愿望,这些潜能包括语言智能、逻辑—数理智能、空间智能、运动智能、音乐智能、人际交往智能、内省智能和自然观察智能。每个人的潜能组合结构都不尽相同,如果强迫他们去学习一些潜能并不突出的才艺,容易使他们产生厌烦、畏惧心理,以及一种刻骨铭心的失败体验。因此,父母首先应该发现和了解孩子的爱好和特长,进而聆听孩子的心声,尊重他们的选择。家长还要注意观察或引导孩子的兴趣,并保持与孩子之间的亲子沟通、交流及鼓励。

当然，关键期是一个相对的阶段性概念。意大利著名教育家蒙台梭利提出的婴幼儿的九大敏感期非常值得父母借鉴。这九大敏感期分别为：语言敏感期（0—6岁）、秩序敏感期（2—4岁）、感官敏感期（0—6岁）、对细微事物感兴趣的敏感期（1.5—4岁）、动作敏感期（2—6岁）、社会规范敏感期（2.5—6岁）、书写敏感期（3.5—4.5岁）、阅读敏感期（4.5—5.5岁）、文化敏感期（6—9岁）。只要父母多关心孩子的成长，多关注孩子的兴趣变化，肯定能发现孩子在敏感期到来之际的变化。

【经典案例】

孩子成长与学习的重要"关键期"

在孩子的成长过程中，有多个与学习有关的重要"关键期"。在这些关键期内，如果能有针对性地进行教育和引导，将能帮助孩子非常轻松地掌握相关的知识和能力。以智力水平的发育为例，如果在4岁之前的智力发展缓慢，那么后续的智力发展也会非常缓慢，即使到了17—18岁的智力发展高峰时，其智力水平也将不过如此。

表2—1 孩子成长与学习的重要"关键期"列表

年龄	关键期
2岁半左右	计数能力开始萌芽的关键期
3岁左右	学习自我约束，建立规则意识的关键期
3岁半左右	动手能力、独立性、注意力、观察力培养的关键期
3—5岁	音乐能力开始形成的关键期
4岁半左右	对知识学习产生兴趣的关键期
5岁左右	开始掌握学习与生活观念的关键期；掌握数的概念，进行抽象运算以及形成数学综合能力的关键期

（续表）

年龄	关键期
5岁半左右	形成抽象逻辑思维的关键期；掌握语法，理解抽象词汇以及形成综合语言能力的关键期；悟性开始萌芽的关键期；学习心态、学习习惯以及学习成功感产生的关键期
6岁左右	社会组织能力形成的关键期；创造力开始成熟的关键期；观察能力开始成熟的关键期；超常能力结构开始形成并快速发展语言的关键期
7岁左右	多路思维开始形成的关键期；操作能力开始形成的关键期；自学能力开始形成的关键期；形成自我控制与坚持品质的关键期
8岁左右	阅读能力和综合知识学习能力形成的关键期；幼儿欣赏艺术和美感心态形成的关键期
9岁左右	初级哲学思维开始形成的关键期
9—10岁	孩子行为由注重后果过渡到注重动机的关键期
10岁以前	外语学习和动作机能掌握的关键期
小学1—2年级	学习习惯培养的关键期
小学3—4年级	纪律分化的关键期
小学1—6年级	记忆力发展的关键期
17岁之前	0—4岁之间：50%的智力形成的关键期；4—8岁之间：30%的智力形成的关键期；9—17岁之间：20%的智力形成的关键期

此外，很多父母除了关注孩子的学习外，还非常重视培养孩子的艺术和体育特长。在学习艺术和体育的过程中，也存在着上面所说的"关键期"现象。概括而言，艺术和体育特长发展的"关键期"主要体现在下表中。

表 2—2　培养孩子艺术和体育特长的关键期

年龄	艺术或体育类关键期
5—6 岁开始	学习小提琴的关键期
4—5 岁开始	学习钢琴的关键期
2 岁半开始	学习绘画的关键期
3 岁开始	学习戏剧的关键期
4—5 岁开始	学习唱歌的关键期
3 岁左右开始	学习韵律的关键期
4 岁开始	学习围棋、象棋的关键期
0 岁开始	学习游泳的关键期
3 岁开始	学习体操的关键期
4—5 岁开始	学习溜冰的关键期
2—3 岁开始	学习踢球的关键期
3 岁开始	学习打乒乓球的关键期
3—4 岁开始	学习滑雪的关键期
5 岁启蒙，7—8 岁开始	学习柔道的关键期
8 岁开始	学习剑道的关键期
4—5 岁开始	学习古典舞蹈的关键期
5 岁开始	学习书法的关键期

2.2　独立意识初长成：3岁左右的第一个叛逆期

常言道：三岁看大，七岁看老。意思是说三岁时的表现就可以看出这个孩子

52 | 让孩子快乐学习的 52 个方法：
减负增效的家庭教育途径

长大以后的情况，七岁时的表现就可以看出这个孩子一生的状况。这句只是流行于民间的俗语，却在现代社会找到了一定的科学依据。脑科学和生命科学的最新研究结果证明：儿童出生后的最初几年是大脑发育的关键期，这个时期儿童的脑部具有天才般的学习和吸收能力。此外，从生理学的角度讲，人类的智力发展是随着年龄的增长而呈递减趋势的。0—3 岁是人的一生中大脑发育最快的时期，在此阶段应该发展完成大脑的基本功能，错过了可能再也无法弥补。由于 3 岁左右也是孩子图形化记忆能力最强的时期，因此，3 岁左右也是孩子第一个非常重要的学习开窍期。除了智力因素外，非智力因素也将对孩子的未来成长产生非常重要的影响，而 7 岁之前正是孩子形成基础人格的关键期。正是因为在 7 岁之前，孩子的智力因素和非智力因素都存在着生长发育的关键期，才使得小时候的教育和引导对孩子的学习和成长至关重要。俄国著名的生理学家巴甫洛夫曾说："婴儿从降生的第三天开始进行教育，就迟了两天。"这形象地说明对孩子的教育和引导应该越早开始越好。

【理念剖析】

刚出生的孩子还意识不到自己的独立存在，也没有任何的独立意识，他们的思维还处于朦胧状态。到了 1 岁左右，孩子开始有了独立的愿望，能够分清自我与外界，认识到自己的独立存在，体验到自己的力量，不过这个阶段还仅仅属于生理上的自我认识。到了 3 岁左右，在与他人的交往过程中，孩子开始认识到自己的独立性，并具备了一定的独立意识。正是在这一时期，孩子的自主能力与独立意识开始形成。典型特征是自尊心开始出现，非常容易以自我为中心，有时候表现得很任性。由于该阶段的孩子非常需要秩序感，但又不会正确表达，因而经常表现出对物品的强烈的占有欲，他们会觉得"东西出去就回不来了"，所以有人也将这一时期称为"执拗期"或"反抗期"。到了 3 岁左右，孩子的自由活动能力大大增强，各方面知识不断增多，进而表现出独立的愿望，虽然能力不强但也要自己亲自动手干，显得不太听话。这是一种非常正常的独立意志的自我表现，心理学上称之为第一反抗期或第一叛逆期，又称为孩子心理上的"第一个断乳期"。

大量的教育心理学研究表明，3岁左右表现出反抗精神的孩子，更容易成为心理健康、独立坚强的人，而没有反抗表现或反抗表现不强的孩子，往往在性格上趋于软弱和优柔寡断。在第一叛逆期，随着自我意识增强，孩子往往倾向于独立做事，例如自己倒水、自己爬到高处去、非要到水坑里玩、自己非要爬树等。要知道，孩子之所以反抗，其根源在于父母限制了孩子独立能力的表现。因此，科学的教育和引导不仅可以减少孩子在叛逆期的反抗行为，还可以培养其独立能力。正如蒙台梭利所说："教育首先要引导儿童沿着独立的道路前进。" 3岁左右正是培养和训练孩子独立性的关键时期。

【方法指南】

为了让孩子能够独立做事、自主学习，必须从小培养孩子的独立意识。充分认识并尊重孩子的身心成长规律，掌握科学有效的教育方法，让孩子顺利地度过第一个叛逆期，那么培养出独立意识和自主能力是水到渠成的事情。

（1）转变观念，消除溺爱。在传统的教育观念中，很多父母认为，孩子还小，父母爱孩子就是帮助孩子处理所有的事情，无微不至地事事代劳。殊不知，这种溺爱式的包办行为不仅损害了孩子对外界的适应能力，还将削弱孩子的自理能力。这种溺爱使得孩子失去了自主学习和成长的机会，会使孩子对父母产生过度依赖，很难独立适应周围环境。要培养孩子的独立意识，父母首先要对孩子平等以待，同时充分尊重孩子的独立想法和独立行为，在确保安全的情况下放手让孩子自主活动、自主探索。千万不要为了图省事而处处强迫孩子听从父母的安排。

（2）自己动手，独立自主。3岁左右的孩子有着旺盛的精力和探索的欲望，只要是在确保安全的情况下，父母应该鼓励孩子"自己动手"。凡是孩子自己能做的事，父母应该支持鼓励他自己做，并且随着年龄的增长不断扩大"自己动手"的范围。例如，只要孩子想自己动手吃饭，尽可满足其要求，不要怕他把饭菜洒到桌子上。鼓励孩子自己洗手、洗脸、刷牙、穿衣、戴帽、穿脱鞋子、爬楼梯等。这样既可锻炼孩子肢体动作的灵活性、协调性和准确性，又可增强孩子的生活自理能力和独立意识。

（3）鼓励尝试，正确引导。3岁左右的孩子，由于年龄小、经验少、能力差，在尝试"自己动手"时经常会搞得一塌糊涂。碰到这种情况时，父母尤其要保持冷静，千万不能对孩子的"异想天开""以下犯上"等失误横加指责，更不能暴力相向。应该在宽容孩子的失误甚至错误的同时，耐心教会孩子正确的做事方法，必要的时候亲自示范，帮助孩子正确地做事。孩子在不断进步和成功中能够获得成就感和自信心，这些成就感和自信心又将反过来对孩子的学习和成长产生积极的促进作用。

（4）及时表扬，持之以恒。3岁左右的孩子往往兴趣广泛却并不稳定，对很多事情的兴趣只是因为一时兴起，今天还在兴致勃勃地做事，明天就很可能不感兴趣了。因此，为了帮助孩子从小养成"自己的事情自己做"的好习惯，父母必须给予一定的帮助和督促。父母应该经常提醒孩子按时去做他该做的事。例如，"该洗脸了""该洗手了""该讲故事了"等。如果面对该做的事孩子不愿意做，则父母可以通过给孩子提供有限选择（例如，你是现在洗完手和我们一起吃饭还是我们先吃？）或者表扬肯定（例如，你上次做得那么好，今天肯定能做得更好）等方法来强化父母的意愿，从而激励孩子持之以恒，渐渐养成自己的事情自己做的好习惯。有时候孩子在说"不"的时候，并不意味着孩子一定要抵触什么，而仅仅是孩子独特表达自立的一种方式。

（5）奖惩分明，明辨是非。面对3岁左右孩子的很多叛逆做法，父母除了要肯定、表扬和鼓励之外，还应该分清情况适时给予恰当的惩罚，从而引导孩子明辨是非。例如，当孩子出现了故意破坏图书或玩具的行为时，父母绝对不能姑息迁就，一方面要态度鲜明地严厉批评孩子的不当行为，另一方面要让孩子体验到故意破坏东西的后果。如果故意摔坏了玩具，可以规定在某个期限内不再买新玩具；如果撕坏了图画书，可以规定在未来的两周内不给买爱吃的零食，用省下来的钱购买新书等。孩子一方面明白了道理，另一方面也得到了惩罚的情绪体验，以后做事时就不会那么任性了。

另外，当孩子在"自己动手"做事时，父母应确保不让其他事情分散他的注意力，防止他半途而废或不负责任地乱做一气。事情做完后应及时评价，特别是多给孩子正面的肯定和表扬，进一步强化孩子的良好行为，巩固其养成的良好习惯。如果要做的事情确实超出了孩子的能力范围，父母应该耐心地将道理讲明白，让孩子明白为什么不能这么做，而不能采取简单粗暴的方式加以制止。

【经典案例】

刚柔并济让孩子不再哭闹和任性

经常在超市看到下列情景：3岁左右的孩子在货架上看到了自己喜欢的零食或玩具，便哭着要妈妈给自己买。如果妈妈不买，就一直哭闹，甚至在地上打滚。妈妈觉得非常难堪，便花钱买清静，顺从地给孩子买这买那。殊不知，这种一时的妥协和让步只会助长孩子的任性，最终使孩子变得越来越任性，稍微不如意就用哭闹打滚的方式实现自己的目标。

实际上，孩子在3岁之前还不太懂得用语言表达自己的需求，往往就会通过哭闹来吸引父母的注意。但是，3岁以后的孩子如果有了什么需求，还用哭的方式来表达，那种哭就是"闹"了。因此，对于3岁左右的孩子，父母应该鼓励孩子通过语言表达自己的需求，让孩子知道"哭闹"是没有用的。如果孩子到了3岁还是通过哭闹的方式表达需求，那么父母就应该用行动和语言明确地告诉孩子，这种表达方式是不可能达到目的的。以孩子在超市哭闹为例，这个时候父母要做的就是二话不说，立即抱起孩子直接回家。回家后，将哭闹的孩子放到床上，然后一边看着他哭，一边用平静的语气告诉他："孩子，哭吧。使劲哭。哭的好处可多了。既能提高你的肺活量，又能锻炼你的嘴部肌肉。"当孩子发现哭闹根本没有希望达到目的时，过不了多久就会停止哭闹。这时候，父母可以问孩子："孩子，你哭够了没？如果没有哭够，那就继续哭。我在这陪着你。"当确信孩子真的不再哭泣时，父母可以非常严肃地告诉孩子："孩子，以后你要是有什么需要，请通过摆事实、讲道理的方式来说服我。如果以后再用这种哭闹的方式，那我告诉你，不仅当时不可能给你买任何东西，在未来的一个月内都不可能给你买任何相关的东西。"

当孩子经历过几次这种无益的哭闹后，便会明白最好用讲道理的方式来达到自己的目标。从而慢慢不再哭闹和任性，成为一个父母喜欢的好孩子。

2.3 青春萌动需呵护：12岁时的第二个叛逆期

如果父母掌握了科学的家庭教育理念和方法，孩子的学习兴趣激发起来了，良好的习惯培养出来了，那么孩子进入小学后会是一个相对比较平静的时期。但是，进入小学高年级后，随着孩子逐渐走进"青春期"，12岁左右的孩子会进入他人生中第二个心理上的"断乳期"，又称"第二个叛逆期"。由于已经接受了完整的小学教育，这个时候的孩子往往具备了一定的知识和阅历，所以其内心的独立意识再度急剧放大。但事实上，孩子又不可能完全摆脱父母的束缚，至少在经济上就无法独立。孩子一方面渴望独立，另一方面又不得不受到父母的约束，一旦他们的愿望得不到父母或老师的理解和认可，他们往往会以厌学、逃学、对着干等方式表达自己的不满、愤怒或反抗。当孩子出现了渴望的声音，甚至不惜与父母对抗或反叛父母时，这就意味着孩子的第二个叛逆期已经来临。12岁左右正是"孩子"由小孩转变为"大人"的关键年龄，也是孩子"变形"的关键期。如果孩子在"青春期"之前（也就是12岁之前的依恋期）没有养成良好的学习习惯和生活习惯，那么很有可能会成为一个"问题孩子"。后续即使花上十倍甚至百倍的艰辛和努力也很难弥补。因此，要帮助孩子顺利地度过"青春期"，必须了解并掌握孩子在这个阶段的身心特征，同时进行有针对性的教育和引导。

【理念剖析】

12岁左右正处于典型的"青春期"，由于自我意识和独立意识日益增强，哪怕是在"血溶于水"的亲情关系中，照样会出现躁动和逆反。处在青春期的孩子极力反对父母将自己当"小孩"看，非常愿意以成人自居，从心底里希望摆脱对父母的依赖。为了表达自己的"独立意志"，他们会对任何事物都倾向于持批判态度，包括父母的教育和管束。有时候明知父母的话有道理，也要我行我素。这种"逆反"现象的出现主要源于他们内心的焦虑和不安，他们害怕或担心外界忽视自己的独立存在，从而采用各种手段和方法来标榜"自我"以及显示"自我"与外界的平等地位。其实，处在这个时期的孩子内心非常渴望父母认可并尊重自己的存在和价值，迫切希望父母能够对自己平等以待。如果父母能够了解孩子的身心规律，用博大的爱、智慧和包容陪伴孩子度过这段"暴风骤雨期"，不仅能重新恢复原有的亲子关系，还能帮助孩子更好地成长为思想独立、性格坚强、意志坚定的人。正因为青春期是孩子走向独立的重要时期，在此期间孩子也将面临着学习生涯中的第三个学习开窍期[①]，这个开窍期一般集中在13—14岁。一旦找到了学习开窍的感觉，后续的学习将能顺利地走上快车道。

叛逆心理或逆反心理虽然不能全部视为不健康的心理，但是如果反应过度肯定会成为一种反常心理。几乎每个孩子都会在成长过程中出现程度不一的叛逆现象。产生这一现象的原因主要有心理和身体两方面的因素。从心理因素看，是孩子的独立意识和自主决定需求的日益凸显。从身体因素看，伴随着孩子的发育和成长，第二性征开始出现（例如男性的嗓音开始变粗，喉结开始突出；女性开始出现青春痘等），给孩子原本平和的心态造成了很大的冲击，甚至有些孩子还会产生自责和自卑心理。面对身体的迅速变化，孩子常常感到不知所措，进而容易产生浮躁心态和对抗情绪。如果父母不能及时调整自己的心态，还把他们当成乖顺的小孩子看待，包办代替，独断专行，自然就会引起孩子的反感，父母的关怀越多，孩子会觉得越烦。

孩子进入青春期后，父母教育和引导孩子的方式也要随之调整，特别是要注意呵护好孩子的自尊心和独立意识，避免产生强烈的对立情绪，从而继续营造和谐的亲子关系，帮助孩子正常学习和成长。只要引导得当，因势利导，完全可以将孩子的反叛意识转化为批判意识以及独立思考和做事能力，这些正是孩子实现

---

① 有学者认为，孩子在8岁左右也会有一个叛逆期。这个年龄的孩子虽有叛逆倾向，但由于反抗力量尚小，很容易被家长正确或不正确的教育方法应对过去。

自主学习和快乐学习所必需的基本能力。

【方法指南】

进入青春期的孩子正处于从"小孩"向"大人"的过渡期，这个过渡期能否顺利度过，不仅会影响到孩子的身心健康，还会影响到孩子的学习成绩。因为青春期正是孩子性格形成的关键期，也是孩子学习能力成长的爆发期。为了让青春期成为孩子快乐学习的加油站，帮助孩子从"依赖"向"独立"、从"一味顺从"向"自主思考"转变，父母应该有意识地掌握和使用如下教育方法。

（1）充分理解并尊重孩子，呵护并提升孩子的尊严感。青春期的孩子非常敏感，而且情绪波动幅度比较大。成绩进步了或者遇到顺心事时，马上兴高采烈、情绪高昂。成绩退步了或者遇到困难和挫折时，有可能立即垂头丧气、信心顿失。因此，父母要充分理解孩子的情绪感受，呵护并放大孩子的尊严感。不要当众数落、指责或批评孩子（可以当众适当地认可和表扬孩子），不要将眼光盯在孩子的缺点上（应该将眼光盯在孩子的优点上），不断提升孩子的尊严感。如果说面对依恋期的孩子，最重要的教育方法是高质量陪伴的话，那么面对青春期的孩子，最重要的教育方法就是非尊重莫属了。

（2）营造良好的亲子关系，提升孩子的自我价值感。与小时候的经历类似，青春期孩子自我价值感的来源主要集中在如下两方面。一是来源于自己不断获得学习和做事方面的成功经验，二是得益于良好的亲子关系。为此，父母应该让青春期的孩子与父母共同经历一些愉悦的家庭时光。只要有可能，父母要尽量创造条件与孩子共进晚餐，带着孩子一起买菜、购物，陪伴孩子一起旅游等。孩子在与父母共度愉悦的家庭时光的过程中，不仅可以培养起对家庭生活的愉悦感和责任感，还可以不断提升自己的自我价值感。这种良好的亲子关系和自我价值感是消除青春期叛逆心理的"灵丹妙药"，也是提高孩子学习内驱力的重要动力来源。

（3）艺术地处理父母与孩子之间的分歧和矛盾。处于青春期的孩子特别容易逆反，因此，父母要艺术地处理好与孩子之间的分歧和矛盾。父母可以采取的方法如下。

① 要在孩子心情较好时心平气和地对孩子讲道理。青春期的孩子并非不讲道理，有时是为了自己的面子或突显自己的存在感和价值感而坚持己见。

② 要设身处地地理解并接受孩子的感受，正确评价孩子的言行，特别是要肯定孩子言行中的积极因素。

③ 父母要对孩子做到言出必行，做不到的事情千万不要随便答应。

④ 父母要实事求是，孩子对了，要充分肯定其正确性，父母错了，要勇于承认自己的错误。

⑤ 无论父母多么有理，千万不能逼迫孩子做他不喜欢做的事情，而应该采取讲道理的方式，引导孩子心悦诚服地去做。万一孩子不接受，父母也不能强迫孩子接受自己的想法。

⑥ 父母千万要控制好自己的情绪。当面对孩子的无理要求时，父母一定要保持冷静和避让，避免与孩子发生正面冲突。因为发火于事无补。父母越发火，孩子的逆反心理越重。如果孩子表现很恶劣，父母采取冷处理或避让的做法，孩子发现和你"较不上劲"，一会儿也就觉得"自讨没趣"了，父母这会再给他一个台阶下，事情也就平稳过去了。

（4）给孩子提供承担责任的机会，体现并放大孩子的成就感。进入青春期后，孩子的思考和做事能力有了很大的提高。为了充分体现孩子的价值感，帮助孩子体验到成就感，父母应该尽量为孩子提供承担责任的机会。一方面让孩子做到"自己的事情自己做，自己的主意自己拿"，另一方面让孩子做到"父母的事情帮着做"。有时候，父母可以主动示弱，用请求孩子帮忙的方式让孩子完成一些事情（例如，去超市购物可以让儿子帮忙干些体力活；家庭要选购窗帘可以让女儿帮忙挑选和设计；需要汇总本月的家庭支出可以请孩子帮忙等），当孩子将事情做完后，父母应该对其表现给予高度的认可、欣赏和赞美，从而让孩子充分体验到做事的成就感。

（5）给孩子提供说话的机会，做孩子的知心朋友。处在青春期的孩子虽然普遍非常逆反，但是都有一个共同的特点，那就是非常渴望能有自己的好朋友，有什么事也愿意首先对好朋友倾述。因此，父母要想让孩子有什么事都愿意告诉自己，那就得努力成为孩子的朋友。要成为孩子的朋友就得给孩子说话的机会，态度诚恳地倾听孩子的心声，做到多倾听少唠叨。倾听孩子的想法至少包括三个方面的内容。一是多倾听孩子说些学校和生活中的事情，无论工作多繁忙，父母都要定期和孩子聊聊天。二是遇到与孩子相关的事情，一定要多听听孩子的意见，尽量尊重并采纳孩子的意见。三是家庭中的重要事情，父母要开诚布公地告诉孩子，多听听孩子的意见，营造平等、民主、和谐的家庭氛围。另外，在亲子高效沟通的三个关键步骤中，第一步就是耐心倾听，有了良好的倾听基础，再加上父母对孩子倾诉的共情，后续的引导就能收到水到渠成的效果。

（6）至少培养一种与孩子共同的业余爱好。父母如果要与青春期的孩子构建融洽的亲子关系，首先必须要与孩子有共同语言，而共同语言来自于共同的兴趣爱好。因此，对于孩子感兴趣的东西，父母不妨花些时间体验一下或学习一下，然后理解孩子的兴趣爱好以及迷恋这种爱好的合理性（例如流行音乐、门户网站等），千万不要动不动就对孩子的兴趣爱好做道德评价，更不能随意攻击孩子的兴趣爱好，因为世界上任何一个正常人都不喜欢受到来自他人的攻击和指责。只有父母与孩子之间有了共同的业余爱好，与孩子对话就有了前提和基础。这种业余爱好可以是运动类的（例如骑自行车、爬山、游泳等），也可以是艺术类的（例如看电影、听音乐等），还可以是学习类的（例如一起阅读某本名著、共同观看一部电影等）。

总之，对于青春期的孩子，父母一定要避免使用消极的评价、无情的斥责、胡乱的猜疑、无理的苛求、自私的溺爱、自以为是的武断、拒不认错的专横、出尔反尔的失信等。如果父母的知识背景允许，还应该对孩子进行恰当的青春期生理健康教育。如果父母的知识背景不允许，则可以选择合适的时机送孩子一些有关青春期生理健康方面的书籍。只要正确地综合运用各种教育方法，引导孩子逐步懂事、成熟、自立、自信，学会独立思考和积极行动，最后肯定能助力孩子顺利度过青春期。

第 2 章 把握孩子学习的关键期

【经典案例】

巧用偶像崇拜促学习

青春期的孩子往往都有自己崇拜的偶像,这种偶像崇拜现象其实非常正常。进入青春期的孩子,一方面开始有了追寻自我的需求,急需寻找一个看得见、摸得着的活生生的形象作为自我的代笔。另一方面,偶像也是孩子心目中父母的替代品,他们内心渴望摆脱父母的束缚,但受经济和生活阅历等方面的制约又无法独立,孩子便会选择那些拥有能力、地位和独立的偶像,寄托他们寻求独立的内心需求。再者,偶像崇拜也是青春期的孩子融入自己团体的一种手段,这样才能让孩子在团体中有共同语言,才能有归属感。对于青春期的偶像崇拜现象,如果父母处理不当,将会成为孩子厌学和家庭矛盾的催化剂,如果处理得当,孩子将会从此踏上自主学习、积极上进的良性发展轨道。

强强已经上初中二年级了,不知为何突然迷恋上了李宗盛,卧室的墙上到处挂着李宗盛的画像,书桌上到处堆放着李宗盛的磁带,只要有空就摇头晃脑地哼着李宗盛的歌,每天放学回到家都一直呆在自己的卧室里,和爸爸妈妈几乎没有任何话可说。看着这些情景,联想到孩子的学习成绩一直不如意,强强爸爸恨不能一把火将这些和李宗盛有关的东西都烧了。幸好强强的妈妈比较智慧,一边阻止了强强爸爸的过激行为,一边自己阅读了大量有关李宗盛成长的书籍和文章。等了解得差不多了,强强妈妈趁着有一次带儿子去超市的路上,主动和儿子聊起了李宗盛。儿子没想到妈妈也这么喜欢自己的偶像,立即兴致勃勃地聊了很久。聊过几次后,儿子才发现妈妈对李宗盛的了解竟然超过了自己,特别是李宗盛小时候的成长和奋斗经历,他很多都是第一次听说。等时机成熟后,妈妈找了个非常温馨的时刻和强强聊天:"儿子,妈妈知道你非常喜欢李宗盛,我也非常喜欢李宗盛。而且我还非常敬佩李宗盛。你想想,李宗盛小时候多么艰苦,白天要帮着家里照料瓦斯店(就是经营煤气罐)的生意,晚上还要经常扛着瓦斯,穿过臭水四溢的夜市,仅靠晚上的休息时间练习音乐。正是他的这种坚持精神和顽强毅力才让他有了今天的音乐成就，难怪他的很多作品，例如《真心英雄》《凡人歌》《我是一只小小鸟》《和自己赛跑的人》等，都充满了很多积极上进的元素。妈妈知道你很想成为一个像他那样的人，但是在现在的社会，要想复制李宗盛的成长道路已经是不可能了。至少你得让自己能考上一个好点儿的音乐学院，让自己接受系统的音乐训练。像你这么聪明的孩子，肯定能做到的。"从此以后，强强跟换了个人似的，不仅从李宗盛的歌曲上汲取了很多精神营养，状态更加积极上进，而且学习成绩也越来越好，最后考上了理想的重点大学。

2.4 花季雨季困惑多：走出困惑，晴空万里

17岁是人生最美丽的岁月之一。但是，17岁并非天天晴空万里，日日花香四溢。17岁既是花季，也是雨季，有伤感，有失意，有兴奋，有激情。由于即将从孩童步入成年，17岁的孩子容易患得患失，一方面对现实多愁善感，对未来满怀着憧憬和期待，另一方面又总是对未来充满着迷茫与困惑，有时甚至还会迷失自己的方向。古往今来，无数的文人骚客用尽华美的词句赞美着17岁，但现实中的17岁却存在着这样那样不尽如人意的地方，拥有烦恼、忧伤和别人难以理解的困惑与问题。身为父母，不能将目光仅仅盯在即将到来的高考和就业上，而应该呵护好孩子敏感而脆弱的心理世界，放大孩子的心理正能量，引导孩子做自己心灵世界的主人，帮助孩子成为一个内心强大的人。

【理念剖析】

17岁被心理学家称为孩子的第二个"心理断乳期"（即摆脱父母监督，成为独立人的特定时期），也是青春期中的一个关键期。心理学家霍林沃斯认为，青春期到来之后的生理、心理变化相似于幼儿的断乳现象。从12岁左右开始，孩子就在尝试逐渐从对父母的依赖关系中解脱出来，一直到18岁左右全部完成。由于

17岁的孩子在生理、心理和社会性方面正在向成人接近，他们的智力发育接近成熟，抽象逻辑思维也已经开始从"经验型"向"理论型"转化，辨证思维能力开始不断提高，与人生观和社会交往密切相关的情感、道德感、理智感与美感都有了深度发展。这种急剧的变化会给孩子带来突如其来的不安，进而产生情绪上的激动和动乱。概括起来，这个时期的孩子存在着下面的明显特征。

（1）17岁的孩子已经能比较客观地看待自我，并且能用恰当的方式表现自我和敏感地防卫自我，理智的自我意识、人生观和价值观开始形成。再加上已经接受了完整的义务教育和一两年的高中教育，其独立思考能力和做事能力都有了很大的提高。与此同时，这也是孩子成长过程中一个重要的"人生十字路口"，父母引导得当，孩子将顺利实现"从他律向自律发展的转变"。

（2）理想的自我和现实的自我继续面临着分裂危机。17岁的孩子对未来充满期待，敢说敢干，意志比较坚定，行动比较自觉，但有时也会出现与现实生活相脱节的幻想。自我肯定与自我否定经常发生冲突，自我肯定时非常自信，自我否定时又非常容易自卑，因此，17岁的孩子经常会出现自信和自卑的转换。

（3）寻求独立冲动与依赖父母的感觉并存。进入"心理断乳期"的高峰期后，孩子一方面迫切地想寻求独立，另一方面又不得不在物质条件、精神情绪等方面依赖父母。特别是遇到困难和挫折时，还是非常希望能够得到父母的理解、安慰、鼓励和支持的。

（4）外表风平浪静与内心波涛汹涌并存。进入青春期后期的孩子虽然内心非常活跃，情感世界非常丰富，但是不会轻易表露在外，就像地壳下的岩浆一样。如果遇到一定的外力，看似平静的外表会出现突然的爆发，如果父母不懂其中的道理并正确地应对，很有可能会造成激烈的亲子冲突。

（5）性生理逐渐发育成熟，性心理也开始发生变化。到了青春期后期，孩子的性意识开始觉醒，对"性"和"异性"充满好奇和渴望，开始出现"性冲动"和"性幻想"，喜欢和异性交往，有的甚至还会出现早恋和性行为。如果不能引导孩子顺利地度过青春期，将会给孩子的学习和成长带来非常巨大的负面影响。

52 | 让孩子快乐学习的 52 个方法：
减负增效的家庭教育途径

【方法指南】

青春期的孩子虽然表现出很多独有的特征，但是，只要家长充分认识到孩子的这些特征，采取有针对性的家庭教育理念和方法，不仅能帮助孩子顺利地度过青春期，还能让孩子在学习上突飞猛进。概括而言，对于青春期的孩子，父母可以采取如下教育理念和方法。

（1）更加体现出父母对孩子无条件的关爱。到了 17 岁，孩子对父母的言行非常敏感而且脆弱，父母要做的就是给孩子更多无条件的关爱。相对于孩子小时候，父母需要更加注意对孩子做到平等和尊重，更加关注孩子的精神需求，支持孩子、关爱孩子没有任何额外的附加条件，多倾听少唠叨，通过书信、短信、便条等各种方式表达对孩子的关爱和支持等。只要孩子能够感受到父母对自己的平等和尊重，就能够凸显孩子的独立意识和自我价值感，更加有利于孩子成为自信自立、积极上进的人。

（2）掌握沟通和交流技巧，学会耐心倾听。17 岁的孩子的认知能力有了很大提高，已经能够独立分析和评判事物，对待很多问题都有自己的主意和想法，这些主意和想法如果得不到应有的关注、认可和尊重，将会大大引发孩子的逆反心理。当孩子向父母倾述自己的想法时，一方面是整理思路的过程，另一方面也是向父母寻求帮助的过程，同时也是寻求心理安慰的过程，还是个排解情绪的过程。很多时候，当孩子将心中的困扰向父母说出来后，问题也就接近于解决了。因此，父母平时应保持对孩子的理解和尊重，对孩子平等以待，建立良好的亲子沟通和信任氛围。此外，父母要多给孩子创造倾述的机会，然后耐心倾听，在倾听的过程中适时地提出看法或建议。这也是父母要尽量与孩子共进晚餐以及培养与孩子共同爱好的一个重要原因。

（3）父母要正确期望，让孩子动机适度。大量的教育心理学研究成果证明，学习活动存在着一个最佳的动机水平。通常情况下，动机水平提高，学习效果会更明显。但是，动机水平并不是越高越好，如果超过了一定的限度，则学习效果反而会更差。美国心理学家耶克斯和多德森的研究发现，中等程度的动机水平最有利于学习效果的提高。此外，最佳动机水平还与任务的难易程度相关。任务越容易，最佳动机水平越高；任务中等，最佳动机水平则以适中为好；任务越难，最佳动机水平则越低。学习和考试属于中等难度的任务，因此，父母不能对孩子抱有过高的期望值。如果父母对孩子的期望值过高，对成绩的关注过多，则孩子进入考场后常常会过度紧张、心情焦虑、身体不适，导致考试成绩不如意。如果父母对孩子的期望适中，同时用科学的教育方法引导孩子最大限度地激发自己的学习潜能，那么孩子将能获得最理想的学习效果。

当然，与期望值过高的那些父母相对应，还有另外一些父母则走到了另一个极端。那就是对孩子放任自流，认为"树大自然直""有了学校和老师，还要家长操那么多心干嘛""长大后我们直接给他找个工作，那么辛苦学习也没啥用"等，使得孩子对于学习的动机水平过低，最终的学习效果也不理想。导致这一现象的原因有三：一是这些父母对家庭教育的重要性认识不足，二是为自己忙于工作而无暇顾及孩子寻找借口，三是为自己无力教育好孩子寻求解脱。由此可见，让孩子保持适度的学习动机将对学习效果产生非常重要的影响。

（4）积极心态对待学习，平常心态对待高考。"望子成龙，望女成凤"是每个家长的心愿。但是，如果望子成龙心切，父母的良苦用心往往会收到适得其反的效果。因此，在日常的家庭教育过程中，父母一方面要无条件地关爱孩子，做好孩子的坚强后盾，另一方面要通过言传身教引导孩子。特别是在学习方面，父母要引导孩子以积极乐观的心态对待日常的学习过程。为此，父母要做到如下几点。一是自己要放松心态，不要对孩子的高考过分担心和忧虑。二是充分信任孩子，从人格和能力上充分相信自己的孩子肯定没问题。三是无条件地为孩子提供保障，做孩子的坚强后盾。四是不要拿其他更优秀的金榜题名者来刺激自己的孩子（例如，很多父母喜欢和孩子说"你看，咱们邻居家的孩子去年考上清华了，今年你可得好好努力啊"）。五是父母要与孩子保持顺畅的沟通与交流，发现问题及时解决。让孩子能够以平常心态对待高考。

（5）适时引导，巧妙应对异性交往。为人父母者都经历过属于自己的青春期，对青春期的感受和体验既有理性认识，也有感性认识。但是，很多父母过于担心孩子的学习成绩，往往不能理解并正确应对孩子在青春期的"异性交往"行为，只会简单粗暴地阻止孩子与异性交往，从而导致亲子关系扭曲，引发亲子矛盾甚至家庭悲剧。如果父母对于孩子与异性的交往横加指责，妄下论断，蛮横制止，根据"罗密欧与朱丽叶效应"，孩子的自我决定意识会强烈膨胀，最后只会让孩子与异性交往的决心更加坚定。实际上，进入青春期后引导孩子与异性的正常交往具有许多好处。例如，男女同学的交往可以促进各自人格的完善，男同学的阳刚之气、坚持不懈的毅力等，可以给女同学以力量和信赖；女同学的文雅、温柔和恬静等，可以给男同学以信心和支持。另外，男女同学的交往还可以缓解各自的焦虑和紧张；此外，男女同学的交往可以激励孩子朝着更优秀、更完善的方向发展，可以激发各自的学习激情，正所谓"男女搭配，干活不累"也是这个道理。由此可见，只要父母对孩子与异性的交往能够在尊重的基础上正确引导，肯定能帮其顺利地度过青春期，实现学业上的不断进步。

（6）注重分享和建议，切忌使用强迫手段。到了17岁左右，孩子不仅生理发育渐趋成熟，心理成长也到了一个非常关键的阶段。实际上，孩子内心在渴望着独立的同时，也渴望着父母的关注。因此，父母与孩子之间的沟通要注重艺术和技巧。当孩子出现困惑和遇到问题时，或者当父母发现孩子犯错时，切忌使用命令式的强迫手段，更不能采用暴力式的威逼手法，而应该采取分享、建议或协商的方式。正如美国励志大师戴尔·卡耐基说的那样："用'建议'，而不是下'命令'，不但能够维持对方的自尊，而且有助于促使他乐于改正自己的错误，并与你合作。"建议或协商要遵循的原则如下：对于涉及孩子的事情，必须征求孩子的意见；对于涉及家庭的事情，可以有选择地征求孩子的意见；对于生活工作中的其他事情，可以适当地征求孩子的意见。但是，对于原则性的大是大非问题，必须旗帜鲜明、态度明确地告诉孩子必须这么做（例如，不能打人、不能骂人、不能偷东西等）。

【经典案例】

青春期的亲子沟通方法

对于 17 岁左右的孩子，父母尤其要注意对孩子做到如下几点：设身处地地理解孩子；和孩子平等对话；充分尊重孩子的想法和选择；充分信任自己的孩子；孩子犯错了要给予足够的宽容；继续无条件地关爱孩子；做孩子的坚强后盾。要完全做到上述要求很不容易。尤其是当亲子关系出现问题，孩子与父母之间很难顺畅沟通时。但是，无论在任何情况下，父母都要切记，千万不能偷看孩子的日记。

在小学阶段，孩子日记的主要内容是写景状物。只要父母乐于肯定与表扬，孩子非常乐意主动将日记给父母看。孩子遇到了开心或不开心的事情，遇到了困难或挫折，都会首先告诉父母，其次才是兄弟姐妹和朋友。但是，进入青春期后，孩子的日记更多地记录自己的情绪感受（包括对异性的那种朦朦胧胧的爱恋之情以及自己对老师和父母的看法等），这些感受都属于个人的隐私范畴，自然不愿意让其他人知道。孩子遇到了开心或不开心的事情，遭遇了困难或挫折，首选的倾诉对象是朋友而不是父母。如果父母未经孩子允许，擅自偷看孩子的日记，无异于将孩子的心灵世界暴露在外，将极大地伤害孩子的自尊心。孩子一旦知道了父母的这些做法，只会用更加严重的叛逆和对抗来应对父母。因此，如果父母想了解孩子的内心世界，最好的途径是让自己成为孩子的好朋友。想成为孩子的朋友，有如下五方面非常重要。

（1）培养与孩子共同的爱好（包括体育爱好、艺术爱好、阅读爱好、劳动爱好等）；

（2）经常陪伴孩子度过愉快的亲子运动时光（例如一起游泳、一起骑车、一起打球等）；

（3）经常陪伴孩子度过温馨的家庭生活时光（例如共进晚餐、一起读书、一起购物等）；

（4）经常用各种方式表达对孩子的理解、信任和关爱（例如直接当面表达、写信、留纸条、发短信、发邮件及微信留言等）；

（5）经常对孩子的优点和长处表达欣赏甚至崇拜（例如欣赏孩子的数学能力、阅读能力、表达能力、写作能力等），哪怕是母亲带着儿子去购物，也可以对儿子帮着拿重物的行为表达喜悦与崇拜。

2.5 表达能力伴终身：把握语言发展的关键期

语言是一套复杂且有系统的符号，是人与人之间交流与沟通的重要桥梁。在孩子的日常生活和学习中，以表达能力为核心的语言能力发挥着非常重要的作用。语言能力并非与生俱来，孩子的每一个语言发展阶段都与其发声器官、神经系统、生活经验与表达动机等存在着密切关系。虽然很多父母会以"宝宝说话了没有"当作孩子语言能力发育的重要指标，但实际上，孩子从出生那刻起，就开始不停地与大人进行着信息互动。刚开始，虽然宝宝们还不会说话，但是他们每天都很认真地聆听大人说话的内容，在无形中积累着自己的语言能力。同时，他们会用哭、笑或简单的肢体动作来表达自己的感受，虽然他们无法用口头语言表达清楚，但是通过肢体语言已经达到了"说"的目的。儿童心理学的研究结果证明，从1岁半开始到4岁初，是孩子言语活动积极发展的阶段，也是培养孩子语言能力的关键期。

【理念剖析】

语言是人类开展思维活动、进行交流的重要工具，表达能力则是现代公民必备的基本能力之一。那些知识广泛、头脑灵活、判断力敏锐、信心十足，说话时条理清晰、逻辑严谨、语音语调富有磁性和吸引力的人，不仅在学习上能够得心应手，进入工作岗位后也将游刃有余。虽然表达能力看似简单，实则集成了多种能力，例如，那些表达能力很强的孩子，其倾听能力、观察能力、记忆能力、思维能力、想象能力和概括能力等都会很强。

第 2 章
把握孩子学习的关键期

语言能力是人类智能中最重要的基础能力之一。一方面，语言能力能直接促进大脑智力的开发，因为语言能力的发展离不开记忆能力、思维能力、注意能力、观察能力和想象能力等的发展。另一方面，大脑智力的开发也离不开语言能力的提高，因为人的思维能力尤其是抽象思维能力的培养必须借助于语言载体。因此，语言能力和大脑智力呈现出相辅相成的关系。

语言能力的培养取决于三方面的因素，一是先天的遗传因素（绝大部分孩子在出生时，都能确保充足的营养，大脑功能以及发声器官的功能得到正常发育），二是语言环境中的反复刺激（父母经常和孩子互动式的对话、交流等），三是后天成长中有针对性训练的结果（例如经常听故事、讲故事等）。在培养孩子语言能力的过程中，有三个非常重要的关键期：出生 8—10 个月是婴儿理解语义的关键期；1 岁半左右是婴儿口头语言开始发展的关键期；5 岁左右是幼儿掌握语法、理解抽象语汇，以及形成综合语言能力的关键期。

【方法指南】

要提高孩子的表达能力，父母要在充分利用语言关键期的基础上采用多元化的方法。表达能力的培养是个循序渐进的过程，既不能坐视孩子的表达缺陷不管，也不能操之过急。概括而言，提高孩子的表达能力应从如下方面着手：营造和谐的语言环境，充分激发孩子的说话兴趣，利用孩子感兴趣的事物或人有针对性地进行表达，采用正确的教育和引导方法等。这些教育和引导方法主要体现在如下方面。

（1）父母应专注倾听、正确回应以激发孩子的说话兴趣。任何人说话的时候都希望对方不仅会耐心倾听，还会及时地给予正确的反馈，孩子也是如此。因此，父母不仅要多与孩子说话（哪怕孩子还不会说话时，实际上孩子已经具备了相应的听觉和视觉，父母也应该耐心地与孩子说话，甚至还可以通过肢体语言和表情进行互动交流），还要学会耐心倾听孩子说话，在倾听的过程中，给予及时的积极反馈，让孩子感觉到父母对自己说话这件事很重视，也很欣赏。来自父母的重视和欣赏将能极大地激发孩子的说话兴趣。有了兴趣之后，孩子表达能力的逐渐提高就是自然而然的事情了。

（2）鼓励引导孩子完整表达、规范说话。为了让孩子从小形成规范的表达习惯，父母要引导孩子完整表达、规范说话。从完整表达的角度看，当孩子想说话时，父母要尽可能地让孩子把话说完，将自己想要表达的意愿充分表达出来，甚至引导孩子将本来不想说的话也说出来，千万不要中途打断孩子说话。从规范说话的角度看，父母要让孩子从小使用规范的表达方式，不要用"吃饭饭""吃果果""睡觉觉"之类的不规范的表达方式。

（3）鼓励孩子积极提问、勇于回答。鼓励孩子积极提问不仅是提高孩子表达能力的重要途径，也是激发孩子的好奇心和求知欲的有效方法。孩子的世界总是充满了新鲜事，自然就会有各种各样的问题，尤其是到了3岁左右，孩子的好奇心尤其明显。父母应该善待孩子的好奇心，鼓励孩子积极发问。这种发问的过程既是思维的过程，也是表达的过程。当父母能够对孩子的积极发问表达出认可和欣赏之情时，将会大大激发孩子的思考欲望。此外，父母还应该引导孩子积极探索并勇于回答各类问题。孩子的回答过程就是一个表达过程，久而久之，孩子的思维和表达能力都将得到很大的提高。

（4）积极使用录音和播放设备。为了激发孩子的说话兴趣，提高孩子口头表达的积极性，家长可以将孩子各种各样的说话方式录下来，然后再播放给孩子听。特别是父母给孩子讲故事或者让孩子自己阅读故事，然后让孩子复述出来并录音。现在的智能手机、录音笔、收录机、摄像机等都具有录音和播放功能。当孩子听到自己的声音从手机和录像机等设备中传出来时，他们会既兴奋又觉得有趣，这种方式不仅能够发现孩子口头表达中存在的不足，还可以提高孩子说话的兴趣和成就感。

（5）多做语言游戏，体验语言乐趣。在教育和引导孩子的过程中，可以穿插丰富多彩、生动有趣的语言游戏，例如，父母可以和孩子经常玩"反义词"的游戏（父母说一个词，孩子说出它的反义词），词语接龙的游戏（父母说一个词语，孩子以这个词语的最后一个字开头组成另外一个词语），诗词竞赛的游戏（爸爸、妈妈和孩子每人背一首诗词，不能重复，看谁最后被难住就算输了）等。这些语言游戏活动既能锻炼孩子的反应能力和思维能力，又能提高孩子的表达能力和说话兴趣。

（6）体验中学习语言，描述见闻感受。为了提高孩子的口头表达能力，家长应该多给孩子创设良好的语言环境，让孩子多体验、多感悟、多表达。主要的做法有四。一是家庭成员在日常交往中应该采用文明、规范的语言，创设温馨的家庭语言环境。二是父母每天送孩子上学或接孩子回家的路上，可以引导孩子将在幼儿园或学校中的见闻和感受表达出来，父母给予及时的积极反馈。三是父母应多带孩子外出旅游和观察，在旅途中或回来后将观察到的事物表述出来。四是父母应多引导孩子参加学校、班集体、亲友、同事等组织的各类团队型社会实践活动，回来后向父母讲述活动中的见闻和感受等。

（7）引导孩子看图说话，锻炼表达和想象能力。看图说话不仅能锻炼孩子的表达能力，还能激发孩子的想象能力。除了平时引导孩子看图说话（例如，看完骆驼在沙漠中行进的画面，让孩子用语言把自己看到的内容描述出来）或者看文字画图（例如，看完苏轼的《惠崇春江晚景》时，让孩子将这个画面用水彩笔画出来）外，还可以有针对性地引导孩子系统地看图讲故事。例如，我家孩子在3岁时，我就经常带她去中关村图书大厦，虽然孩子不认识字，但是当她翻开琳琅满目的插图版的童话和预言故事时，能够根据原来睡前故事中听到的情节将这些故事用自己的语言从头到尾地讲述出来。

（8）尽早培养阅读习惯，从书籍中汲取营养。从增长阅历的角度看，"要知天下事，须读古人书"（冯梦龙），从提高写作能力的角度看，"读书破万卷，下笔如有神"（杜甫）。绝大部分父母都知道读书的重要性，但是往往不知道如何让孩子从小养成良好的阅读习惯。孩子获得知识的途径主要有两条：一条是实践，另外一条是学习。而读书正是学习的最重要的途径。因此，从小培养孩子的阅读习惯，让孩子从书籍中汲取营养，获得知识，是不断提高孩子表达能力的重要保障。

让孩子快乐学习的 52 个方法：
减负增效的家庭教育途径

【经典案例】

鼓励孩子当众表达，提高自信

大量的科学研究证明，当众表达不仅有利于提高孩子的语言能力，还有助于提高孩子的自信心。因此，父母要通过各种途径让孩子从小练习当众表达，可行的方法如下。

（1）定期举行"家庭故事会"活动。由父母和孩子轮流主讲，父母要用鼓励、欣赏和表扬等方式提高孩子讲故事的兴趣，这样既能营造温馨和谐的家庭环境，又能提高孩子的口头表达能力。

（2）定期举行"家庭会议"。家庭会议刚开始可以由父母轮流主持，等孩子到一定年龄时也可以担任主持职务。在家庭会议上，大家可以就每一个家庭议题畅所欲言，发表自己的想法。父母也应该充分尊重孩子的说法，让孩子体验到民主、平等和尊重的感觉。

（3）遇到问题时，父母要耐心倾听孩子的解释。由于父母与孩子的阅历不同，看问题的角度也不同，因而针对同一件事情的看法也不一样。当孩子遇到困难或挫折时，特别是当父母听到孩子犯错误时，务必首先冷静地倾听孩子的解释，然后再做决定。很多时候，孩子看似犯错，实则是由于能力不足，好心办成了坏事。

（4）尽量创造机会，让孩子在公众面前讲述自己得意的事情。当有外人在场时，不妨将孩子的得意之处说出来，然后让孩子讲讲他是如何做到的。例如，孩子画了一幅精美的山水画，不妨让孩子讲讲自己是怎么构思的；孩子成功地完成了一幅拼图，不妨让孩子教教自己是如何拼好的，有什么诀窍等。

（5）培养孩子每天朗读的习惯。朗读既能锻炼孩子的表达能力，又能培养孩子的语感。因此，让孩子从小养成每天朗读的习惯对提高其表达能力也将发挥出积极的作用。

（6）将孩子善于表达的优点经常挂在嘴边。这是典型的通过他人的言谈达到对孩子的优点进行欣赏和确认的方法。父亲可以经常当着孩子的面对母亲或者其他人说："没想到我家孩子这么能说会道。""今天去接孩子时，老师说咱们孩子可有演讲的天赋了。说起话来头头是道。"

第 3 章

追求学习的最高境界：快乐和愉悦

3.1 追求快乐，享受愉悦：学习的最高境界

学习的最高境界是快乐学习，只有当孩子能够充分体验到学习过程中的无限乐趣时，才能真正将学习这件事情做到极致。早在两千多年前，我国著名的教育家和思想家孔子就说过：知之者不如好知者，好知者不如乐知者。孔子之后又过了两千多年，我国著名的教育家陶行知先生也认为：学生有了兴趣，就肯用全部精神去做事，学与乐不可分。

从人体生命的本质属性看，存在着两大特征：一是所有正常人都遵循着追求快乐、逃避痛苦的行为准则；二是人所能享受到的最高境界的快乐不是来自感官刺激带来的快乐，而是来自精神层面的愉悦感，后者才是最持久的快乐来源。因此，爱读书是一种十全十美的享受，别的享受都有尽头，而读书给人的享受却是持久的，甚至可以认为是"此乐绵绵无绝期"。但是，非常遗憾的是，在我国古人留下的诸多激励孩子努力学习的名言警句中，往往将学习与痛苦联系在一起。例如：宝剑锋从磨砺出，梅花香自苦寒来；吃得苦中苦，方为人上人；书山有路勤为径，学海无涯苦作舟；十年寒窗无人晓，一朝成名天下知；头悬梁，锥刺骨，等等。随着现代教育学、心理学和认知科学的不断发展，快乐学习的可能性和重要性得到了大家的广泛认同。

【理念剖析】

随着现代科学的发展，人们对快乐和愉悦在学习过程中的作用机制有了更加

全面而深刻的认识。总体而言，大脑对信息的处理流程为：

（1）大脑神经元通过视觉、听觉和触觉等感觉器官将接收到的信息传递至A10神经群；

（2）A10神经群对信息进行情感判断后（例如喜欢还是讨厌、有趣还是无趣等）将信息传递到前叶头区；

（3）前叶头区对信息进行理解和判断后将进入下一个流程，即自我奖赏（或奖励）神经系统，自信心、主动性和自我激励等都来自此流程；

（4）愉悦性和自发性产生后，大脑将信息继续传递至思维或思考系统，从而形成自己独特的想法；

（5）将形成的想法与大脑中既有的概念和想法进行对照并判断其正确与否，进而生成自己的信念；

（6）形成思考、生成信念后继续传递至记忆中枢（即通常所称的海马回）形成记忆。

由此可见，完整的学习过程必然经历如下几个关键环节：信息获取—情感判断—心情愉悦—形成想法—生成信念—形成记忆。如果离开了喜欢的感情判断和快乐愉悦的心情，将很难顺畅地完成学习的整个过程。

此外，当孩子对学习保持高度的愉悦、快乐、宁静及祥和的心理状态去学习时，大脑中将会分泌出能使人感觉兴奋和愉悦的多巴胺（Dopamine）。这种神奇的激素类物质可以使人感觉兴奋和开心，在大脑神经元的突触之间迅速地传递开心激动的信息。此外，人们常说的"恋爱中的女人智商为零"也是来源于多巴胺的神奇功能，因为它能有效地激发人对异性的情感（人的大脑中有一个爱情中心，即下丘脑，下丘脑分泌的多种神经传递物质，例如多巴胺和肾上腺素等，就像丘比特之箭，当男女相爱时，这些恋爱兴奋剂就会源源不断地分泌出来，于是男女之间就有了爱的感觉，享受到爱的幸福、甜蜜甚至眩晕，有些能到身陷其中、无法自拔的地步）。瑞典科学家 Arvid Carlson 正是因为确定了多巴胺是脑内信息传递者的角色而获得了 2000 年诺贝尔生理学和医学奖。此外，当孩子保持愉悦、欢乐、宁静及祥和的心态学习时，大脑还会分泌出帮助其大脑记忆的激素类物质，从而

52 | 让孩子快乐学习的 52 个方法：
减负增效的家庭教育途径

能够大大提高孩子的学习效率。

当孩子抱着厌烦、抵触、焦虑和紧张的心理状态去学习时，大脑也不会闲着，而是会分泌出能使人心跳加快、血流加快、血压升高等症状的肾上腺素和去甲肾上腺素。这些激素的产生将影响大脑对接收到的外界信息的情感判断和心情感觉，反映到孩子的学习行为上就是很难长时间地在书桌边集中精力学习。当发现孩子对学习充满了厌烦和抵触情绪时，家长必须得从根本上改变孩子的学习状态，激发出孩子的学习兴趣，让孩子体验到学习的成就感和愉悦感，这样才能从根本上解决问题。如果父母只是一味地批评、指责，甚至打骂孩子，那将更加激发孩子的厌学情绪。

【方法指南】

为了帮助孩子体验到学习的快乐感，应该综合运用科学的教育理念和方法，激发孩子的学习兴趣，让孩子快乐地在学海中遨游。概括起来，帮助孩子在学习的过程中达到追求快乐、享受愉悦的境界应从如下方面着手。

（1）改变观念，营造氛围。从小在孩子的心目中建立起学习是快乐的感觉。正如犹太人在孩子一岁左右时将蜂蜜涂抹在《圣经》上让孩子边翻书页边舔，就是为了从小在孩子的内心深处留下读书是甜蜜的感觉。学历层次比较高的父母，可以用自己读书时的愉悦感感染孩子。学历层次比较低的父母，可以用欣赏、羡慕，甚至崇拜的神情和语气引导孩子给自己讲述读过的内容，激发孩子读书的愉悦感，从而在家庭教育中营造快乐学习、学习快乐的良好氛围。

（2）善于表扬，不吝赞美。父母发现孩子在读书或看报时，可以及时对孩子的行为进行科学的表扬，特别是当孩子独立地完成作业或自觉地去学习时，父母如果能够对这种良好的学习行为进行由衷地表扬和赞美，孩子将能不断地从中体验到学习给自己带来的快乐感。

（3）科学鼓励，引发内省。当孩子的学习成绩退步或碰到困难和挫折时，父母不应该一味地指责或冷嘲热讽，应该用宽容和鼓励的方法引发孩子的内省，只有孩子发自内心地想继续好好学习，才能保持学习激情和动力。

（4）培养孩子喜爱阅读善于阅读的习惯。语言能力不仅是人际沟通与交流的基础性工具，同时也是学好其他学科的基础和保障。此外，读书的功效还体现在"读书破万卷，下笔如有神"，"腹有诗书气自华"，"书中自有黄金屋，书中自有颜如玉"等方面。让孩子从小养成喜爱阅读善于阅读的习惯将是帮助孩子拥有丰富精神世界的重要途径，也将让孩子受益终生。

（5）培养孩子的独立性。独立性包括两方面：一是生活上的独立性，二是思想上的独立性。在生活上，应该让孩子能够自己照顾好自己的基本生活，在思想上，应该鼓励孩子爱思考、多提问、善决断，同时强化孩子独立的学习主体意识，让孩子从心底里明白，学习是他自己的事情而不是父母或其他人的事情。有了独立性才可能有自觉性，有了自觉性才有后续的自主学习，进而才有可能形成坚强的意志品质。

（6）培养孩子的自信心。自信心是孩子体验到学习快乐感觉的重要保障，也是孩子长大后成功成才的基础，正所谓"人不自信，谁人信之"。父母应有意识地让孩子从小树立自信，从简单和容易的学习事情开始做起，让孩子找到学习和做事的胜任感、成就感和快乐感。学习和做事的天敌都是好高骛远。现代教育学和心理学的大量研究成果也证明：如果儿童在学习中没有通过自己的努力解决一些问题，体会不到克服困难的乐趣，只是反复咀嚼已熟知的东西，就会引起对知识的冷淡和轻蔑态度。当孩子通过自己的努力解决的问题越多，其学习的胜任感将越强，进而激发孩子更强的内驱力。

（7）强化学习能力，让学习变为一件轻松的事情。学习能力既包括孩子的注意能力、观察能力、想象能力、创造能力、记忆能力和思维能力等，同时也包括高效的学习方法。当学习能力有效提高后，孩子就会感觉到学习的轻松和事半功倍，进而才能不断体验到学习的快乐和愉悦。

（8）培养良好的学习习惯。学习习惯是在学习过程中经过反复练习形成并发展出来的，最终形成孩子内在需要的自动化学习行为方式。良好的学习习惯，有利于激发孩子学习的主动性和积极性，提高孩子的自主学习能力，变重复单调的学习过程为发自内心需要的充满乐趣的活动。

让孩子快乐学习的 52 个方法：
减负增效的家庭教育途径

【经典案例】

英国教育家斯宾塞如何激发孩子学习的快乐感

"我认为教育应该是充满快乐的，当一个孩子不快乐时，他的智力和潜能就会大大降低。呵斥和指责不会带来什么好的结果。我觉得教育是为了让孩子成为一个快乐的人，教育的手段和方法也应该是快乐的。就像一根细小的芦管，你从这头输进去的如果是苦涩的汁水，在另一端流出的也绝不是甘甜的蜜汁。"这是英国教育家斯宾塞的教育理念。

斯宾塞教育自己的侄子小斯宾塞脚踏风琴的真实故事也许能够给我们一些启发。斯宾塞准备给小斯宾塞买一架脚踏风琴，并告诉了他风琴的奥妙，这让小斯宾塞兴奋无比。等风琴到后，小斯宾塞迫不及待地开始乱按一气。虽然声音杂乱无章，但他玩得非常开心。而不久后，远房亲戚德塞娜就无法忍受了，渐渐地开始了指责和批评，并抱怨小斯宾塞没有天赋，连一首简单的曲子也无法学会。斯宾塞告诉德赛娜不恰当的方法会扼杀孩子在某方面的天赋。如果弹风琴变成了一件紧张而痛苦的事情，那么音乐是学不好的。于是他便和小斯宾塞有了如下的一场对话：

斯宾塞："亲爱的，我特别喜欢你弹的那首小曲子，叫什么来着？"小斯宾塞抢着说：《林中仙子》。"没错，就是这支曲子，你能弹给我听一下吗？"小斯宾塞摇了摇头。斯宾塞说："唉，真遗憾。可惜我不会，要是我自己会弹就好了，哪怕只是一小段呢！"小斯宾塞赶紧说："那我就试试吧。"他坐上去，手指落在琴键上开始弹奏起来。出乎意料的是，他弹得非常流畅，轻重也恰到好处，美妙的旋律在晚风中飘荡。德赛娜也一脸吃惊……

相信这则故事一定给家长们带来了很大的启发，为什么斯宾塞看似简单随意的一段谈话，就解决了众多家长的难题。因为他激发了孩子的学习兴趣，又营造了氛围，让孩子心甘情愿反复练习、提高水平。最终，小斯宾塞在快乐教育的氛围下成长、学习，在 14 岁的时候就被英国剑桥大学录取。其他所有在斯宾塞教导下成长的孩子也成了各个领域的翘楚,如政治家、科学家、艺术家、大律师等。

3.2 积极的自我价值:主动学习的源动力

自我价值是指在社会生活和社会活动中,社会和他人对作为人的存在的一种肯定关系,具体包括人的尊严以及为保证人的尊严所需的相关物质精神条件。因此,自我价值是一种不依赖于自身以外的人、事、物来证明的价值,是一种完全可以由自我决定的价值,也可以看作是一种独立的人格操守。因此,自我价值既是孩子处理好自己与自己之间关系的支撑,也是孩子处理好自己与他人之间关系的基础。一个自我价值很高的孩子,必然会很好地接纳自己、喜欢自己和尊重自己,同时也会觉得自己值得其他人的关爱和喜欢。这是孩子能够形成强烈的自尊心以及获得其他社会成员尊重的基础和保障。

【理念剖析】

自我价值是激发孩子上进心和学习主动性的动力源泉。也就是说,自我价值不仅是孩子能够活下去的动力源泉,也是孩子能够不断主动学习的内在动力。自我价值感越强的孩子,其主动学习的动力越足。反之,自我价值感越差的孩子,其主动学习的动力就越弱。

在自我价值体系中,最核心的内容就是孩子的自尊心。自尊心对于孩子的价值,正如著名发明家爱迪生在获得巨大成就后曾总结的那样:"教育的秘笈就是尊重学生。"作为家长,教育孩子也是一样的道理,教育好孩子的秘笈就是尊重孩子。因为只有这样,孩子才能找到学习和上进的动力。人能够直立行走,最根本的是靠背上的脊梁骨,而社会人要做一个真正的堂堂正正的人,就必须拥有强健的精神世界的"脊梁骨",这种精神世界的"脊梁骨"就是自尊心。具体而言,自尊心又包括了羞耻心和上进心。

52 | 让孩子快乐学习的 52 个方法：
减负增效的家庭教育途径

羞耻心是社会人在做了坏事时会产生羞耻感和痛苦感因而选择远离这些坏事的心理状态。正如《孟子》所言："恻隐之心，仁之端也；羞恶之心，义之端也；辞让之心，礼之端也；是非之心，智之端也。人之有是四端也，犹其有四体也。"由此可见，羞耻之心是人区别于其他动物的根本特征。有了羞耻之心，社会规则和伦理道德体系才能对个体产生应有的制约作用。没有了羞耻之心，个体只会按照自己的便利和动物的本能欲望从事相关的活动。

上进心即进取心，也就是奋发向上、积极进取之心，是个体保持发展的意愿和努力的心理状态。从整体上看，社会体系是一种典型的金字塔结构，社会个体要想满足其最重要的心理需求（即获得其他社会成员的尊重和认可），一方面必须按照社会规则和伦理道德体系所确定的正面方向去规范自己的行为，另一方面必须通过自己的努力和奋斗不断地向社会金字塔结构的顶端升迁。

从上面的分析可以发现，作为父母教育的核心宗旨之一就是要不断地想办法提高孩子的自我价值。当父母能够用科学的教育理念和方法（真爱、欣赏、表扬和鼓励等）将孩子的自我价值提升到及格线以上时，孩子的上进心就会被不断地被激发出来，从而进入一种自我发展、自我上进的良性状态。

【方法指南】

为了提升孩子的自我价值，父母可以按照如下方法循序渐进地激发孩子的自尊心，提升孩子的自我价值。

（1）父母应无条件地关爱孩子。无论孩子的成绩进步了，还是退步了，无论孩子正在奋发向上，还是遇到了苦难和挫折，父母都应一如既往地关爱孩子。如果一定要找个理由，那也只有一个，因为他是你的孩子。爱是生命的阳光，也是孩子精神世界人格体系成长发育的动力源泉，来自亲生父母（原生家庭中最重要的成员）无条件的爱越多，孩子获得心灵成长的营养也越多，孩子的自我价值将越高。

（2）父母要发自内心地尊重孩子。来自父母的尊重是培养孩子自尊心的前提。来自父母的尊重不仅能让孩子学会尊重自己、接纳自己、喜欢自己和欣赏自己，还能让孩子学会如何尊重别人。当孩子取得进步时，父母应由衷地表扬孩子；当孩子遇到困难和挫折时，父母应及时地鼓励孩子；当孩子犯错时，家长应心平气和地与孩子讨论其行为并引导孩子找到解决问题的方法。

（3）父母要充分地信任孩子。当父母能够无条件地关爱孩子并充分信任孩子时，孩子将会发自内心地朝着父母希望的方向转变。如果父母能够充分信任孩子的人格，信任孩子是个有自尊心、有责任心、懂感恩的人，不仅能使孩子朝着父母所希望的方向发展，还能在孩子的心灵深处播下信任的种子。

（4）父母要对孩子平等以待。父母要从小将孩子视同一个成年人一样与其沟通和交流。孩子的学习和做事能力需要慢慢培养，但是孩子拥有被父母平等对待的权利却是与生俱来的。当孩子的个头还小时，父母在与孩子对话时能主动地蹲下来，与孩子的视线处在同一高度就是一种典型的平等教育方法。当遇到与孩子或家庭相关的事情时，父母能认真听取孩子的意见，尊重孩子的想法，在讨论中求同求异，在引导中培养起孩子的协商和决策能力，这也是平等以待的方式。

（5）从小培养孩子的独立性和自主性。无论是学习还是做事，拥有自主决定的权利是产生快乐感的前提。因此，父母应从小让孩子养成两大习惯：自己的事情自己做，自己的主意自己拿。饮食起居等生活事务，只要是孩子力所能及的，尽量让孩子自己动手完成；当孩子懂得花钱时，让他学会独立地规划和支配自己的零花钱等。只要没有人身危险以及违反道德和法律，就应该放手让孩子自己决定该做什么事情以及如何去做。当然，自主行动后的任何结果也应孩子自己承担。

（6）父母应注意保全孩子的人格和尊严。为了提高孩子的自我价值，父母应注意保全孩子的人格和尊严。"爱面子"是一个人自尊心的外在流露，"过于爱面子"则是一个人虚荣心的外在流露。因此，父母千万不能当着其他人的面指责、批评，甚至打骂孩子，也就是说，"人前教子"是一种极其典型的破坏孩子人格和尊严的教育方式。

52 让孩子快乐学习的 52 个方法：
减负增效的家庭教育途径

【经典案例】

枕头底下的信

当生命之海遭遇风暴的时候，我知道在我的枕头底下有世界上最坚固、最持久、最无条件的爱，作为我改变命运的可靠保证。

那一年，我 13 岁。我的家在一年前从北佛罗里达搬到南加利福尼亚。

那时候，青春期的我很暴躁、很反叛，对父母所说的每一件事都持一种逆反的态度，一点儿也不尊重他们，尤其是当我不得不照着他们的意思去做的时候。

像其他许多十几岁的青少年一样，我挣扎着、奋斗着，极力摆脱那些与我理想中的世界有冲突的事情。我认为自己是个"无须指点的才华横溢"的天才，拒绝任何爱的关怀。实际上，我对即使是只提到"爱"这个字也感到很愤怒和腻烦。

一天晚上，在经历了一个特别难熬的白天之后，我怒气冲冲地跑回房间，狠狠地关上房门，倒在床上。我的手指滑到枕头下面，那儿有一个信封！我把它拉出来看到信封上写着："当你孤独的时候，读读它。"

既然我是独自一人，那么反正不会有人知道我是否读过它，于是我就打开它。只见里面写着：

"迈克，我知道你的生活现在很艰难，我知道你很失落，我知道我们做的事都不合你的心意。我也知道我全心全意地爱你，不管你做什么或者说什么，都不会改变这一点。

如果你需要和人交谈，我会随时奉陪；如果你不想，也没关系。我只是希望你知道，不管你去哪里，不管你做什么，在你的一生中，我永远爱你，永远以你是我的儿子而感到骄傲。

我会永远站在你的背后支持你，我会永远爱你，这一点永远不会改变。爱你的妈妈。"

那是第一批"当你孤独的时候，读读它"的信里的一封。

第3章
追求学习的最高境界：快乐和愉悦

成年后，我曾经在佛罗里达州的萨拉索培主持过一个课堂讨论会。那天快结束的时候，一位女士走到我身边，把她和儿子之间的隔阂告诉了我。我们一起来到海滩上，我把妈妈对我的永恒的爱，以及她那些"当你孤独的时候，读读它"的信的事情告诉了她。

几个星期后，我收到她寄来的一张卡片，上面说她已经给儿子写了第一封信。

那天晚上，上床睡觉的时候，我把手伸到我的枕头底下，回想起以前每次摸到信的时候所得到的安慰。

十七八岁的时候，我知道我之所以被爱不是因为我杰出或者不杰出，而是因为我是妈妈的儿子，那些信就是最可靠的保证。我为我的妈妈知道什么是我——一个十几岁的青少年所需要的而感谢上帝。

今天，当生命之海遭遇风暴的时候，我知道在我的枕头底下有世上最坚固、最持久、最无条件的爱，作为我改变命运的可靠保证。（作者：迈克·斯图沃尔，塞笛）

3.3 孩子的独一无二性：欣赏孩子的出发点

自从孩子来到这个世界，就注定他是一个独一无二的个体，世界上没有任何一个生命能与其进行简单的横向比较。由于人对外界信息的获取、分析、加工和处理等都需要经过大脑神经元，多达数以百亿计的大脑神经元不仅横向之间的连接各不相同，纵向之间的连接也千差万别，而且横向与纵向之间的连接也各具特色，因此，不同的人针对同一事物得到的分析和判断结果也会大相径庭。即使是外表长得一模一样的双胞胎，随着孩子慢慢长大，其判断和思考问题的角度及结果也会出现很大的差异。此外，不同孩子的阅历、经验、兴趣和爱好等也存在着很大的差异，这就决定了父母在教育孩子的过程中，不能简单地拿自己的孩子与其他更优秀的孩子进行横向比较，而应该发自内心地欣赏自己的孩子，激发出孩

让孩子快乐学习的 52 个方法：
减负增效的家庭教育途径

子内在的向上、向善、崇美的动力。

【理念剖析】

早在两千多年前，我国著名的教育家孔子就提出了"因材施教"的育人理念，两千多年后的美国哈佛大学教授霍华德·加德纳（Howard Gardner）又提出了多元智能理论（即语言智能、数理逻辑智能、空间智能、身体—运动智能、音乐智能、人际智能、内省智能），1995 年后又相继增加了自然探索智能和存在智能。这些理念的提出都验证了每个孩子身上都存在着特定的兴趣、爱好与特长。教育孩子的真谛在于发现、确认并放大每一个孩子身上的闪光点，而不是在"恨铁不成钢"以及急功近利思想的影响下简单地拿孩子身上的缺点与不足去和其他孩子身上的优点和长处进行简单比较。这种简单比较的结果不仅不能有效地激发孩子的上进心和学习动力，相反会对孩子的学习兴趣和动力产生巨大的负面影响。如果父母经常在教育孩子的过程中采用这种简单的横向比较方法，则会导致孩子对学习产生厌烦和抵触情绪。

【方法指南】

父母要想发自内心地认可自己孩子的独一无二性并发自内心地欣赏自己的孩子，就需要认同并接受如下理念和方法。

（1）孩子的成人比成功更重要。帮助孩子养成健全的人格远比实现单一的成功更重要。如果人格缺失，即使获得了成功也是不可持续的。曾经有一个专业技能水平非常高的记者拍了一张震撼世界的照片，即一只巨大的老鹰追捕一个非洲的弱小孩子，并将孩子吃掉了。这张照片获得了国际摄影大奖。人们纷纷谴责他：你为什么不救他？虽然他以"来不及"为借口搪塞过去了，但是他的良心从此不断受到强烈谴责，最终不堪压力自焚而死，这就是道德的力量。因此，父母要明白，对孩子的学习也是一样的，成人比成功更重要。

（2）孩子的健康比成绩更重要。在传统的应试教育环境下，绝大部分父母都非常在乎孩子的考试结果，而忽视了孩子的健康成长过程。曾经有一个小学四年级的孩子，在一次数学期中考试中得了 80 分，比上一次考试进步了 5 分，当他兴致勃勃地拿着试卷给妈妈看时，妈妈这样问道："孩子，你数学成绩有了进步，还不错。不过，你们班这次数学考试的最高分是多少？"孩子回答道："我们班这次数学考试的最高分是 99 分。"妈妈听完立即说道："人家最高能考 99 分，你才考 80 分，还好意思在我面前炫耀。赶紧好好学习去，等考了 99 分再找我！"这种过于看重成绩以及盲目的比较和攀比将对孩子的学习兴趣和成长动力产生巨大的负面影响。

（3）父母需要发自内心地认可自己的孩子是最优秀的。父母要用一种欣赏的眼光看待自己、孩子和周围世界，不要总是带着一种挑剔的眼光去寻找孩子身上的不足或缺点。此外，保持良好的夫妻关系也是家庭教育中的一大重心。夫妻之间的日常沟通与交流也应该更多地表现出欣赏，尽量不要互相指责，更不能谩骂和暴力相向。有记者曾经对北京、上海等地的少年管教所内的少年犯进行过访谈，发现大量的少年犯都有一个深深的困惑，那就是："我该怎么做才能让我的爸爸妈妈满意？我该如何做才能让我的爸爸妈妈高兴呢？"。由于从小没有得到过父母的欣赏与认可，因此这些孩子都有严重的心理问题。

（4）父母不要在背后说他人的坏话。在教育孩子的过程中，父母不要当着孩子的面讨论其他人的缺点和不足，特别是不能当着孩子的面提及学校和老师的不足。当父母发自内心地欣赏学校、老师、朋友、同事、部下和领导时，孩子不仅能感觉到学习、生活和工作的美好，还能学会去欣赏父母、老师、同学和朋友身上的优点。

（5）父母不能拿其他更优秀的孩子与自己的孩子进行横向比较。当父母能够由衷地欣赏并认可自己的孩子时，自然而然不会拿其他更优秀的孩子与自己的孩子进行横向比较，孩子也才能真正感受到来自父母欣赏的眼光、慈爱的声音和关爱的言语。

让孩子快乐学习的 52 个方法：
减负增效的家庭教育途径

【经典案例】

横向比较易激发孩子的逆反

在很多家庭中，不少父母总想通过简单的横向比较达到激发孩子上进的教育目的，可这样做的结果反而是孩子对学习更加抵触。曾经有一个美国的中学生名叫约翰，他的学习成绩一直在班上排名倒数前三名。与他同班的另外一名同学叫杰克，杰克的学习成绩一直在班上排名在正数前三名。非常凑巧的是，约翰和杰克的父亲都在同一个单位的同一个部门工作，而且约翰父亲还是杰克父亲的顶头上司。因此，每次开家长会时，约翰父亲都感到很没面子，回到家里面对儿子时自然而然没有什么好脸色。有一次数学期中考试后，约翰的成绩又是倒数第二名，杰克则考了全班第一名。开完家长会后，约翰父亲带着铁青的脸色回到家里，当看见约翰不仅没在好好学习，反而在专注地看着电视时，便气不打一处来，厉声责问约翰："臭小子，你的学习成绩为什么那么差？杰克与你在一个班，他家庭条件还没有咱们家好，他爸爸还是我的部下，你怎么就这么不争气，每次考试都比杰克差那么多？再这么下去，老爸的脸都要被你丢尽了。你现在竟然还敢在这里悠闲地看电视，赶紧给我回书房学习去！"

约翰听罢，不仅没生气，反而笑嘻嘻地对他爸爸说："老爸，老爸，你快过来看看这是谁？"

约翰的父亲听罢，赶紧凑近电视看了一眼，发现只不过是美国总统奥巴马正在发表就职演讲。于是约翰爸爸没好气地说："有什么好看的，不就是奥巴马在发表就职演讲吗？"

"是啊，就是奥巴马在发表就职演讲啊！你说，这人与人之间的差距咋就那么大呢？同样都是四十多岁的男人，一个是美利坚合众国的总统，另外一个却只是一个平常公司的普通职员？"约翰非常不服气地回敬了他爸爸一句。

3.4 呼唤平等和尊重：快乐学习的主体保障

在美国心理学家马斯洛提出的需求层次理论中，尊重的需求是仅次于自我实现需求的需求，而且只有尊重的需求得到充分的满足后，孩子才会产生求知和审美的需求。尊重的需求具体包括自尊、自重、尊他和被别人尊重的需求。其核心内涵为：为获得实力、成就、认可和自立等，孩子都存在着迫切希望得到他人赏识和高度评价的需求。这种需求是孩子找到学习主体感的基础，也是实现快乐学习的主体保障。

【理念剖析】

平等和尊重是人性中的一种天然需求。早在18世纪中期，伟大的法国启蒙运动思想家卢梭就首次提出："在自然秩序中，所有的人都是平等的。"这种儿童教育中的尊重和平等对待原则得到了蒙台梭利和杜威在教育实践中的贯彻与落实。卡尔·罗杰斯在《论做人之道》一书中写道："在教育方面，我们往往制造出顺从者、定型人，对个人的教育就结束了，它不是首先塑造出有自由创造力的、有自己特色的思想家。"经过200多年来的研究与实践证明，平等和尊重的教育理念有利于儿童潜能的发挥，有利于儿童幸福感的形成，有利于受教育者人格和能力的发展。

人与人之间可能存在着财富、名誉、地位、容貌和健康等方面的差异，但是在人格方面却是平等的，在获得平等和尊重方面都是相通的。给成功的人以尊重，是对他人创造价值的肯定和敬佩；给失意的人以尊重，是一种对他人的慰藉和鼓励；给弱者以尊重，是一种对他人的认可与激发。世界因为尊重而美好，生命因为尊重而庄严。在日常生活中，对他人的平等和尊重可以体现在如下方面。

（1）在态度上尊重别人，例如认真倾听，积极回应等；

（2）从礼仪上尊重别人；

（3）尊重对方的思想、情感和选择，不要将自己的意愿强加给别人，正所谓"己所不欲，勿施于人"；

（4）注意守信守时，信守诺言，尊重和别人的约定；

（5）言谈举止注意场合，例如别人没考好时就不要兴高采烈地大谈特谈自己考得如何好，别人失意的时候就不要在别人面前大谈特谈自己的得意之处等；

（6）只有在心理上真正有了尊重别人的想法，才可能做出尊重别人的行动。如果内心没有真诚的尊重，即使做出了貌似尊重的行为也很容易被别人察觉出来。

【方法指南】

为了在教育和引导孩子的过程中让孩子体会到来自父母的真正平等和尊重，父母可以将如下教育方法应用到平时的教育过程中。

（1）尊重孩子的主体性。无论是在生活领域，还是在学习领域，父母都应该充分尊重孩子的主体性，让孩子发自内心地感觉到学习是自己的事情，即自己的事情自己做。父母一味地为孩子包办一切日常生活事务，不仅剥夺了孩子锻炼的机会，而且会严重损害孩子的主体意识。当孩子在学习或做事方面取得了进步时，父母应该说："爸爸（或妈妈）真为你感到高兴！"

（2）尊重孩子的意愿。在与孩子的日常沟通与交流中，父母不要居高临下地要求孩子一味地服从自己的意愿，而要更多地了解并尊重孩子的意愿，遇事多与孩子商量，特别是与孩子关系密切的事情更应该多听取孩子的意见。尊重孩子的意愿不仅仅因为孩子是家庭中的一员，有权知道自己和家庭有关的事情，更是因为这样做是父母对孩子分析和判断能力的欣赏、认可的表现。

（3）尊重孩子的隐私。孩子的隐私就是孩子不愿意告诉别人的私事，个人隐私不仅应该得到他人的尊重，还应该受到法律的保护。如果将自尊心比喻为花瓶，隐私就是瓶子上的细小裂纹。如果父母随便暴露孩子的隐私，无异于在敲打花瓶上的裂纹，直接损伤到孩子的自尊心。因此，父母一定要尊重孩子的隐私，不能以任何理由去偷看孩子的日记，也不能以任何理由去私拆孩子的信件，更不能将孩子在家中或其他私人场合的短处公之于众，父母承诺为孩子保守的秘密，一定要严格遵守诺言等。

（4）尊重孩子的想法。孩子慢慢懂事之后，会开始思考这个世界以及他所遇到的每件事情，并逐渐形成自己的想法和观点并试图将其表达出来。这是孩子开始拥有独立思考能力和表达能力的表现。父母千万不能压制孩子的想法，哪怕孩子说得不对，或者其想法非常幼稚可笑，也不能嘲笑和打断他们，而应该用尊重欣赏的态度耐心地倾听孩子述说，鼓励孩子勇于表达自己的想法。父母最常用的一句话应该是："好吧，孩子，爸爸（妈妈）很想听听你的想法。"或者"孩子，你说得很对。小小年纪就有这么系统的想法，真不简单！"

（5）尊重孩子的朋友。尊重孩子还有一个重要体现就是尊重孩子的朋友，支持孩子的社会交往。这样做不仅可以让孩子感觉到父母对他的尊重，从而更加信赖父母，还可以促进孩子与朋友之间的友好交往。

【经典案例】

撒贝宁谈父亲如何平等对待自己

撒贝宁是中央电视台的著名主持人，他1994年被保送到北京大学法学院，1998年被保送北京大学研究生，同年又成为中央电视台《今日说法》栏目主持人，2006年获得中国播音主持人金话筒奖。由于年轻有为，很多观众亲切地将其称为小撒。

与其他调皮的男孩子一样，小时候的撒贝宁非常淘气好动，曾经被视为幼儿园的"祸害"。幼儿园的老师甚至不断央求小撒的父母："快点儿让撒贝宁上学吧，他对幼儿园的祸害太大！"

有一次，小撒带着好几个小朋友去捉毛毛虫，害得他们回家的时候浑身都是被各种蚊虫叮咬的包，其中有些孩子的家长找到幼儿园老师投诉。小撒的父亲知道后，脸色很难看。小撒心想，回家肯定会挨揍。没想到，那天回家的路上，父亲还是和平常一样。

小撒就这么提心吊胆地跟在父亲后面回到家里。父亲问他："你知道错了吗？"小撒低着头小声地说："知道了。"同时，抬起头来偷偷瞅了一眼父亲，出乎意料的是，父亲和颜悦色地问他："好吧，那你是想挨顿揍还是想我们坐下来好好谈谈？"小撒回忆说："我当时当然不愿意挨揍了，虽然我不懂得好好谈谈意味着什么，但我明白父亲对我的态度，就像是对待一个和他同样的大人，没有以大欺小。听到我的选择，父亲笑了。然后，哇哩哇啦对我说了好半天。我现在是一个字都记不得了，但父亲给我的那份平等，却让我收藏至今。"

3.5 渴望欣赏和赞美：给孩子世间最动听的语言

在现实生活中，每个人都发自内心地渴望得到别人的欣赏与赞美。林肯曾经说："每一个人都喜欢人家的赞美。"孩子也不例外。善于欣赏孩子，不仅是一种聪明的表现，更是一种智慧的体现。父母用理解和宽容的心态对待孩子，用放大镜观察孩子的优点，将能最大限度地将优点巩固在孩子身上。父母带着欣赏的眼光去看待孩子，以赞赏的语气认可孩子的长处，以自豪的语气表达对孩子进步的满意，将给孩子带来无穷的上进动力。

【理念剖析】

著名心理学家威廉·詹姆斯说过："人性中最深切的心理动机，是被人赏识的渴望。"这种欣赏与赞美就像孩子健康成长的催化剂一样，能够帮助孩子将自己的学习潜能最大限度地激发出来。反之，来自父母的抱怨与责备则会导致孩子不断地自我否定，进而对学习产生非常不利的影响。难怪有人说："不是好孩子需要赏识，而是赏识使他们变得越来越好；不是坏孩子需要抱怨，而是抱怨使他们变得越来越坏。"因此，欣赏别人不仅是一种美德，也是一种融洽团队氛围的有效法宝。世间没有十全十美的孩子，但凡是人，都有优点和缺点。关键在于父母能否发现并欣赏孩子身上的闪光点。正如罗丹所言：这个世界上从来都不缺少美，缺少的是善于发现美的眼睛。

恰当的赞美是表达欣赏的最好途径。异性间的赞美能产生爱情的火花，同性间的赞美能酝酿友谊的甘露，生活中的赞美能让其丰富多彩，学习中的赞美能让人学而不厌，工作中的赞美能让人其乐融融。正如一位著名的心理学家所说的那样：一个舍不得赞美孩子的父母，往往真有一天会使孩子变得让他们无法赞美。在日常的学习过程中，来自父母的由衷欣赏和科学赞美将让孩子找到无穷的学习乐趣，焕发出无限的学习热情。

【方法指南】

欣赏是世间最强大的上进动力，赞美是世间最美丽的语言，是人际间最佳的润滑剂。但是，只有发自内心的由衷赞美和科学表达才能达到激发孩子快乐学习的效果。因此，父母要用正确的方法表达对孩子的欣赏与赞美。

（1）父母要善于发现孩子身上的优点并表达欣赏之情。很多传统型的父母一直奉行着下列教育理念：孩子做得好做得对那是理所应当，无须用语言表达高兴之情，如果孩子做得不好或做得不对，那就应该毫不留情地指出来。这样做的结果是，父母越盯住孩子的缺点，孩子的缺点越加明显并不断放大，最后令家长从希望走行失望，最终走向绝望。

（2）引导孩子养成欣赏别人的美德。孩子懂得欣赏别人无疑将使其学习和成长如虎添翼。要做到这一点，首先就要让孩子在家得到父母的欣赏。只有在家庭中能不断受到父母欣赏的孩子，才能体验到被人欣赏的愉悦和快乐，感受到被人认可和赞美带来的幸福感，进而才乐意将这种感觉传递给他人。如果家中充满着指责、抱怨和挑剔，孩子将很难养成欣赏别人的美德。

（3）教会孩子全面客观地看待周围的事物和人。教会孩子客观看待一个人身上的优点和缺点，既不能盲目放大其优点，掩盖其缺点，从而对人产生错误的评价，也不能盲目放大其缺点，掩盖其优点，从而拒人于千里之外。要教会孩子多看事物的积极方面，多欣赏他人身上的优点，将他人身上的优点作为自己的参考和借鉴，从而弥补自己的缺点与不足。

（4）教会孩子换位思考，即设身处地为他人着想。当孩子指责和挑剔别人时，父母应该引导孩子学会换位思考。让孩子学会设身处地地替对方着想：要是我处在对方的环境中，我会有何感想？我希望别人怎么对待我？这种换位思考的能力实际上就是心理学上的"共情能力"。

（5）父母要给孩子树立榜样。父母是孩子的第一任老师，也是孩子最值得信赖的老师。因此，父母的影响是非常巨大的。这就要求父母在家庭中要经常表达对工作、领导、同事、朋友、同学的欣赏之情，经常发现并表达学校和老师的优点和长处，为孩子营造善于欣赏、乐于欣赏别人的家庭氛围。例如，在原外交部长李肇星家里，夫妻两人有一条铁的规则，那就是当着孩子的面，从不说别人"不好"的话，也从不吵架，而是不断地肯定别人、欣赏别人和赞美别人，讨论"怎样学习人家的长处"等话题。

【经典案例】

欣赏造就最伟大的发明家

爱迪生的一生只在小学上过三个月学。在上学期间，爱迪生经常喜欢提问和质疑老师，最后被老师和校长认为是傻瓜笨蛋而被要求强行退学。当爱迪生的妈妈将孩子领回家后，并没有像其他普通的父母那样伤心绝望，也没有因为觉得自己脸面无光而指责或打骂爱迪生。相反，爱迪生的母亲抓住一切机会表达对孩子的欣赏之情。只要有机会谈起爱迪生为什么会被退学，爱迪生的妈妈都会当着爱迪生的面告诉大家："我家爱迪生实际上是个天才，只是他们学校的老师和校长不知道罢了！"

随着爱迪生慢慢长大，只要大家对爱迪生的前途表示担心和忧虑时，爱迪生的妈妈就会当着孩子的面告诉大家："没关系，我家爱迪生肯定能取得杰出的成就。他实际上是个天才，只是我们现在还发现不了罢了！"正是在母亲这种无条件的欣赏氛围下，爱迪生才有了无限的成长动力，虽然后来由于意外导致了听力障碍，但是仍然没有妨碍爱迪生成为世界上最伟大的发明家，迄今为止，世界上还没有任何一个人能打破他创造的发明专利数的世界纪录。

3.6 自信的孩子斗志强：越学越欢的秘诀

自信是一个人相信自己的愿望、目标或预想一定能够实现的一种心理状态，是一个生命个体自我意识成熟的表现。早在春秋时期，我国著名的思想家孔子就曾经说过："吾心信其成，则无坚不摧；吾心信其不成，则反掌折枝之易亦不能。"自信对于孩子的作用，正如著名的爱尔兰剧作家萧伯纳所言"有信心的人，可以化渺小为伟大，化平庸为神奇"。人们常说的"自信是成功的一半"也强调了自信对成功的重要性。对于学习而言，拥有自信的孩子将能不断地披荆斩棘，在体验到学习成就感的基础上越学越欢。

【理念剖析】

自信的孩子会由内而外地产生一种强烈的自我价值实现的欲望，能够将内在潜能充分地激发出来，在面对困难和挫折时也能拥有更加顽强的意志力。自信的人往往对自己所具备的知识、能力和判断力有信心；对自己能够严格要求；有较高的理想、目标和追求；愿意接受有挑战性的任务；勇于承担责任；面对困难和问题能够积极寻找解决之道；能实事求是、宽容大度地认识并对待自己和别人；不嫉妒别人取得的成就；能够从别人的优点和长处中汲取进步的动力源泉等，由此可见，自信的人更容易取得别人的信任和支持，从而更容易取得成功。

早在20世纪40年代，人本主义心理学家马斯洛（Maslow）就在其需求层次理论中对自信进行了描述，认为自信是人的自尊需要获得满足时产生的一种情感体验，如果尊重需要得不到满足，则会导致沮丧和自卑感。因此，一个具有足够自尊的人总是更有信心更有能力，也更有效率。自信不是天生的，而是后天训练、培养和熏陶出来的。在3岁之前，由于孩子尚未形成清晰的自我意识，无法区分主体和客体，因而也就不可能产生自卑或自信等感觉。随着孩子慢慢长大，他对

让孩子快乐学习的 52 个方法：
减负增效的家庭教育途径

周围世界和自我的认知不断深化，便会形成或自卑或自信或自负的不同心理状态。根据柏恩（美国著名的精神分析学家）在 1959 年创立的"相互作用分析"理论，自信的获得与发展机制可从如下四种不同的心理状态获得理解。

（1）"我不行，你行"，这是一种明显的自卑心态。当孩子还小时，如果父母总是对充满着好奇的孩子叫喊："喂，不要乱动，你不行！"或者"你不行，还是我来吧！"，孩子就会逐渐产生"我不行，你行"的自卑和依赖心态。

（2）"我不行，你也不行"。这是一种明显带有敌意的自卑感。如果孩子在开始断乳、独立行走或家庭中新增成员等关键时候，父母对孩子的照顾方式和陪伴方式出现了不好的变化，就非常容易给孩子产生一种"你不行"、"你不再关心我了"、"你也不行"等感觉。此外，如果父母说谎也会让孩子产生这种心态。

（3）"我行，你不行"。这种"我行"是以"你不行"为条件的，并非真正的自信。如果父母脾气暴躁、不讲道理，经常让孩子感到委屈、不被理解等，孩子就会逐渐产生"我行，你不行"的心理状态。拥有这种心态的孩子长大后将很难相信他人，认为只有自己是正确的，很容易陷入一意孤行的地步。如果情况更加严重，就将产生自负的心理状态。

（4）"我行，你也行"。这种心态是一种真正的自信。这种心态的形成与父母的家庭教养方式存在着非常密切的关系。如果父母能够在孩子面前做到言出必行，如果父母能让孩子参与更多的家庭事务，如果父母能够用更加平等的姿态与孩子对话，如果父母做错了能主动向孩子道歉，那么孩子将更容易形成真正的自信心态。

【方法指南】

要培养孩子的自信心态，父母应该遵照孩子的成长规律和学习规律科学地教育和引导孩子，让孩子在亲身体验和感悟中拥有自信的心理状态。概括起来，培养孩子自信的教育方法主要有如下几种。

（1）引导孩子多关注自己的优点。引导孩子思考自己的优点并在纸上记下来，从事相关活动时可以多想想这些优点，父母也应该针对孩子的优点进行科学的表扬与认可，这将对提高孩子的自信非常有帮助。

（2）引导孩子多与自信的人接触。"近朱者赤，近墨者黑"，让孩子多与自信的人接触，将能在耳濡目染中渐渐提升孩子的自信水平。

（3）引导孩子多进行积极的自我心理暗示。父母要经常引导孩子进行积极的自我心理暗示，例如"我能行""我很棒""我能做得更好"等，不要在日常学习和生活中对孩子施加"我不行""我做不好"等负面强化。

（4）引导孩子树立自信的外部形象。让孩子养成整洁、得体的仪表；举止自信，如走路时大踏步行走，身体挺直，目视前方，说话时看着对方的眼睛等，在各种类型的聚会或课堂上，引导孩子多挑前面的位置坐，尽量创造机会当众发言等。

（5）不可谦虚过度。过分的谦虚就是虚伪。必要的谦虚是可取的，但不可过度谦虚，过于贬低自己将不利于自信心的培养。当孩子受到他人的认可和表扬时，父母应引导孩子大方得体地用"谢谢"微笑以对。

（6）引导孩子学会微笑。微笑是成功的通行证。微笑的孩子不仅人缘好，而且自我愉悦感和幸福感强，更容易获得自信。

（7）引导孩子扬长避短。父母应该引导孩子在学习和生活中抓住机会展现自己的优势和特长，同时注意弥补自己的不足，久而久之，自信心慢慢就能得到不断提高。

（8）鼓励孩子阅读名人传记。很多名人在成功之前的自身资质、外部环境等方面并不好，如果多看一些这方面的材料，将有助于孩子提升自信心。正如歌德所言"读一本好书就是在和一个伟大的人对话"。

（9）让孩子在做事和学习前做好充分准备。无论是做事，还是学习，都要让孩子提前做好各项准备工作。准备得越充分，成功的概率就越大。能够不断地取得成功将可以大大提高孩子的自信心。

（10）引导孩子给自己设定恰当的目标。教育心理学中有一个著名的"篮球架效应"。篮球架的高度不能太高，太高了永远投不中渐渐就没有了兴趣，也不能太低，太低了玩起来没有任何成就感。孩子的目标设定也要遵循这一原则，是需要孩子跳一跳才能够得着的目标才行。当孩子能够实现一个又一个预期目标时，就能体验到成长过程中的"成功"感，自然就会获得无穷的上进动力。

（11）让孩子保持适度的压力。压力过大会使孩子意志消沉，不利于学习目标的实现，压力太小又不容易集中注意力。因此，让孩子在学习过程中保持适度的压力有利于其自信心的提高。当然，适度的压力加上良好的心态才能成为孩子学习的动力。如果心态很差，即使是适度的压力也会成为孩子学习和成长的阻碍。

（12）让孩子做自己喜欢做的事情。让孩子做自己喜欢做的事情并持之以恒地坚持下去，因为喜欢所以专注，因为专注所以更容易成功，同时也更容易获得成就感，从而有利于自信心的提高。

（13）让孩子保持身心健康。通过全面的营养和充分的锻炼保持身体健康是提升自信的基础。此外，引导孩子保持快乐的心态也很重要。在愉悦、幸福的状态下更容易提升自信心。

（14）自己的事情自己做。引导孩子自己的事情自己做，自己的问题自己解决，同时帮助父母做些力所能及的事情。通过日常生活中做事的成功感和愉悦感，进而带动学习上的快乐感和自信心。

上面这些方法不一定要全部采用，父母可以根据自己以及孩子的实际情况灵活选择其中的某几种方法。如果想让自己的孩子成为一个自信的孩子，请先从改变父母的言行开始。

【经典案例】

请为"笨孩子"喝彩

女儿2岁时患过脑膜炎，留下轻微的后遗症：记忆力较差，反应较慢。上小学后，成绩总是比别的孩子差一截，喜欢做恶作剧的小朋友背后喊她"笨孩子"，女儿常常气得哭鼻子。

7岁时，女儿读二年级，还是全班的"尾巴"。尽管我们请了家教老师，每天都给她补课，但头天晚上教的，第二天一早就忘了。每天做家庭作业时，都得由我和孩子他爸轮番辅导。一次，做语文作业时，有一道题是要求模仿

第3章
追求学习的最高境界：快乐和愉悦

"青蛙的眼睛鼓鼓的，肚皮白白的"写一句话，女儿的作业本上却写道：妈妈的眼睛鼓鼓的，肚皮白白的。我一看气不打一处来，劈头盖脸地吼开了："你真笨到家了，全世界数你排名第一！"

谁知道从那以后，女儿做作业时，一见我坐在旁边，就胆战心惊地左顾右盼，要么一个字不写，要么埋头写："我笨、我笨、我笨……"。

看着女儿这副样子，我真是又生气又难过。一个双休日，我和丈夫带着女儿去看医生。这位医生是我的高中同学，她详细地问了女儿的情况后，又和女儿耐心地交谈，不断地夸奖女儿聪明懂事。她说女儿很正常，用不着看医生，最后竟让孩子她爸带女儿去逛公园。她留我谈心，问女儿考试的最高分是多少？我说："得过一次80分"。医生又问："得到80分后，你们做父母的表扬过孩子吗？"我愣了一下说："80分在她们班上是很一般的，我们没有表扬。"医生说："同全班比较起来是一般的，但对她个人来说，就很不一般了，你们不能老盯着孩子的不足，应该学会为孩子的进步喝彩，哪怕是一点点微不足道的进步，你们都要给予她衷心的祝贺。英国著名的教育家斯宾塞曾经说过：'对孩子的一次喝彩，胜过百次训斥！'喝彩和鼓励，可以让自卑的孩子走出下陷的泥沼。"我想到女儿刚才听医生夸奖时的一脸灿烂，似乎看到了希望！

之后，我们听取了医生朋友的建议，再不用抱怨、责备、监督的目光看着女儿了。女儿回家做作业时，我们不再守在她的旁边说三道四，而是鼓励女儿好好做。女儿每次拿作业本给我们看时，我们就认真地夸奖她字写得很端正，"今天的作业得了76分，比昨天多3分，有进步！"渐渐地，女儿脸上的笑容多了，说话的声音也响亮了。不久，家教老师高兴地对我们说："她的记忆力增强了，三次共听写60个生词，她只错了2个"。期中考试到来的时候，女儿第一次向我们保证："我一定要争取考90分！"尽管只是一句"保证"，我和她爸爸乐开了花，因为这可是女儿破天荒的第一次呀，女儿有了自信心。考试成绩公布后，女儿竟考了96分，全班排名第四，班主任老师还亲自为女儿戴上了一朵小红花！

"多为笨孩子喝彩",这是提升孩子自信的"灵丹妙药",也是创造孩子辉煌未来的教育法宝。

3.7 境由心生:阳光的孩子乐趣多

乐观是一种积极的性格因素,当孩子拥有乐观的心态时,他们无论再遇到什么困难和挫折,即使是再糟糕的情况也能保持良好的心态,相信不好的事情终将过去,阳光总会重新照耀自己的世界。按照《心理学大辞典》中的定义,乐观是因个体对人、事、物拥有积极态度而在主观上形成的精神愉快、对前途充满信心的精神状态或先占观念。因此,拥有乐观心态的孩子会将观察世界的眼睛聚焦在事物积极美好的一面,并努力推动事物从不好的方面朝着美好的方面转化。

【理念剖析】

心态不仅将直接决定孩子是否快乐,还将对孩子的能力发挥产生决定性影响,该理念已经获得了教育学和心理学界人士的广泛认同。因此,培养积极乐观的心态不仅对孩子的日常生活很重要,对其学习和考试也至关重要。正如世界著名潜能激发大师托尼·罗宾斯(Tony Robbins)所言,成功的秘诀是学会如何利用痛苦和快乐,而不是让痛苦和快乐利用你。做到这一点,你就控制了自己的人生。做不到,生活就控制了你。

任何事情都有积极和消极两个方面的因素,如果能用积极阳光的心态看待身边的人和事,则孩子的情绪就会是积极的,充满着乐趣和激情,学习起来也就自然而然充满着乐趣。如果孩子用消极阴暗的心态看待身边的人和事,则孩子的内心将充满着悲观、沮丧和痛苦,这种情绪体验如果带到学习上,孩子也就很难找到学习的快乐感。究其原因,就是因为人在感觉快乐和愉悦时,会进一步促进大脑中分泌出多巴胺(Dopamine),这种激素又能进一步让人感觉到兴奋和愉悦,从而形成一种良性循环。当孩子年龄还小时,应该鼓励孩子看到人、事、物有利的一面，让孩子形成"办法总比困难多"、"要为成功找方法，不为失败找借口"的积极思维模式。正如登山时，悲观的孩子看到的是崎岖的山路和密布的荆棘，乐观的孩子看到的是秀丽的风光和无限憧憬的顶峰。当考试失利，分数出现了一定退步时，悲观的孩子感到的是失望、沮丧和挫折，乐观的孩子看到的是又让自己发现了很多不会做的题目，在下次更重要的考试中就不会重犯类似的错误了。

当然，乐观的心态总是与开朗的性格密切相关，正如罗兰所言，开朗的性格不仅可以使自己经常保持心情的愉快，而且可以感染你周围的人们，使他们也觉得人生充满了和谐与光明。愉悦和幸福感与开朗的性格和乐观的心态密切相关，而与外在的物质条件并没有直接关系，这正是境由心生的依据所在。

【方法指南】

开朗的性格和乐观心态的养成除了有一部分依赖于先天因素外，更多地是靠后天的教育、引导和熏陶。自从孩子出生后，父母应更多地通过如下方法对孩子进行积极的引导。

（1）父母要乐观开朗、积极向上。如果父母的心态是乐观开朗、积极向上的，遇到问题能够迎难而上，看待人、事、物能聚焦在有利方面，不仅能给自己的事业、工作和生活增添无限的乐趣，还能以身作则，通过言传身教培养孩子开朗的性格和乐观的心态。

（2）对孩子的管教不要过于严苛。父母要更多地用关爱的眼神、鼓励的动作、欣赏的表情对待孩子，千万不要用孩子根本无法达到的高远目标要求孩子，更不能对孩子采取吹毛求疵的苛责态度，也不能将自己的负面情绪发泄到孩子身上。这些都不利于培养孩子的乐观心态。

（3）为孩子创造机会多交朋友。让孩子从小多交朋友，他们不仅可以学会如何与他人友好相处，还能吸收朋友身上的优点与长处，学会不断地完善自己。善于交际的孩子大多性格开朗，能够享受到友情的温暖，更易摆脱困难和孤独的侵扰。

（4）引导孩子树立坚定美好的憧憬。在学习或做事过程中，父母可以有意识地引导孩子树立坚定而美好的憧憬。例如，曾经替加州大学洛杉矶分校赢得十次全国总冠军的美国传奇篮球教练伍登就是这样保持积极心态的："每天我在睡觉前，都会提起精神告诉自己：我今天的表现非常好，而明天的表现会更好。"就是这么一句坚持了二十年的简短话语，让伍登一直保持着昂扬向上的乐观心态。

（5）物质生活避免奢华，让孩子体验到不断进步的愉悦感。物质生活过于奢华的孩子不仅很难体验到物质生活的乐趣，也很难体验到不断进步带来的愉悦感和成就感。因此，无论是男孩还是女孩，都应该从"穷着养"开始，让孩子体会到通过自己和父母的努力不断改善物质生活、体验到不断进步获得的成就和愉悦，最终能乐观地面对学习和生活中的困难和挫折。

（6）培养孩子广泛的爱好和兴趣。爱好和兴趣更加广泛的孩子明显拥有愈加积极乐观的心态。一个孩子的爱好如果过于单一，将很难长时间地保持快乐。例如，如果孩子只喜欢读书，除了读书之外对什么都没兴趣，一旦遇到失利或挫折时必然会出现郁郁寡欢的情况。如果孩子既爱读书又爱跑步，还爱骑车和音乐，当读书感到疲劳和厌烦时，他可以将兴趣转移到其他感兴趣的领域，乐在其中沉浸一段时间后，孩子自然而然又会对读书产生浓厚的兴趣。

（7）培养孩子应对和摆脱困境的能力。孩子的学习和成长不可能永远是顺境，也不可能永远是逆境。即使是天性乐观的人也不可能事事顺心如意，也会遇到失意和困难。这时就需要孩子具备应对和摆脱困境的能力。应对的办法包括必要的容忍和退让（例如退一步，海阔天空；让三分，心平气和等）、将精力转移到更有兴趣的领域，以及主动激发内在潜能或寻求外部力量帮助以摆脱困境等。

（8）引导孩子树立适度的学习动机。心理学家通过分析动机强度与做事效率之间的关系后发现，如果人的动机过强，就容易变得紧张，浑身肌肉收紧，思维变得局促，在极端情况下还将导致大脑一片空白。美国著名的心理学家耶克斯和道森提出的耶克斯—道森定律认为：最佳的动机水平与作业难度密切相关，任务较容易，动机水平较高比较好；任务难度中等，动机水平适中最佳；任务难度越大，动机水平反而越低越好。因此，家长不要将自己的理想强加给孩子，不要为孩子设定不切实际的目标，孩子在学校学习总体而言是件难度中等的事情，应该引导孩子树立适度的学习动机。

（9）创造温馨快乐的家庭气氛。孩子成长的家庭环境（环境的熏陶和感化，即境化是继言传、身教之外的又一重要的家庭教育方式）将对其乐观性格的形成发挥着非常重要的作用。心理学家们的研究发现，婴儿从出生之时起就具备与他人进行情绪联系的能力，这种与生俱来的情绪感受能力如何在父母的呵护下获得更好地发展也将对其后天的智商产生非常重要的影响。在一个充满敌意、怨恨和暴力的家庭中，很难培养出乐观开朗的孩子。因此，父母应从小为孩子营造一个温馨快乐的家庭成长环境。

【经典案例】

乐观心态能够化劣势为优势

在北京大学每年录取的本科新生中，都有大量来自偏远落后地区的优秀学生。在这些学生中就有一位来自偏远山村的理科高考状元。虽然这个同学的高考成绩非常优秀（理科成绩都离满分只有几分之差，英语成绩也离150分的满分只差不到10分），但是在刚上初中时，他碰到的第一个英语老师就是一位仅仅送去培训了三个月英语教学的高考落榜生。因此，这个英语老师不仅发音不标准，连很多基本的语法问题都经常搞错。

进入北大后，虽然这个学生的英语阅读、写作和考试能力都相当强，但是在听和说方面却与城里的学生有相当大的差距，因为他从一开始就没有接受到规范的英语发音训练。当有人知道他的经历后问他："如果你刚上初中时能够碰上一位更加优秀的英语老师，是不是你的英语成绩会更加优秀？英语的口语和倾听能力是否也会更强？你是否会经常抱怨和谴责你的第一位初中英语老师？"这个学生听完后笑着说："我不仅不会抱怨和谴责这位英语老师，相反，我一直在发自内心地感谢这位英语老师。正是因为这位英语老师没办法将所有的英语知识都教给我，所以我不得不大量地依靠自主学习。正是这位英语老师在英语知识上的欠缺，为我提供了一个自主学习英语的绝好机会。正是因为借助于自主学习和探索，我才能在初中毕业时以全县第一的成绩考入全县最好的高中,为高中毕业后考入北京大学打下坚实的基础。"由此可见,正是这种乐观的心态及化劣势为优势的精神最终让这位学生成功地从偏僻的小山村考入了我国著名的高等学府。

3.8 人人都爱被表扬:激发斗志的催化剂

表扬即公开称赞之意。从人性的角度而言,人人都爱被表扬,不爱被批评。甚至是自命高雅的才子佳人、大学教授、专家学者也不例外。曾经有一个关于清代大才子袁枚的故事说的就是这个道理。

【经典案例】

我国清代的大才子袁枚,少时聪慧,禀赋过人,二三十岁就名满天下,步入仕途,官拜七品县令。赴任之前,出于人之常情,袁枚去向他的老师——乾隆年间的名臣尹文瑞辞行,顺便看看老师还有何教诲。尹文瑞见学生登门,自然十分高兴,就问他:"你此去赴任,都准备了什么?"袁枚见老师发问,就老老实实地回答:"学生也没准备什么,就精心准备了一百顶高帽子。"尹文瑞一听就有些不高兴,说:"你年纪轻轻,怎么就搞溜须拍马这一套?还是讲究勤政务实吧!"袁枚听罢立即回答道:"老师您有所不知,如今人们大都喜欢戴高帽子,像您老人家这样清廉高雅不喜欢戴高帽子的人真是凤毛麟角呀!"尹文瑞听后觉得非常受用,反而鼓励袁枚好好用他准备的一百顶高帽子。袁枚从老师家出来后,立即感叹道:"我精心准备的高帽子,现在只剩下九十九顶了!"

上面这个故事充分说明,表扬能够让人心情愉悦,也更容易让别人接受你的观点。正如我国著名的教育家陈鹤琴所说:"无论什么人,受激励而改过,是很容易的,受责罚而改过是比较难的。"因此,如果将表扬正确地用在孩子身上,则可以成为激发孩子斗志的催化剂。

【理念剖析】

根据卡诺斯等学者的定义："表扬是一个人对另一个人的作品、表现或品性所做的积极的评价。评价时，评价者假定评价所依据的标准是有效的。"因此，表扬是一种积极良好人际关系的口头反馈。根据表扬的不同内容取向，可以将表扬分为三种：个人取向的表扬、过程取向的表扬和结果取向的表扬。

个人取向的表扬主要包括对被表扬者的能力、品质和价值等人格特质的表扬，如"你很聪明""你是个好女孩"等。由于这是一种整体性评价，因此，个人取向的表扬也称一般表扬。过程取向的表扬针对的是被表扬者付出的努力或运用的策略等，如"你很努力""你这么快就发现了解决问题的好办法"等，由于这种表扬指向具体的行为过程，因此，过程取向的表扬也称具体表扬。结果取向的表扬则指向儿童的具体行为或结果的适宜性，是从行为的客观结果进行表扬，如"你做得真漂亮""你画得真好"等。

如果按照归因方式进行分类，可以将表扬分为能力取向的表扬（对被表扬者的能力进行表扬，如"你反应太快了""你办事能力很强"等）和努力取向的表扬（对被表扬者在完成任何过程中的努力程度进行表扬，如"你很用功""你准备得很充分"等）。因此，能力取向的表扬暗含着与表现目标有关的个体无法控制的稳定因素，而努力取向的表扬则和个体的具体行为及环境相联系，是个体可以控制的不稳定因素。

此外，按照目标导向的不同可以将表扬分成社会比较的表扬和掌控取向的表扬。社会比较的表扬是指对个体优于常规或同伴的表现所进行的表扬，如"你是全班最努力的""你是你们小组做得最好的"。掌控取向的表扬是指对个体掌握或理解新技能的深度所进行的表扬，如"你这道题的解题思路真新颖""你已经学会了如何解答此类问题"等。

从上面的分析可以发现，虽然表扬是激发孩子斗志的催化剂，正如古谚所说的那样："数子十过，不如赞子一长"。但是这种效果必须建立在正确、科学的表扬基础上。如果滥用表扬或错用表扬，都将很难达到激发孩子努力学习、好好学习的教育效果。

【方法指南】

正是因为必须科学的表扬才能达到激发孩子上进的效果，因此，要想通过表扬达到激发孩子上进的效果必须遵循正确的表扬方法。概括起来，表扬孩子必须注意如下问题。

（1）过程取向的表扬比个人取向和结果取向的表扬更有效。由于个人取向和结果取向的表扬蕴含着诸多内在、稳定而不可控的信息，而过程取向的表扬则蕴含着不稳定的可控信息，能够真正欣赏孩子正在创造什么或创造了什么，因而过程取向的表扬更能增加孩子的掌控动机，更好地达到表扬效果。

（2）努力取向的表扬比能力取向的表扬更有效。能力取向的表扬大多指向学生天生的和固有的能力，而这些能力是孩子无法改变的。努力取向的表扬大多指向技能、知识及通过努力和学习就能够改变的领域，因而更能激发孩子改变自己和完善自己的欲望。有心理学研究发现，当一个富有挑战性的任务和一个简单的任务置于孩子面前时，大多数被表扬智力的学生会选择简单的任务，而被表扬努力的学生则会选择挑战性的任务。

（3）表扬要及时。父母对孩子进行表扬的目的就是希望孩子出现的良好学习行为和学习习惯能够持之以恒地保持并发扬下去。要达到这一效果，必须对父母希望看到的良好行为进行及时的强化。如果父母对孩子的表扬是延期的，则延期的时间越长，表扬所能达到的激励效果将越差。因为在孩子的内心世界中，事情的因果关系是紧密联系在一起的，年龄越小，这种感觉越明显。

（4）间接表扬比直接表扬效果会更好。在家庭教育中，间接表扬的常见方法有两种：一种是当着别人和孩子的面表扬自己的孩子；另外一种是在孩子面前传达第三者对孩子表扬的话。由于间接表扬增加了见证人，具有更强的信服力，同时又属于"当众表扬"的特殊场景，从而能比直接表扬收到更好的效果。《曾国藩家训》中所说的"扬善于公庭，规过于私室"也是这个道理。

第 3 章 追求学习的最高境界：快乐和愉悦

（5）表扬不能滥用、错用。对表扬的滥用主要体现在过度表扬和泛化表扬上，表扬过多，尤其是抽象笼统的表扬过多不仅达不到激发孩子上进的效果，还会让孩子"忘乎所以"，难以准确全面地认识自己。对表扬的错用主要体现为重外部奖赏的表扬等。孩子的兴趣可以分为感官兴趣、中间兴趣和内在兴趣，当孩子完成任务的兴趣是感官兴趣时，最适合采用外部奖赏表扬，当孩子完成任务的兴趣已经转向内在兴趣时，就不适合采用外部奖赏表扬了。

（6）表扬并非对所有的情况都适用。在使用表扬时，有几种比较典型的情况无法通过表扬达到教育效果。情况一是当任务比较简单，像低挑战性、低努力、低错误率时，如果给予表扬，有可能会暗示孩子的能力较低，从而使得他们不喜欢学习和挑战；情况二是当孩子处于自身的内在动机从事某项活动时，对孩子实施表扬有可能会出现过度理由效应[1]，从而使得孩子失去了激发并放大内部动机的机会。情况三是当孩子有了良好表现时，适当地给予孩子温暖的微笑、赞许的眼神或亲切的拥抱有可能产生比口头表扬更好的激励效果。

【经典案例】

优秀的孩子是夸出来的

我国著名的小品和影视演员宋丹丹在其撰写的《幸福深处》中记载了这样一个关于她儿子的故事。有一次巴图（宋丹丹的儿子）生病，医生开了中药和西药两种药。宋丹丹先给他吃了西药，他很乖。宋丹丹就当着巴图的面对小阿姨说："我发现巴图和别的小孩儿不一样，别的小孩儿吃药都哭，可他从来不哭，他不怕吃药。这一点和别的小孩儿真的不同。"

然后宋丹丹再把中药端给巴图。巴图捧着碗，烧得红红的小脸一副紧张的表情，闭着眼睛一口气就把药喝下去了。

---

[1] 每个人都力图使得自己的行为看起来合情合理，因而总是会为自己的行为寻找原因。在寻找原因时，人们往往先找那些显而易见的外部原因。如果外部原因足以对行为做出解释，人们一般就不再去寻找内部原因了。这就是社会心理学上的"过度理由效应"。

在场的人都对巴图赞不绝口。从那次起，多么苦的药巴图都不怕了。

从诸如此类的故事中，宋丹丹总结出这样一条经验：孩子不是骂大的，孩子是夸大的。她认为：一定要经常发现孩子的优点，随时表扬，因为表扬比批评重要得多。她是这么想，也是这么做的。当着别人的面，她从不吝惜对巴图的夸奖，有一次巴图到医院去看望爷爷，她就对好几个护士讲他是多么懂事，巴图很注意地听着，然后悄悄走过来，咬着妈妈的耳朵小声说："妈妈，我知道你多么爱我，因为你总是对着别人夸奖我。"

从这个案例中可以发现，不是优秀的孩子需要夸奖，而是夸奖能让平凡的孩子越来越优秀。

3.9 挫折面前宜鼓励：重新奋进的加油站

在孩子的成长和进步中，自我努力固然很重要，但外部力量也不容小觑。其中鼓励就是一个非常重要的外部力量。在教育界有一句看似偏激实则充满智慧的教育箴言："在教育孩子这件事情上，我不知道除了鼓励，还有哪些其他更好的办法。"这句话形象地说明了鼓励在教育孩子中的重要性。英国著名教育家史宾赛也说过："对孩子的一次喝彩，胜过百次训斥。喝彩和鼓励，可以让自卑的孩子走出泥沼。"因此，当孩子在学习过程中遇到了困难和挫折，成绩出现了退步时，家长如何科学地引导孩子将直接决定其能否尽快走出泥沼，重新奋发上进。

【理念剖析】

无论是马斯洛的需求层次理论，还是大量心理学和教育学的研究成果都指出，归属感不仅是人类所必需的，同时更是孩子快乐学习所必须的。当孩子在学习中遇到困难和挫折时，最需要的是身边最亲近的人的鼓励、接纳和支持，而不是唠叨、指责，甚至打骂。当孩子成绩出现了退步，或者在学习中遇到了困难和挫折，但凡有一点儿上进心的孩子都会感到一定程度的内疚和难过。如果这时候父母不

第 3 章
追求学习的最高境界：快乐和愉悦

是宽容、鼓励和接纳，而是一味地体罚、唠叨或者责骂，那么孩子的内疚感和上进心将会荡然无存。

如果孩子在学习中遇到了困难和挫折，父母只知道奉行"棍棒底下出孝子"的理念而一味地对孩子进行体罚，将给孩子造成巨大的心理阴影，久而久之会使孩子对学习产生厌烦和抵触心理。在体罚环境下长大的孩子存在着两种截然不同的极端倾向。一种是孩子长大后唯唯诺诺、缺乏主见、随波逐流、不敢拒绝别人；另外一种是孩子长大后有暴力倾向，因为他长大后遇到不顺眼的人或发现别人不听他话的时候，他就会潜意识地觉得应该通过暴力解决问题，严重者甚至还会走上犯罪道路。

如果孩子的学习成绩一直没有进步甚至出现了退步，父母不采取体罚但是却忍不住数落、唠叨或责骂孩子，这种做法也不利于孩子通过自我反省激发出学习动力。在教育心理学上有一个非常著名的"超限效应"，说的就是由于刺激过多、过强或作用时间过久，从而引起心理极不耐烦或逆反的心理现象。很多父母在经常数落或唠叨孩子后仍然未见孩子好好学习，就该好好反省一下自己是否已经由于"超限效应"而激起了孩子的逆反情绪。

父母通过简单的体罚、数落、唠叨或责骂达不到激发孩子好好学习的目的另外一个重要原因就是所谓的"抵消效应"。当孩子成绩退步时，绝大部分孩子都会产生一定的内疚感，觉得下次自己该好好学习以取得更好的成绩。如果孩子回到家面对的是来自父母的责骂、唠叨，甚至体罚，这种内疚感就会被抵消掉，从而让孩子失去了一次自我反省、自我要求进步的绝好机会。

【方法指南】

科学的鼓励可以让孩子在遇到困难和挫折时获得爱和归属需求的满足，也能得到尊重需求的满足，从而帮助孩子更好地走出失败的阴影，重新以饱满的激情追求学习中的成就感和愉悦感。因此，科学的鼓励应该注意如下问题。

（1）鼓励孩子就要给予足够的信任。要达到鼓励孩子的效果，首先父母要给予孩子足够的信任，要充分相信自己的孩子，不仅相信自己的孩子在人格上会主动上进，还要相信自己的孩子在能力上肯定行。

（2）鼓励孩子要发自内心。父母对孩子的鼓励一定要是发自内心的真诚表达。在人际沟通过程中，包括目光接触和面部表情在内的非语言因素能够传递出70%左右的内容，基本上能将父母内心的真实感受暴露无遗。如果父母对孩子的鼓励并非发自内心，很容易被情绪察觉能力很强的孩子识破。因此，父母对孩子的鼓励一定得是真诚的接纳和宽容、发自内心的真心鼓励才能达到应有的教育效果。

（3）鼓励孩子要注意采用恰当的方式方法。例如，父母鼓励孩子的重点应该是强调过程，而不能仅仅注重结果；父母要充分肯定孩子付出的努力和进步的价值，同时教会孩子认识到自己的缺点与不足；父母鼓励孩子时要注意说话的技巧和策略；父母鼓励孩子时要注意保护好孩子的自尊和自信等。

（4）鼓励孩子的方式要注意多元化。鼓励孩子不只有通过语言表达一条途径，还可以用微笑的表情、关爱的动作和欣赏的眼神等，或是通过写字条、发短信、发邮件、点赞和微信反馈等多种方式对孩子进行鼓励，让孩子知道，无论遇到什么情况，父母都会一如既往地爱他，从而让孩子建立起安全感，提升孩子的自我价值感。

（5）鼓励孩子的同时要让孩子学会解决问题的办法。当孩子遇到困难和挫折时能得到父母的接纳、宽容和理解固然重要，但是父母如果能够在安慰孩子的同时教会孩子解决问题的办法，将对孩子的成长产生更好的促进作用。父母帮助孩子学会解决问题的办法可以通过对孩子的言传、示范和讨论，还可以让孩子在实践、感悟和体验中自主掌握解决问题的方法，这样孩子将能以更加自信的心态面对后续的同类事情。

【经典案例】

帮助孩子将错误和失败转化为财富

在中国传统式的家庭教育中，很多父母在看到孩子不小心撞到桌角时，为了安慰孩子，同时也为了让孩子尽快停止哭泣，便会一边抚摸着孩子，一边拍打着桌角说："宝宝别哭，都怪这个臭桌角。看妈妈怎么打它，让它以后再也不敢撞我家宝宝了。"于是，孩子便破涕为笑了，妈妈认为自己的教育方式达到了预期效果，便转而去忙其他事情了。这种场面经常在我国的家庭教育中上演。殊不知，这种教育方法存在着两个问题：一是孩子从小就学会了从外部寻找犯错的借口，进而习惯于逃避自己的责任；二是孩子没有学会摆脱此类错误的正确方法，后续仍然很容易犯同样的错误。

如果父母能够用启发式的方法引导孩子寻找错误的原因，效果会更好。例如，等孩子慢慢平静下来之后，父母可以引导孩子慢慢绕着桌角走一圈，然后说："孩子，你看这次走得多好，既没磕着也没碰着。发挥你聪明的脑袋瓜想想，刚才为什么会撞到桌角呢？"孩子会认真想一想，然后说："我知道了，我刚才跑得太快了，这次我走得慢就没有碰到桌角了。"此时父母应该立即对孩子的想法给予肯定和认可："孩子，你分析得太对了。你再仔细想想，还有没有其他原因导致你撞到桌角了？"孩子受到父母的鼓励后，会更加用心去思考。过了一会儿，孩子可能会说："我知道了，我刚才跑得离桌角太近了。这次我离得远了，所以就没有撞到桌角了。"这时，父母应该为孩子自己总结出来的原因而表达出由衷的喜悦（既可以用夸张的赞美语言，也可以用热烈的拥抱等），然后引导孩子按照他刚才分析的那样再绕桌角跑一圈。经过了从挫折到分析原因，再找到正确的方法，最后按照正确的方法亲身实践，孩子后续基本上就可以不再犯此类错误了。

这种正确的方法在我国古代的教育典籍《弟子规》中就有过论述，其原文为"宽转弯，勿触棱"。如果父母都能耐心细致地引导孩子分析错误的原因，找到正确的方法并按照正确的方法亲自实践，失败和错误才能真正转化为孩子成长的财富。

3.10 掌控自己的行为：自我决定兴致高

我国目前的中小学生和大学生群体，往往缺乏主见、没有独立思想和独立做事的能力，产生这一现象的根源就在于很多父母没有从小注意培养孩子的独立性及决断能力。由于孩子长大后最终要步入社会，因此，从某种意义上说，孩子的成长过程其实就是一个不断摆脱父母、独立面对人生的过程。正如歌德所言："我们虽可以靠父母和亲戚的庇护而成长，倚赖兄弟和好友，借助交友的扶助，因爱人而得到幸福，但是无论怎样，归根结底还是要倚赖自己。"要做到真正的自立，孩子就必须掌控自己的行为，因此，父母需要不断地培养并提高孩子的自我决定能力和独立做事能力。

【理念剖析】

学会在自我掌控环境下长大的孩子还能拥有更高的愉悦感和成就感。正如著名教育家苏霍姆林斯基所说："真正的教育是自我教育。"换句话说，真正的家庭教育也是自我教育。大量的教育心理学研究表明，支持自主成长的父母所教育出来的孩子内部动机更强，更具有好奇心，更喜欢接受挑战及做出独立探索的尝试。当孩子感觉到父母给予自己更多的自主空间时，他们会发自内心地渴望积极学习、构建有意义的社会关系，以及为社会做出有价值的贡献等。父母给予孩子的自主空间越大，孩子愈加不会沉湎于看电视、玩游戏、喝酒等不良行为。由此可见，自主感越强的孩子，其学习的内部动机，也就是我们通常所说的内驱力也将越强。

自主感是人类的三个基本心理需要之一（另外两个基本心理需要分别是能力感和归属感），表现在学习或做事等行为是源自孩子内在的兴趣和价值观，是自我表达和自我意志的充分体现。从内心深处而言，人人都有自我决定的需要。孩子们对那些自主决定的事情，往往兴致浓厚，热情高涨；对那些强加于己的事情，往往兴致不高，甚至会敷衍塞责，应付了事，更严重者还可能会产生强烈的逆反行为。例如，心理学家德斯考尔等人在对爱情进行科学研究时发现，在一定范围内，父母或长辈如果过度干涉儿女之间的感情，会导致青年人之间的爱情反而越深。也就是说，如果出现了干扰恋爱双方爱情关系的外在力量，恋爱双方的情感反而会更强烈，恋爱关系也会变得更加牢固。由于现实生活中的这种现象与莎士比亚的经典名剧《罗密欧与朱丽叶》中的剧情非常相似，因此，这种现象又被称为"罗密欧与朱丽叶效应"。其原因就在于当年轻人之间的爱情面临着外部力量

第 3 章 追求学习的最高境界：快乐和愉悦

的干涉时，强烈的自主决定意识反而会激发起他们内在的逆反心理，即排斥自己被迫选择的事物，同时更加喜欢自己被迫失去的事物，从而出现与干涉者的初衷背道而驰的结果。父母在干涉孩子看电视、上网、玩游戏、早恋等行为时，若发现孩子并未朝着自己的预期方向发展，就该好好想想是否已经在家庭教育中引发了"罗密欧与朱丽叶效应"。

【方法指南】

为了帮助孩子从小培养独立意识和自主能力，让孩子在自我决定的过程中体验到学习的快乐和成就感，父母应该从如下方面着手对孩子进行引导。

（1）引导孩子形成积极的主体意识。孩子在3岁左右便开始有了独立的自我意识，不仅能分清你我他，还会开始出现一定的逆反和叛逆心理。父母对待这时候的孩子切忌独断专行和包办一切，切忌走入"听话教育"的误区。如果父母以绝对权威自居，在生活上为孩子包办一切，在思想上压制孩子的一切想法，一切以是否"听话"为标准，这样做绝对不可能培养出有主见的孩子。

（2）不要打着爱孩子的旗号扼杀孩子的独立性。无论是从物质层面看，还是从精神层面看，孩子都是一个独立的生命个体，既不是父母的附属品，也不是实现父母未竟理想的工具。孩子应该有他们自己的未来和理想。因此，父母要引导孩子认识到，学习也是孩子自己的事情，他必须从小学会自己对学习负责，长大后才有可能对自己负责。

（3）引导孩子做到"自己的事情自己做"。孩子在完成自己的事情的过程中，能够掌握其独立生活能力、一定的选择能力和判断能力。如果孩子从小养成了"饭来张口，衣来伸手"的习惯，长大后很可能还要继续依赖父母而成为"啃老族"。父母对孩子的过多照顾实际上剥夺了孩子自我成长的机会，严重的还可能导致孩子出现心理问题，例如"彼得潘综合症"就是一种典型的心理障碍，患者虽然在生理年龄上已经达到了成年，但是心里年龄却要落后很多。内心总想逃避苦难和责任，害怕承担生活中的压力，人际关系失败，一生碌碌无为等。实际上，孩子自己能做的事情远比父母想象的要多，放手让孩子干，孩子可以从中体验到自信的快乐和成长的乐趣。

（4）引导孩子做到自己的主意自己拿。父母要鼓励孩子学会独立面对和处理自己的事情，自己的事情自己做主，不要所有事情都依赖父母或老师为自己做决断。父母可以在平等和尊重的基础上针对孩子的想法提供一些参考意见，孩子如果愿意采纳最好，不愿意采纳也没关系。当孩子发现父母的意见有可取之处时，慢慢就会更加重视父母提出来的参考意见了。因此，只要不是原则性的问题或有人身伤害的问题，完全可以按照孩子自己的想法去实施。如果实施成功了，说明孩子的决断能力和做事能力都很强，父母应及时地给予认可和表扬。如果实施失败了，父母也没必要冷嘲热讽，而要抱着鼓励的态度让孩子继续自己拿主意并自己去实施。

（5）引导孩子学会自己承担相应的责任。自由和自主意味着责任，当孩子为自己的生活、学习和成长做出自主选择的时候，他就要同时学会承担相应的责任，为自己，也为家庭和社会负责。因为正确的自我决定一定是与承担责任相伴随发生的，抛开责任谈自我决定将没有任何意义。

【经典案例】

自己动手勇于担当

在发达国家的家庭教育中，父母普遍重视从小培养孩子的自理能力和自立精神，给孩子提供必备的时间、空间和机会自主思考、自主决定、自主实施生活中和学习中的许多事情。

在美国，孩子从小听到的最多的教育理念就是"do it yourself"，中文意思就是自己的事情自己做。美国孩子不仅需要将自己的事情做好，还要在力所能及范围内帮助父母做家务。完成这些事情，不仅对发挥孩子的特长和创造性有帮助，而且有助于促进他们与家人之间建立融洽的关系，培养其集体成员的责任感，同时还能强化孩子的学习主体意识。例如，上学、放学路上自己打伞，自己整理书包，自己背书包，自己整理书房，帮助父母摘菜、洗衣、拖地等。在中学阶段，美国孩子有句口号：要花钱自己挣。农民家庭的孩子要分担部分家务，如割草、粉刷房屋、简单木工修理等，还要外出当杂工等。

在日本，父母从小就给孩子灌输一种思想——"不给别人添麻烦"，同时强化孩子的自理能力和自强精神。全家人外出旅行时，无论多小的孩子，都要无一例外地背一个小背包，原因就在于"这是他们自己的东西，应该自己来背"。无论是穷人家还是富人家的孩子，许多学生都要在课余时间参加各种劳动挣钱，进入大学后，学生勤工俭学的现象也非常普遍。事实上，日本孩子的独立意识和自立能力不仅能够提高其做事能力（例如时间管理和目标管理能力等），而且能强化其责任感和主体意识，这些能力和意识迁移到学习中将能对学习发挥巨大的促进作用。

第 4 章

构建孩子快乐学习的生命支柱

父母要帮助孩子实现快乐学习，首要的任务是帮助孩子夯实生命支柱。概括而言，父母的主要任务如下：一是激发孩子的上进心；二是帮助孩子树立自信心；三是教育孩子要勇于担当；四是培养孩子的感恩之心；五是强化孩子的自立意识和能力；六是帮助孩子实现自强不息。将孩子培养成积极上进、高度自信、勇于担当、心怀感恩、充分自立和自强不息的人，孩子的生命支柱会变得坚实无比，长大后他们自然能远离沉沦，也能非常自如地应对学习和成长中遇到的各种问题。

4.1 呵护自尊，激发孩子的上进心

顾名思义，自尊即自我尊重、尊重自己之意。因此，自尊心就是尊重自己、维护自己的人格尊严，不容许别人侮辱和歧视的心理状态，这是人活在社会体系中所能享受到的最高尊严。人能够直立行走，将双手解放出来从事更为复杂的劳动是人与其它动物最根本的区别，而这一革命性的转变离不开脊梁骨的支撑。在孩子的精神世界中，也存在着这样一根发挥顶梁柱作用的脊梁骨，这根脊梁骨就是孩子的自尊心。

【理念剖析】

自尊心很强的孩子存在着三个明显的特征。一是他们知道遵守社会、学校和班级的各项规则，也知道遵守社会的伦理道德规范，这就是所谓的"羞耻心"。如果没有了"羞耻心"，孩子的行为就将失去社会约束，从而展现出各种动物本性。二是他们会由内而外地激发出上进心，知道要往高处走，要往学习好的方向和社

会法则设定的正面方向去发展。这样的孩子肯定会不甘心居于落后地位而奋起努力。三是他们的自我价值感会随着自尊心的增强而不断提高。因此,父母在激发孩子快乐学习之前,首先要用心呵护好孩子的自尊,不断提高孩子的自我价值感,将孩子的上进心充分激发出来。孩子从出生之日起,父母就应该教育和引导其发自内心地认为自己是有价值的,这样他们才有可能接纳自己、喜欢自己和尊重自己。随着孩子渐渐长大,其自我价值感、上进心和由内而外产生的学习动力才会越来越强。而自我价值感很差的孩子不仅很难产生强烈的上进心,甚至连生存下去的勇气和希望都很渺茫。如果由于各种原因导致孩子的自我价值感下降到了零,那孩子很可能处在要自杀的心理状态中。近几年来,我们时不时地就会看到有孩子通过跳楼、跳河等方式自杀的新闻出现,那基本上是孩子已经到了自我价值感为零、生无可恋的状态了。此外,如果孩子的自我价值感下降到了比零还低的负数,那么孩子很可能处在先毁灭别人再自杀的心理状态,也就是我们经常能够听到的"反社会人格"。只是这样的孩子往往会优先杀害那个或者那几个导致他自我价值感下降到负数的人。

在我国的历代典籍和现代文学作品中,自尊心很强的人往往都是世人崇敬和仰慕的社会精英。从当年孟子说的"富贵不能淫,贫贱不能移,威武不能屈",到现代俗话说的"衬衫宁可穿破,不可让人指破""冻死迎风站,饿死不低头""不食嗟来之食"等,说的都是人的自尊。当年朱自清和闻一多等著名学者坚决不吃美国救济的白面粉也是一种强烈的民族自尊心的体现。要想培养孩子建立起强烈的自尊心,首先要为其自尊心的生长提供足够的精神营养,这种精神营养的主要成分就是来自原生家庭无条件的父爱和母爱①。由于这种无条件的爱对培养孩子健

---

① 原生家庭对孩子成长的重要性不仅在此,还对孩子的情感模式初始化、社会化模式初始化、学习模式初始化以及依恋期的"情绪开关"产生非常巨大的影响。原生家庭中充满了批评,孩子便习惯了责难;原生家庭中充满了敌意,孩子便学会了争斗;原生家庭中充满了嘲讽,孩子便很容易羞怯;原生家庭中充满了羞辱,孩子很容易自责;原生家庭中充满了溺爱,孩子很容易自私和抓狂;原生家庭中充满了暴力,孩子要么也有暴力倾向,要么唯唯诺诺;原生家庭中充满了赞赏,孩子很容易学会感激;原生家庭中充满了赞赏,孩子很容易走向自尊自爱;原生家庭中处处体现平等,孩子也将学会宽容、商量和谦让。

全的心灵世界发挥着至关重要的影响，因此又被称为"心灵的维他命"。孩子带着孤独感和恐惧感孤零零地来到这个世界，身边往往得要有一到两个人能够无条件地接纳他、尊重他、理解他、支持他和鼓励他，将他生命的源动力激发出来，孩子才能成为真正意义上的社会人。正因如此，幸福的童年往往来自幸福的原生家庭，幸福的原生家庭将给孩子带来一生的红利，而不幸的原生家庭将让孩子倾其一生去治愈童年而结果未卜。

由于自尊心关系到孩子的生命动力问题，因此，培养孩子的自尊心是件非常重要而谨慎的事情。著名教育家苏霍姆林斯基曾经有过一个十分精彩的比喻，他说："教师要像对待荷叶上的露珠一样，小心翼翼地保护学生的心灵。晶莹透亮的露珠是美丽可爱的，却又是十分脆弱，一不小心露珠滚落，就会破碎不复存在。学生的心灵，就如同露珠，需要教师和家长的倍加呵护。"这种呵护的重要组成部分就是爱和科学的教育方法。

【方法指南】

为了铸造孩子精神世界中的脊梁骨，父母应该尊重孩子的自尊心的萌发和成长规律，运用科学的方法进行激发和引导。概括起来，培养孩子的自尊心常用的方法如下。

（1）无条件地爱孩子。父母要培养起孩子的自尊心，必须无条件地爱自己的孩子。这种无条件的爱包括如下具体的表达方法：对孩子平等以待；充分地尊重孩子；从人格和能力上信任孩子；由衷地欣赏孩子；接纳孩子的优点和缺点等。

（2）与孩子平等地对话与交流。父母在与孩子对话与交流时，千万不能采用居高临下、颐指气使的姿态。孩子还小时，父母可以蹲下来与孩子说话，以便保持自己的视线与孩子的视线处在同一高度。这种教育方式在西方叫平等教育，在中国有专家称其为蹲式教育。

（3）善于聆听孩子说话。当孩子在说话时，父母千万不要心不在焉，不仅要全神贯注地听，还要不时地给予其积极回应，以激发孩子的表达兴趣。

（4）将眼光集中在孩子的优点上。父母将眼光集中在孩子的优点上，能够让孩子找到被欣赏、被认可的感觉，这样孩子便容易产生积极的自我价值感。自我价值感上来了，孩子的自尊心自然就能得到进一步的强化。

（5）保全并维护孩子的"面子"。爱面子实际上就是孩子自尊心的具体表现形式，想呵护好孩子的自尊心，父母就要注意时时处处保全并维护孩子的"面子"，例如，当着别人的面不要教训孩子，孩子犯错应及时指出并纠正，不要搞所谓的秋后算账或新帐旧账一起算等。

（6）让孩子"自己的事情自己做，家里的事情尽量做"。为了帮助孩子形成积极的自我意识，父母应让孩子从小养成自立和利他的习惯，一方面做到"自己的事情自己做"，另一方面做到"家里的事情尽量做"。当孩子将自己的事情做好并力所能及地帮助父母或家里做事时，父母要科学地表扬孩子。如果孩子在做事时出现了错误或遭遇挫折，父母不能一味地抱怨、指责、批评或打骂，而应该给予孩子恰当的鼓励、接纳和支持。

（7）让孩子"自己的主意自己拿"。自我价值感的形成一方面得益于做事过程中获得的成就感，另一方面得益于自我决断过程中得到的价值感。因此，父母要让孩子从小养成"自己的主意自己拿"的习惯。如果孩子从小就能独立决策同时能得到父母的认可和尊重，到了青春期自然而然就不会出现所谓的逆反现象。大多数叛逆孩子的父母都过于武断，大包大揽地为孩子包办一切，从而使孩子失去了自己做主和独立决策的机会。

【经典案例】

无条件的关爱帮助顽劣的孩子转变

在《心灵鸡汤》一书中，有一个16岁女孩雪伦·怀特莉记述的亲情故事，其中展现了无条件的母爱在改变孩子中的关键性作用。每一个孩子的心灵都是非常柔弱而敏感的，一旦遭遇到了心灵伤害，能够弥合心灵伤口的特效药往往就是来自父母无条件的爱。具体的故事情节如下。

我从两岁起就一直被寄养在别人家里，我的生母除了我还生了另外5个女儿，因为她实在照顾不过来，再加上又没有爸爸或是其他任何一个人可以和她一起照顾我们，我们被送到不同家庭寄养。

由于我的桀骜不驯，现在的养母终于决定把我送回收养机构，就像之前的养母一样，我看我大概是全世界最没人爱的孩子。碰到凯特·麦坎时，我7岁，正和第三个寄养家庭住在一起。我的养母告诉我凯特要领养一个孩子，我还认为她一定不会选我，我实在想象不出会有人希望我永远和他们生活在一起。那天凯特带我到一个南瓜园，我们玩得很开心，但是我想我大概不会再和她碰面了。

几天后，有位社工人员来到我家里，说凯特希望领养我，然后问我介不介意在只有母亲的单亲家庭生活。

"我只希望有人爱我。"我说。

凯特第二天就来了，她说，我很快就可以搬过去和她住。我很兴奋，但是也很害怕，我心想等她了解我是个什么样的人以后，不知道会不会改变心意。

凯特察觉到我内心的恐惧："我知道你受了很多伤害。"她说着抱抱我，"我知道你很害怕，但是我保证，我一定不会把你送走，我们现在是一家人了。"

令我惊讶的是，她的眼中满是泪水。

"好的……妈。"我说。

我有生以来第一次有了自己的房间。"别担心，我会给你买很多漂亮的新东西。"凯特说。

妈妈为我做了很多事，她带我上教堂，让我养宠物，让我学骑马和弹钢琴，每天她都告诉我她爱我，但爱不足以治愈我内心的创伤。我一直在等待，等待她改变心意。我想"如果我够坏，她就会像其他人一样离开我了"。

于是我试着在她伤害我之前先伤害她。我大吵大闹，乱发脾气，关门时老是用力甩上，发出声响。如果妈妈试图阻止我，我就打她。但她从未失去耐心，她会抱着我，并说不管怎样都爱我。

由于我刚搬来，学习成绩并不好，因此她对我功课的督导特别严格。有一天，我正在看电视，她走进来把电视关掉："做完功课就可以看电视。"我怒火中烧，抄起课本丢向房间另一头：“我恨你，我不想再住在这里了！”

我等着她叫我打包离开，但她一直没开口，我只好问：“你难道不准备把我送走吗？”

“我不喜欢你的行为，"她说，"但我永远不会把你送走，我们是一家人，一家人不会彼此放弃。”

就在此刻我忽然顿悟，这个妈妈不一样，她永远不会放弃我，她真的很爱我，我了解到自己也很爱她。我哭了，并紧紧地抱住她……

为了激发孩子的自尊心，提升孩子的自我价值感，一个并非亲生母亲的妈妈尚且能对孩子做到如此宽容与付出无条件的母爱，更何况我们为人父母者对待自己的亲生孩子呢？

4.2　树立自信，帮助孩子攻坚克难

自信就是自己相信自己能把事情做好的心理状态。有位哲人曾经说过："一个人，从充满自信的那刻起，上帝就在伸出无形的手在帮助他。"由此可以推论，如果一定要说这个世界有上帝的话，那么这个上帝愿意帮助一个人的前提就是那个人必须得拥有自信心。中国古代也有一句名言："人不自信，谁人信之。"如果一个人没有了自信，那么他也很难获得别人的信任，更不可能获得别人的帮助和支持。由于孩子从上学之日起，每天都要接触新鲜的知识，因而自信对孩子学习成绩的提升尤其重要。要培养出优秀的孩子，父母要有意识地从小培养孩子的自信心，孩子长大后才能远离自卑。自信心的养成不仅包括学习上的自信，还包括生活和做事中积累的自信，这些自信迁移到学习上将对学习发挥非常重要的促进作用。

【理念剖析】

现代心理学、脑科学和生命科学中的大量研究成果已经证明，正常孩子的大

让孩子快乐学习的 52 个方法：
减负增效的家庭教育途径

脑中蕴藏着巨大的学习潜能。只要将这些学习潜能激发出来，每一个正常的孩子都能学会他想学的任何知识，基础教育和高等教育阶段的那些具体的学科知识更是不在话下。身为父母，一方面要对孩子大脑中蕴藏的巨大学习潜能具备基本的了解和自信，另一方面要对大脑的学习机理具备基本的把握。

从大脑的学习机理看，当孩子在学习过程中碰到需要解决的问题时，大脑往往会产生三种不同的反应。一种是"这类题目我肯定能解决"的自信状态。在这种状态下，大脑的神经元会处于高度激活状态，从而将大脑中的学习潜能充分调动起来，如果这种自信状态再与学习兴趣结合在一起，则孩子的学习效率将会得到大幅度提升。第二种是"这类题目从来没见过肯定不会做"的不自信状态。在这种状态下，大脑的神经元会处于高度抑制状态，仅有的一点学习活力也将用于为自己寻找外在的不会做的理由，诸如"题目太难""老师从来没教过""这种题目已经超出教材范围了"等。第三种是"这类题目不知道会不会做，先试试看吧"的怀疑和试探状态。在这种状态下，大脑的神经元也会处于抑制状态，一会儿在寻找解题的方法和技巧，一会儿在寻找解不出来的理由和借口，最终很有可能以失败告终，偶尔也能将题目做出来。

通过上述三种不同的大脑反应状态可以发现，如果孩子在学习过程中能始终保持第一种高度自信的状态，将能进入良性循环的学习状态，最终获得理想的学习成绩。这种状态分析结果也同样适用于成年人。当一个人想做某件事并且相信能做好时，他往往会想尽各种办法，发挥各种能力，最终顺利地将事情做好。当一个人不想做某件事并且不相信能做好时，他往往会为自己寻找各种理由和借口，最终不能顺利地将事情做好。因此，要让孩子体验到学习的乐趣，首先得培养出孩子在学习方面的自信，而自信又能更好地激发孩子的学习乐趣。由此可见，孩子学习过程中的兴趣与自信呈现出相辅相成的互相促进关系。

【方法指南】

要培养孩子在学习上的自信，必须从学习、生活和做事几方面同时着手，引导孩子在亲身体验和感悟的过程中提升自信心。从孩子学习自信的形成根源看，大致可以划分为如下七大类。

（1）积极的自我意象。20世纪60年代，美国著名的社会心理学家马克思韦尔出版了风靡一时的《自我意象心理学》，该书的核心观点为：一个人能不能成功，关键在于你是否有积极的自我意象，你想象自己是个什么样的人，你就是什么样的人。你把自己想象成一个成功者，你就会成为一个成功者；你把自己想象成一个失败者，你就会按照失败者的方式行事，最后成为一个失败的人。因此，父母要帮助孩子形成正面积极的自我意象，特别是爱好学习、乐观上进、勤奋踏实、认真严谨等。

（2）父母的信任与支持。父母是孩子最亲近的人，也是感情依恋最深的人，因此，来自父母的信任与支持将对孩子的自信产生巨大的放大作用。当孩子知道父母信任自己能把学习搞好时，孩子的大脑细胞将会处于充分活跃状态。万一孩子没有将学习搞好或者做错了事情，父母要帮助孩子一起分析原因，寻找解决困难的办法，并让孩子坚信"办法总比困难多"。孩子相信父母会继续关爱与支持自己，会为其发挥自己最大的学习潜能提供可能，这时孩子的脑细胞也会处于高度活跃状态。如果父母总是带着怀疑和质问的态度对待孩子，孩子不仅会怀疑自己的学习能力，还会由于害怕失败而不敢尝试和进取，使得脑细胞处于抑制状态，最终孩子既缺乏自信，也无法获得理想的学习成绩。

（3）来自父母的表扬、欣赏与认可。无论是在学习，还是生活或者是体育、艺术等课外活动中，如果父母能够发现孩子的闪光点并给予及时的表扬、欣赏与认可，那么孩子将能感觉到强烈的自我价值感及学习和能力上的自信感。这种感觉会自然而然地迁移到孩子的课程学习上。当然，父母对孩子的表扬要想发挥出应有的作用，必须建立在亲子关系温馨融洽的基础上，家庭教育如此，学校教育亦如此。正如著名教育家苏霍姆林斯基所说："只有当教师和儿童之间的关系建立在互相信任和怀有好意的基础上时，评分才能成为促进学生进行积极的脑力劳动的刺激物[①]。"

[①] 苏霍姆林斯基著，杜殿坤编译，《给教师的建议》，教育科学出版社，1984年6月第2版，P37。

(4)让孩子体验到受尊重和被重视的感觉。孩子如果能得到最信赖和最亲近的人的尊重和重视，那么将对提高其自信发挥积极的促进作用。在与孩子密切相关的学习和生活等事情上，父母要认真尊重孩子的想法和意见，让孩子有按照自己的想法自主学习和自主做事的空间。此外，为了让孩子感到被重视，父母应认真履行对孩子许下的诺言，假如孩子发现父母经常不兑现诺言，孩子有可能会感觉到自己做错了什么事情，或者会产生一种不被重视的欺骗感。

(5)让孩子不断地获得成就感和喜悦感。要让孩子获得成就感，父母一方面可以让孩子力所能及地参与家庭事务（例如打扫卫生、整理床单、安排购物等），让孩子找到别人需要他的那种感觉，另一方面父母要注意耐心倾听孩子说话，父母的倾听会让孩子觉得你们很在乎他的观点和看法，从而越来越喜欢思考和表达。此外，父母要让孩子在学习过程中获得成就感，还必须遵循"篮球架效应"（请参见本书第三章中的解释）为孩子树立科学合理的学习目标，既不能是高不可攀的无法实现的目标，也不能是唾手可及的过于容易的目标。只有这样，孩子才能体验到克服困难、实现目标后的成就感和喜悦感，并不断地为自己设立新的目标。

(6)不断提高孩子的学习能力。父母若想让孩子不断地提高自信，必须按循序渐进的原则先提高孩子的学习能力。学习能力的培养不是简单地逼迫孩子刻苦学习，而是让孩子在学习、运动和艺术熏陶中同步提升注意能力、观察能力、想象能力、创造能力、逻辑思维能力和记忆能力等。因此，除了学习，一定要注意培养孩子的一技之长，最好是在体育运动和艺术爱好方面各培养一个特长。这样做不仅能通过体育运动和艺术熏陶直接提升孩子生理方面的学习能力，还能通过身体素质等的增强提升孩子心理层面的学习能力，同时也能通过运动后大脑产生的内啡肽让人更加轻松愉悦，甚至还能给孩子一个自信的理由，这些都对孩子快乐感和自信心的培养意义重大。如果发现孩子确实没有特别的天赋，也要尽量让孩子多运动，同时教会他如何爱人，如何与人合作。

(7)通过培养孩子的幽默感提升自信心。幽默是智慧的象征，是人际交往的润滑剂，谈吐幽默的孩子将拥有很好的人缘，同时也能拥有更多的自信。如果孩子与老师和同学都能维持非常融洽的人际关系，那么要将学习搞好就非常容易了。

这种幽默感的培养与父母的感染和熏陶密不可分。从女儿懂事时起，美国著名作家马克·吐温每当写作累了，就会把女儿叫过来，让她们坐在自己椅子的扶手上，开始给她们讲故事。故事的题目由女儿们出，她们常常拿起画册，随便指出一个人物或动物，马克·吐温就根据这些人物和动物编故事。他经常将故事编织得非常离奇生动，时不时还让女儿们也编上一个情节。他幽默的语言和夸张的表情，经常逗得几个孩子大笑不止。三个女儿长大后，由于长期受父亲的影响，她们思维敏捷，表达清晰，更重要的是，他们的人际关系都非常好，其中很重要的原因就在于她们学会了父亲幽默的谈话方式。

【经典案例】

引导孩子自我肯定提升自信

卡尔·威特是19世纪德国的一个著名天才，但是他小时候却被周围的人们认为是一个有些痴呆的婴儿，得益于他的父亲教育有方，他才成为了一个伟大的天才。在回忆如何教育孩子及总结既往教育历史的过程中，老卡尔·威特发现，很多孩子之所以缺乏自信，一个很重要的原因就是父母以完美主义的态度过高地要求孩子。在父母完美苛求中长大的孩子，往往做事认真，成绩超人，是父母和老师的骄傲。但是，在孩子渐渐长大之后，长期形成的完美习惯就会变本加厉，导致强迫症。有的孩子做作业稍有涂改，就全部撕掉重做；有的孩子做题速度越来越慢，一遍又一遍地反复检查，甚至考试时做不完题目；更有甚者，因为走在路上反复数脚下的地砖而经常迟到。孩子在这种强迫症的影响下，自信便可能丧失殆尽。在不能完美地完成一件事时，他就会在潜意识中对自己做出否定认知：我不行，我的脑筋不好使，别人就是不喜欢我等。

对缺乏自信的孩子来说，要摆脱自卑的阴影，并树立自尊和自信，自我肯定无疑更为重要。下面几个简单易行且行之有效的方法将能很好地通过帮助孩子实现自我肯定从而提升自信。

（1）不要因太过强求完美苛求孩子，要帮助孩子从自己的行为中获得满足和动力。如果孩子画了一匹马，父母不要过多地挑剔这里不好、那里不像，而应发现每一个闪光点并由衷赞赏，如："看，那马尾巴画得真好呀，好像是在风中飘舞一样！"或者"你为马涂的颜色真漂亮！我敢说这是我见过最漂亮的马儿！"

（2）注意表扬的方式，让孩子认识到自己的行为是正确的，从而达到增加对孩子赞赏的效果。如"你今天用积木盖起了这么高的大楼，我真为你感到自豪！"可以用下面的表扬方式将会达到更好的效果："你今天用积木盖起了这么高的大楼，你一定为自己感到自豪！"

（3）不必过于看重别人的评价，让孩子依靠自己内心的动力前进。自卑的孩子虽然可以从父母处得到表扬，但是周围的其他人（包括学校老师）却未必能完全做到这一点。他们或许会"实话实说"，或许会故意挑剔，甚至讽刺挖苦。有些孩子完全依赖成年人和权威的赞许，连怎样认可自己都不知道了。这样的孩子长大了如果成为球员，那就可能在比赛时每踢出一次球，就会回头看看教练的脸色，自然不可能成为一个优秀的球员。当自卑的孩子做了错事并受到批评时，父母应该告诉他，对待批评最好的办法便是承认并改正错误。当孩子主动认错后，你完全可以告诉他："你这样做很不容易，因为这需要很大的勇气。"

（4）强化孩子的自我肯定。对于自卑情绪严重的孩子来说，他心中的自我肯定往往是脆弱的、飘摇不定的，这就需要得到外界经常不断地强化，强化的方法有很多。例如：让孩子为自己记一本"功劳簿"，每周花几分钟时间写出或画出自己的"功劳"，并告诉孩子，所谓的功劳，并不一定非得是了不起的成就，任何小小的进步，以及为这种进步所做出的任何小小的努力，都有资格记载入册。也可为孩子准备一些小小的奖品（如玩具、漫画、绘本等），每当孩子做出了一点成绩，或一件令他自己感到自豪的事，他就有可能获奖。你还可以教孩子学会以"自言自语"的方法不断对自己进行赞扬——当孩子遇到困难正踌躇畏缩时，你不妨鼓励他对自己鼓劲："来吧，你可是一个不怕失败的好孩子，再做一次努力吧！"

（5）合理运用自我肯定。鼓励自卑的孩子多做自我肯定，并不意味着应该让他"滥用"自我肯定。不要鼓励孩子在任何时候、任何情况下都使用自我肯定。自我肯定要有度，要注意时间和场合，也要有一定的原则和标准。如果自我肯定用过了头，就可能变成一个自负甚至唯我独尊的小霸王，那就很可能让孩子走向另外一个极端。

4.3 勇于担当，夯实热情的基点

无论是学习还是工作，一个人若是没有了热情，他将很难持之以恒地坚持下去，最终也将一事无成。在学习方面，孩子热情的根源除了学习兴趣之外，另外一个非常重要的基点就是责任心。正如大文豪托尔斯泰所说，有无责任心，将决定生活、家庭、工作、学习的成功和失败，这在人与人的关系中也无所不及。英国著名作家毛姆也说过，要使一个人显示他的本质，叫他承担一种责任是最有效的方法。因此，若想孩子能够持之以恒地快乐学习，一方面要不断激发孩子的学习兴趣，另一方面就是要从小培养孩子勇于担当的品格。

【理念剖析】

勇于担当的孩子肯定是一个具有高度责任心的孩子。从字面上理解，责任包括如下三层含义：一是应尽的义务或分内应做的事；二是做不好分内应做的事因而应承担的过失；三是一个人自主驱动自己去兑现所做的承诺。有专家认为责任的具体内涵包括五个方面：责任意识（想干事）、责任能力（能干事）、责任行为（真干事）、责任制度（可干事）和责任成果（干成事）。无论是哪一方面，都要求孩子能够自发地、主动地去承担自己应做的事情，即能够自觉地把分内的事情做好。体现在学习上的责任心，就是孩子首先应该对自己负责，能够主动学习，承诺的事情能够积极主动地去兑现。如果父母能够让孩子成为一个对自己负责的人，那么好好学习就自然而然会成为孩子的优先选择。因此，有学者的研究发现，孩子的责任心越强，其自我评价更积极，更倾向于下更大的决心去达到预定的各项目标，同时他们的学业成绩也更加优秀。难怪有研究发现，在人类历史上的领袖人物群体中，出自家中长子的比例高达70%，这就是有责任才有成长、有担当、有发展的真实体现。

由于人类是典型的群居型社会性动物，每个人的一言一行都会对周围的其他人产生不同程度的影响。如果孩子与父母之间的亲子关系是融洽的、和谐的，对自己又是高度负责的，当他看到自己的行为对他人的生活和心情造成了积极的或消极的影响，这种影响反过来又会激发孩子或愉悦或痛苦的情绪感受，他就会非常在意这种影响和感受，进而通过自律让自己的行为对他人（尤其是身边最亲近的人）产生正面的积极影响。因此，为了培养孩子学习上的责任心，让孩子具备勇于担当的品格，除了要让孩子明确只有他自己是学习的主人外，还应该给孩子独立做事及独立承担责任的机会。当被赋予责任时，孩子就能感觉到自己的重要性和价值感，而因此越来越自律，自律将推动着孩子主动去做事。孩子在独立做事（自然也包括学习）的过程中，不仅能学会对自己负责、对别人负责，还能体验到承担责任后的成就感、价值感和愉悦感，进而乐意承担越来越重的责任。

【方法指南】

想让孩子从小养成勇于担当的品格，父母要从点滴小事做起，在潜移默化中熏陶并培养孩子的责任心，使孩子最终成为一个勇于担当、受人欢迎的人。

（1）父母要给孩子树立勇于担当的正面榜样。作为孩子的第一任老师和终身老师，父母的积极影响无疑具有非常重要的作用。无论是在工作和学习方面，还是在家庭和生活方面，如果父母的责任心非常强，将能对孩子起到积极的引导和示范作用。如果父母能够认真对待自己的承诺，无论是对孩子还是对其他成年人都能做到言出必行，万一有情况无法兑现承诺也要提前获得对方的理解和谅解，那么孩子也将会认真对待自己的承诺。

（2）父母给孩子提供承担责任的机会并及时给予表扬。父母不应该为孩子包办一切，衣来伸手、饭来张口的生活模式不仅无助于孩子体验到价值感和成就感，也无助于孩子动手能力和感觉统合能力的提高。鼓励孩子从小承担一些力所能及的家务劳动，为家庭成员及他人提供力所能及的帮助，例如为长辈倒杯水、为爸爸寻找眼镜、为妈妈寻找拖鞋、替姥姥拿药等，当孩子或独立或借助父母的帮助完成这些事情时，父母应该及时给予孩子表扬和认可，从而让孩子逐渐感受到自己的价值感和重要性，不断强化自己的责任意识。

（3）尊重孩子的独立性，让孩子认识到学习是他自己的事情。父母应该像尊重成年人一样尊重自己的孩子。对与孩子的学习生活密切相关的事情（包括家庭事务的讨论和决策等），应多听听孩子的意见并采纳其有价值的建议。正如卡耐基所言："做个听众往往比做一个演讲者更重要。专心听他人讲话，是我们给予他人的最大尊重、呵护和赞美。"在与孩子的沟通过程中，父母要善于从"听我说"转变到"我在听"。如果孩子凡事听从父母的安排和训斥，自我感觉是父母的一部分，自然而然无需承担责任，也无法承担责任。如果父母和孩子之间是互相独立的，孩子便能慢慢感觉到，学习是自己的事情，他才能树立起应有的责任心。

（4）让孩子自己选择、自主决定，同时承担决定的后果。根据心理学中的"罗密欧与朱丽叶效应"，每一个孩子其实都有自我决定的需求。如果孩子的大事小事都由父母包办，不仅不能培养孩子的独立决策能力，无法增强孩子的责任意识，还很有可能激发起孩子的逆反心理。尤其是到了青春期，如果父母一味地干涉孩子的早恋或疑似早恋行为，反而会收到事与愿违的效果。因此，父母应从小为孩子提供自主决定的机会。此外，父母应该将选择权还给孩子，如果孩子从小到大的选择权都在父母手中，那么他在成长过程中一旦遇到问题就会抱怨父母，同时也不愿意为这些选择的结果承担相应的责任。

（5）让孩子用实际行动承担行为责任。如果是父母可以预见的行为后果（例如孩子上学时老是忘记带午餐等），当孩子执意按照自己的想法去做事时，父母可以采取自然后果法让孩子在承担责任的过程中体会到认真听取他人意见的价值和重要性。如果是很难遇见的行为后果（例如孩子不小心打碎邻居家窗玻璃等），那么父母就应该让孩子用自己的实际行动去承担应有的责任，父母不要为了心疼孩子而大包大揽下来。

（6）强化孩子对自己负责的理念和态度。随着孩子慢慢长大，父母要通过言传身教相结合的方式让孩子明白，无论什么时候，自己都必须对自己负责。无论成绩是优秀还是糟糕，生活是富裕还是清贫，无论是当企业家还是做普通职员，事业辉煌还是暗淡，无论社会地位高低，还是成功或者失败，都取决于他自己的行动与付出。父母只能辅助孩子为其提供一个环境与条件，其他人也无法决定或左右他的发展。当孩子能够对自己的生命担负起责任时，他就不会花心思去找各种借口来掩盖自己的过失或学习上的懒惰，而是会主动积极地将包括学习在内的各种事情做好，从而做到"远离借口，勇于担当"。

【经典案例】

通过自主选择提高孩子的学习主动性

我家女儿已经上三年级了，可是每天放学回到家总是抱着电视看，作业不是忘了做，就是经常错误百出。我下班回到家又累又饿，还得忙前忙后为她做晚饭。虽然每次我回到家，她都会像模像样地坐在书桌前看书，但是摸一摸客厅里的电视机往往微热犹存。在做饭之余，我还得一边数落一边监督她做作业，马拉松般做作业，不到十点半别想结束。这种状况如果再不改善，不仅孩子的学习成绩肯定会继续退步，我也快被这些烦心事弄崩溃了。

经过仔细的阅读和思考，我终于明白了要让她知道，学习是她自己的事情，不是她老妈，也不是她老爸的事情。经过三天的仔细考虑后，我对女儿说："你不是一直很想看电视吗？老妈觉得看电视还确实有它的好处，从今天开始，你想看电视就看好了，老妈不会再唠叨和指责你了。"女儿半信半疑地看着我说："老妈，这是真的吗？"我认真地说："当然是真的。只不过有一个条件。"听我说到要谈条件，女儿感觉是真的了，于是满怀期待地问我是什么条件。

我说："条件其实很简单。就是你每天必须在八点之前把作业做完，而且不能有错误。做完作业后，只要确保第二天早上七点前能够起床，你自己想看多长时间就看多长时间。老妈决不食言！"

第 4 章
构建孩子快乐学习的生命支柱

听说可以在不受老妈唠叨和指责的环境下自由地看电视，再加上她的作业只要认真做，一个小时就足够了。她歪着小脑袋想了一会儿立马就答应了。为了确保双方的承诺能够兑现，我和女儿一致同意要签个书面合同。由于这事比较新鲜，再加上我提前就准备好了纸和笔，女儿自然而然也兴趣盎然地参与到合同条款的拟定中。

合同中是这样规定的：只要她晚上八点钟之前能将当天的所有作业做完，同时保证第二天早上七点前能够起床，我将亲自为她打开电视，她可以自主决定看多长时间的电视。但是，如果作业中出现错误，她应立即停止看电视，而且当天晚上也不许再看电视了。

双方签字画押后，合同开始正式生效了。第一天晚上，女儿出现了前所未有的自觉现象，不到七点半就将全部作业做完了，然后迫不及待地看电视去了。我检查一遍后发现她的作业字迹潦草，错误频出。我还是耐着性子，一声不吭，一直让她自由地看电视，直到11点半她才上床睡觉。

第二天晚上，女儿故伎重演，七点半不到就坐在了电视机前。我拿着她的作业本，举着合同来到电视机跟前，二话不说，将电视机的插头直接拔了。黑纸白字，无法抵赖，女儿只好乖乖地回到书桌边继续做作业。

从此以后，女儿每次做完的作业都做到了基本准确无误。但是过了不久，新的问题又出现了，我连续好几天在她的作业本上看见老师的批语，原来为了节约时间，女儿竟然耍起了小聪明，每次都故意遗漏不少作业。为了将计就计，我选择暂时装傻没有直接点破。当天晚上，女儿正在写作业的时候，我拿起电话，故意大声说："李老师吗？我想问一下，您今天布置的家庭作业有哪些啊？"

女儿哀怨地看了我一眼，又低下头继续写作业了。其实我只是随便拨了一个无法接通的号码而已。经过这几个回合的交手，女儿基本上做到了保质保量地完成全部家庭作业。

等女儿的电视饥渴症有所缓解的时候，我建议她写完作业后可以和我一起去小区花园散散步，去小区健身器材处锻炼锻炼身体，在散步和锻炼的时候，我绝口不提学习的事情，主要是听她讲学校中发生的各种各样的事情。经过一段时间后，女儿的学习成绩在下滑了一段时间后开始稳步上升，而且这种上升完全是凭她自己的努力获得的，也将能够一直保持下去。另外，我的负担和压力也小多了，再也不用为她消极做作业、学习缺乏主动性而发愁了。

4.4 真诚回馈，感恩的孩子有人缘

感恩既是一种处世哲学，也是一种生活智慧和生活态度，更是一种美好的人类情感。感恩的关键在于发自心灵深处的回报意识。回报，就是对哺育、培养、教导、指引、帮助、支持乃至救护自己的人心存感激，并通过自己十倍、百倍的付出，用实际行动予以报答。正如英国作家萨克雷所说："生活就是一面镜子，你笑，他也笑；你哭，他也哭。"一个懂得感恩生活的孩子，生活将赐予他灿烂的阳光，一个只会怨天尤人的孩子，最终可能一事无成。正如一位哲学家曾经说过的那样："世界上最大的悲剧或不幸，就是一个人大言不惭地说没有人给我任何东西。"由此可见，感恩不仅存在于人与人之间，也存在于人与事物之间。

【理念剖析】

完整的感恩包括三个层次：认知、情感和实践，也就是说，完整的感恩既包括知恩（认知层次，即认识到自己所获得的恩惠和方便，并从内心产生认可），也包括感恩（情感层次，即在知恩的基础上能够产生温暖、愉悦和幸福的情绪感受，并且能转化为自觉的感恩意识和回报的冲动）和报恩（实践层次，回馈施恩者或社会，也就是将感恩意识和回报冲动转化为报恩乃至施恩的具体行动，最终形成知恩图报、乐于施恩的良好习惯）。由此可见，心存感恩的孩子会更加珍惜学习的机会，更容易从学习中获得愉悦感和满足感，更能对家人和社会给予的帮助和支持心存感激，同时能用自己的实际行动予以回报。此外，心存感恩的孩子与老

师和同学之间的关系更为融洽，更易获得老师和同学的帮助，从而比别的孩子获得更加优秀的学习成绩。大量的科学研究证实，感恩心态的养成与孩子长期形成的归因方式和共情能力密切相关。

归因理论主要解决的是日常生活中人们如何找出事件的原因。现实世界中的事件原因无外乎两大类，一类是内因（例如情绪、态度、能力等），另外一类是外因（例如环境、压力等）。按照美国心理学家伯纳德·韦纳的观点，成功或失败的原因无外乎如下六种：能力、努力、任务难度、运气、身心状态及其他因素（除上述五种因素外，尚有其他相关的人或事的影响因素，诸如别人帮助或评价不公等）。能力、努力和身心状态属于自己可控的内因，任务难度、运气和其他因素属于自己不可控的外因。从稳定性的角度看，能力与任务难度属于比较难于改变的稳定性因素，其他四种因素则属于易于改变的不稳定性因素。从可控角度看，六种因素中只有努力一项是可以凭个人意愿控制的，其他因素则很难受个人意愿控制。如果学习成绩不好或事情没有做好，父母要引导孩子多从内部寻找原因，而不要将失败或不利的原因一味推脱到外部因素。

一个孩子要懂得感恩，具备基本的共情能力也必不可少。共情是指个体能够设身处地理解他人的情绪、感受和想法。施惠者必须认识到受惠者的需求才能提供有效的帮助，而受惠者也必须意识到施惠者的积极意图才能产生基于愉悦、温暖和幸福的感恩情绪，如果受惠者感觉到的与施惠者的初衷背道而驰，那么受惠者不仅不会产生感恩之情，甚至还会出现"狗咬吕洞宾，不识好人心"或者"恩将仇报"的悲剧。因此，父母要让孩子从小学会换位思考，多体察别人的情绪感受，正确把握别人的做事动机，同时从阳光积极的角度看问题的习惯。这样，孩子长大后便不会自私，而且待人接物常怀一颗感恩之心。

【方法指南】

孩子在刚刚出生的时候既不懂得感恩，也不知道忘恩。只是在随后的成长过程中，由于父母不同的教养方式，他们最终才形成了或懂感恩或只知道忘恩的人。因此，掌握科学的教育理念和方法，从小开始培养孩子的感恩意识将是父母激发

52 让孩子快乐学习的52个方法：
减负增效的家庭教育途径

孩子好好学习、快乐学习的重要途径。概括起来，父母可以从如下方面着手培养孩子。

（1）父母以身作则，言传身教。俗话说得好，身教重于言教。因此，身为父母，无论平时工作多忙多累，都别忘了在逢年过节带着孩子一起为老人选购礼物并去看望双方的老人；老人生日时和孩子一起为老人选购礼物并庆祝生日；亲朋好友送来的珍贵食物先给老人留出一份；父母带着孩子一道帮着老人干活等。父母要用自己对长辈的关爱言行来影响和感染孩子。与此同时，父母之间及父母和子女之间要相互尊重、关爱和体贴，相互间交流要多用礼貌语言。既要共同承担家庭的责任和义务，又要共同分享家庭的利益。此外，父母在判断和分析事情的时候要用乐观的心态和积极的眼光，引领孩子多看到他人身上的闪光点和事情积极有利的一面。

（2）对孩子进行适当的共情教育。在幼儿时期孩子的心中，世界上的一切都是有生命、有思想有情感的，因此父母可以正确地采用共情方法，让宝宝学会识别和感受他人的情感，控制冷漠等消极行为，做出互助、分享和谦让等积极行为。例如，宝宝在撕书的封皮时就可以对他说："你把书的衣服撕破了，它多难受啊！"宝宝在揪小鸟的羽毛时可以对他说："你看小鸟多疼啊！它都哭了，你要是再揪它，它就不和你做朋友了。"如果孩子不小心撞倒小板凳了，可以对他说："你看，小板凳肯定被你撞得很疼，咱们帮他揉揉吧！"用上述类似的方法，非常有助于培养孩子的爱心，帮助孩子正确地体察别人的情绪感受。此外，父母还可以给孩子讲些短小精悍、富有哲理的寓言故事、童话故事或名人名家的感恩故事，让孩子从小明白其他人是怎样感恩的，感恩的孩子为什么更容易受到大家的欢迎。

（3）由衷欣赏并感恩孩子的出生及成长。孩子的存在本身就是一件值得父母感恩的事情。正如美国著名作家、幼儿园创始人凯特·道格拉斯·威金所说的那样，每一位降生到这个世界的新生儿，都是上天的一个新构想，一份永远清新且灿烂的机运。当孩子的微笑和点滴进步为父母带来感动和喜悦时，父母不妨将这种对孩子的欣赏之情当着孩子的面表达出来。父母可以由衷地告诉孩子："自从你出生之后，爸爸妈妈感觉比原来幸福多了！""爸爸妈妈怎么这么幸运呢，让我们赶上这么一个孝顺的儿子（女儿）！""有你这么一个懂事和孝顺的孩子，爸爸妈妈真幸福！"

（4）及时表扬孩子的孝顺行为。孩子为父母做了事情后，不管他是主动的还是被动的，不管事情是大是小，也不管他做得是否令人满意，父母都要发自内心地感谢他、表扬他，那么孩子就能感受到自己的价值和为父母做事的愉悦感，也会因此大受鼓舞。不管孩子为父母做了什么，都要让孩子觉得"幸亏有我出手帮助，事情才会这么顺利"。父母由衷的肯定是孩子关心他人、孝顺父母的动力源泉。

（5）父母要学会偶尔"示弱"。要多给孩子机会，让孩子为父母做些事。比如下班回家累了，让孩子帮忙拿下拖鞋；感冒不舒服了，不妨请孩子为自己倒杯水、拿下药等，让孩子学会给予和付出，懂得父母和别人的给予和帮助是一种"恩惠"，而不是理所当然或者欠他的。同时让孩子明白，父母也是平凡人，需要孩子的付出和帮助，正是因为有了孩子的帮助，才让父母的生活更舒心。

（6）适当"计较"孩子的付出。如果孩子没有将好吃的分一口给父母，没有记住父母的一个小要求，没有将答应父母的事情做到位，这都是父母必须"计较"的小事。千万别让孩子觉得父母对他一无所求，他根本不需要为父母做什么。如果父母只是一味地为孩子单向付出，不给孩子创造为父母付出的机会，很容易让孩子觉得你对他一无所求，他根本不需要为你做什么，你对他的付出是理所应当的。要让孩子懂得索取是要付出的，不能无条件地进行索取。

【经典案例】

孩子的感恩源自父母的教育和引导

在北京大学的学生群体中，有一位来自偏远农村的学生。当年考上北大时，他带着一千元学费和一千元生活费来到北京，此后再也没向父母要过一分钱，最终顺利地完成了本科的全部学业。凭着顽强的毅力和吃苦耐劳的精神，他一方面获得了学校的奖学金，另一方面靠着贷学金、勤工助学和社会兼职获得的收入弥补了大学四年的学费和生活费支出。大学毕业后又考上了北京大学的研究生。从读研究生开始，他不仅为远在农村的母亲提供基本的生活费，还供养自己的妹妹完成大学学业。这种感恩和独立意识的养成并非天生，而是来自于父母从小对他的教育和引导。

早在他小学阶段，农村已经实施了家庭联产承包责任制。父亲远在外地工作，家中只有母亲一人操持各种各样的家务和农活。在农忙时节，母亲需要整天在稻田里干活，八岁的他便带着刚满一岁的妹妹承担了挑水、做饭和送饭的任务。当他第一次背着妹妹拿着做好的饭菜来到稻田里，母亲眼里流露出惊喜，眼角闪耀着泪花，用欣喜的语气招呼着正在旁边田地里干活的人们："你们都来尝尝吧，我家儿子给我做的红烧茄子，简直是我这辈子吃到的最好吃的茄子了！"本来他还有点担心第一次做饭就将茄子烧焦了，没准会受到母亲的责备。有两个大妈还真的跑过来尝了两口，然后用羡慕的语气赞扬道："你真是有福气！儿子这么小就能给你做饭送饭了。哪像我家那几个孩子，都十几岁了还得等我一会忙完回家去给他们做饭呢！"在母亲和大家的表扬和认可下，他的心里升腾起一股强烈的愉悦感和责任感。自此以后，他在课余时间帮着母亲干农活、做家务的动力越来越强。这些劳动不仅没有耽误他的学习，反而间接促进了他的学习。一方面，经过体力劳动后能够更加体会到学习（属于脑力劳动）的幸福和学习机会的来之不易，另一方面，在体力劳动的过程中，能够对注意能力、观察能力和手、眼、脑的协调能力的提高产生积极的促进作用。因此，让孩子适当地帮助父母完成力所能及的劳动，不仅能够培养孩子的感恩意识，还能提高孩子的学习能力，让孩子更好地感受到学习的乐趣。

4.5　摆脱依赖，自立的孩子前程广

自立的基本含义是不需要他人帮助，自己依靠自己的能力就能实现独立。引申出来的含义则包括如下三个方面：自己的事情自己负责；不依赖别人，靠自己的劳动而生活；不人云亦云，有自己的独立思考和判断能力。反映在学习上，自立

的孩子应该具备自主学习能力、独立生活能力和独立思考能力。如果缺乏自主学习能力，孩子将很难在中小学阶段将知识学深学透，如果缺乏独立生活能力，孩子将很难适应中学阶段乃至大学阶段的学习和生活，如果缺乏独立思考能力，孩子很难在考试中获得高分。同理，缺乏自由思想和独立精神的孩子也很难在进入大学和社会后做出重大的创新成果。因此，从小开始培养孩子的自立精神不仅有利于孩子以后独自生活，同时也对孩子的学习和成长具有重要而深远的积极影响。

【理念剖析】

与能力感和归属感一样，自主感也是人类的三大基本心理需要之一。因此，从人的心理需求角度而言，每个孩子实际上都有自我决定的需要。对于正常孩子而言，一般到了3岁左右才能正确区分你、我、他。也正因为孩子开始察觉到自己是个独立的个体，因此，3岁左右的孩子会进入其人生当中的第一个叛逆期（又称反抗期），其根源就在于孩子的自我意识开始萌芽。由于3岁左右的孩子往往以自我为中心观察世界，从自我出发进行行为选择与活动设计，而不考虑他人的需求和感受。因此，这个时期的孩子总是认为自己是正确的，从父母的角度看来就是逆反心理的典型体现。

曾经有心理学家做过一个实验：在茶盘中放了五只朝下扣着的不透明的茶杯，房间里的孩子对它们本来并没有什么兴趣。可是心理学家在其中的一个杯子下，放了一枚国徽面朝上的硬币，然后重新扣上。临走时对小孩说："杯子下放了东西，你千万不要动，否则我回来对你不客气！"说完就出去了。当面临着这种不给理由的简单禁止时，孩子反而产生了强烈的兴趣，等心理学家一走，孩子们往往都会拿起茶杯，看看下面究竟放了什么东西。而且心理学家强调得越厉害，孩子的这种行为倾向就越严重。由此可见，父母在培养孩子自立精神的过程中，不能通过简单的禁止或阻止方式，而要通过教育和引导让孩子自主决定该如何做或不该如何做。

进入青春期后，孩子的自我意识感将更加强烈，伴随其独立思考和处理事务能力的迅速发展，孩子会表现出强烈的自主性，迫切希望摆脱父母的束缚，从父母的保护下独立出来。如果父母教育不当,这种自我决定的需要就会导致"罗密欧与朱丽叶效应"的出现。如果父母采取简单粗暴的方法干涉中学生之间的爱情,强烈的自主决定意识反而会激发起他们内在的逆反精神,从而导致孩子不仅不会中断恋爱,反而会使得恋爱双方越走越近。如果父母只知道采取暴力逼迫的方式强迫孩子学习,强烈的自主决定意识使得本来还想好好学习的孩子也由于逆反情绪的出现而厌学。

由此可见,父母要培养出具备自立精神的孩子,应该充分尊重孩子的自主决定意识,让孩子在自主决定、自主做事的过程中培养出自立精神,长大后自然能够做到"远离依赖"。如果孩子能够通过摆脱对父母的依赖而体会到自主和自立的快乐感,孩子也就能非常顺利地度过其人生中两个非常重要的叛逆期。

【方法指南】

为了从小培养孩子的自立精神,父母应从学习、生活和亲子沟通等各个方面着手对孩子进行科学的教育和引导。概括起来,培养自立的孩子应从如下方面着手。

(1)注重培养孩子独立思考的习惯。要让孩子学会独立思考,父母既不能以忙或者累为理由对孩子的问题一概拒绝,也不能为展示自己的知识面很广对孩子的问题立即给出正确答案,而应该耐心地引导孩子自己思考或者带着孩子一起寻找答案。此外,父母也可以故意给孩子一个不完整的答案,让孩子自己动用脑袋去想,从而得出圆满的答案。父母也可以有意识地提出一些问题,表示自己解决不了,需要让孩子帮忙。这些简单易行的做法可以在不知不觉中让孩子养成独立思考的能力和习惯。我们一直都在强调要培养孩子的自主学习能力,实际上,想让孩子进入自主学习的状态,培养优秀的阅读和思考习惯是前提和基础。

(2)让孩子学会自己做选择。人生绝大部分情况下都需要做出选择,小到放学回家走哪条路,回家后先做哪科作业,大到上大学报考哪所学校、什么专业等,所谓"鱼与熊掌不可兼得"就是这个道理。不会自己做选择的孩子将很难成为自立的孩子。父母应让孩子从小学会自己选择并为自己的选择负责,最忌讳的就是父母根据自己的喜好和判断代替孩子做选择。

（3）鼓励孩子用语言将自己的想法表达出来。从孩子咿呀学语开始，父母就要让孩子充分地表达自己的想法，通过耐心倾听、积极反馈、恰当表扬、及时欣赏等方法激发孩子的表达兴趣。即使父母明知孩子想讲什么，也不要先说出来，不要代替孩子表达，而是耐心听孩子把话说完。父母尽量不要说这样的话"你是想说……""你是要喝水……""你是想去动物园……"等等，避免让孩子只是一味地说"对""好""是""行""可以""没错"之类的简单话语。随着孩子慢慢长大，也要独立与老师、同学和朋友交往，如果不能自如地表达自己，将很难融入集体生活。

（4）引导孩子逐渐摆脱依赖心理。要让孩子摆脱依赖心理，必须让孩子自己完成自己的事情。如果父母代替孩子做他们能自己做的事情，无形中是在告诉孩子：父母比他们强，比孩子有能力、有经验，父母是伟大的，孩子是渺小的。此外，父母要更多地给予孩子任务或角色，赋予他责任，完成后要及时地给予他表扬或鼓励。即使孩子还很小，也会因责任感而产生出不靠他人而自己独立解决问题的欲望，父母的责任就是引导孩子将这种独立解决问题的欲望不断放大。正如卢梭所言："当儿童活动的时候，不要教他怎样地服从人；同时，在你为他做事的时候，也不要让他学会役使人。要让他在他的行动和你的行动中，都同样感到有他的自由。"这种自由实际上就是孩子形成独立能力的前提。

（5）让孩子在群体活动中感受到自己的独立意识。父母在带孩子参加各种社交活动时，一定要主动将孩子介绍给客人，使孩子感受到自己是独立的个体，从而产生自立的意识，千万不能忽视孩子的存在。当孩子感觉到自己是个不依从于父母而独立存在的生命个体时，他对自己负责和独立做事的愿望就会油然而生。

（6）放手让孩子自己解决问题。孩子解决问题的能力其实非常强，当孩子遇到问题时，父母应该从人格和能力上信任孩子并放手让孩子自己去解决各种问题。例如，当孩子在与小朋友玩耍时出现了纠纷，应该尝试着让孩子自己去解决，而不是父母直接上去帮助处理。为孩子准备一套自己的随身用品，并让他自己负责管理。当孩子碰到难题一时做不出来时，父母不应直接上去帮孩子做，而是要引导孩子独立思考并找到解决问题的办法。当孩子需要时，父母可以采取间接的方式去帮助孩子。这与孩子自我意识的形成密切相关，父母千万别急着呵斥孩子或者马上告诉孩子现成的答案。

（7）有计划有准备地将孩子交给他人照料一段时间。当孩子离开父母和熟悉的环境，必须努力配合并适应他人家中或集体的生活习惯，有时为了达成自己的请求，还得费心去说明或是说服。在现代城市家庭中，很多独生子女缺乏同龄玩伴，一些非常要好的朋友或亲戚便采取共养的方式（将孩子集中在一起，每家轮流带一段时间），这对培养孩子的自立也非常有帮助。

【经典案例】

包办一切是毁掉孩子的最好途径

一位母亲辛辛苦苦地将孩子拉扯大，但却为她的孩子伤透了心，为此，她不得不去找心理咨询专家。

专家问："孩子第一次系鞋带的时候，打了个死结，从此以后，你是不是不再给他买有鞋带的鞋子了？"夫人点了点头。专家又问："孩子第一次洗碗的时候，打碎了一只碗，从此以后，你是不是不再让他走近洗碗池了？"夫人称是。专家接着说："孩子第一次整理自己的床铺，整整用了两个小时的时间，你嫌他笨手笨脚了，对吗？"这位母亲惊愕地看了专家一眼。专家又说道："孩子大学毕业去找工作，你又动用了自己的关系和权利，为他谋得了一个令人羡慕的职位。"这位母亲更惊愕了，从椅子上站了起来，凑近专家问："您是怎么知道的？难道您此前认识我的孩子吗？"

专家说："不认识。我是从那根鞋带知道的。"

那个母亲问："以后我该怎么办？"专家说："他生病的时候，你最好带他去医院；他要结婚的时候，你最好给他准备好房子；他没有钱时，你最好给他送钱去。这是你今后最好的选择，别的，我也无能为力。"

这是一位多么可悲的母亲！在孩子的成长道路上，这位母亲辛辛苦苦，任劳任怨，付出了无数的心血、汗水和精力，但是却让孩子掉进了一个又一个非常温柔的陷阱,而且这些陷阱还是这位过分庇护孩子的母亲辛辛苦苦亲手挖掘的。掉进陷阱里的孩子,由于被剥夺了犯错误和改正错误的机会和权利,从而也失去了长大成人的机会。这样的孩子又怎么可能成才呢?

4.6 唤醒自强,迎难而上成就多

自强即自己努力图强之意,包含了自己努力向上的上进心及百折不饶的顽强毅力。能够做到百折不饶者肯定也具备了上进心,因此,自强的涵义更多地倾向于困难压不倒、厄运不低头、危险无所惧的坚毅品格。我国古语说的"男儿立身当自强""天行健,君子以自强不息"说的都是这个道理。不仅男孩当自强,女孩也应该自强,因为"人生不如意事十之八九"。只有具备了自强不息的品格,不断提高孩子的抗挫折能力和抗打击能力,才能在人生的道路上遇到困难不会绕着走,并在克服困难的过程中体验到乐趣感和成就感。

【理念剖析】

自强是健全人格的重要组成部分,有学者将健全人格定义为:以正面的态度对待世界、他人、自己、过去、现在和未来、顺境与逆境,做一个自立、自信、自尊、自强、幸福的进取者。自强则是个体不断提升自我,充分发挥自身潜能,努力进取、不断克服困难的一种动力特质。具备自强特质的人,往往具备如下特征:拥有明确的奋斗目标,在追求目标的过程中,能够做到勇敢自律、不怕困难和失败,具有坚忍不拔的意志力;在心态上能够做到乐观开朗、自我悦纳、自信自尊;具有高度的自立能力和团队协作精神;具备有所作为,实现自我价值的强烈愿望,对自己、他人和社会具有强烈的责任感。

自强是一种多维度的人格特征。无论是个人取向的自强意识,还是社会取向的自强意识,都包含了自立、自信、自尊和动机强度四方面的内容。从孩子的成长角度看,先有自立(身体自立、行为自立、思想自立等),然后才有自信和自

52 | 让孩子快乐学习的52个方法：
减负增效的家庭教育途径

尊的发展，自强则是最后发展起来的。也就是说，自强者肯定是一个自立、自信和自尊的人，而自立、自信和自尊的人不一定就是一个自强者。在各个组成要素中，动机强度维度（即意志力维度）才是自强结构的核心。只有具备了坚强的意志力，孩子才能自觉地确定学习和生活目标，并根据目标来支配和调节自己的行动，最终克服各种困难并实现既定的目标。意志力对孩子成长的重要性，正如罗伊斯所说："从某种意义上说，意志力通常是指我们全部的精神生活，而正是这种精神生活在引导着我们行为的方方面面。"

在孩子学习的过程中，必然会遇到各种各样的困难与挫折，有时候也会枯燥乏味，如果没有一定的意志力，孩子确实很难坚持下来。即使大学毕业进入社会，也需要具备一定的坚持和执着才能取得杰出的成就。例如，2011年获得诺贝尔化学奖的以色列科学家达尼埃尔·谢赫特曼，其获奖的主要成就是发现了准晶体。但是1982年当他第一次发现这种与传统理论相违背的准晶体时，很多权威的科学家都认为不可能，而且认为他是伪科学家。为了坚持并维护自己的发现，他被迫离开了当时的研究小组。由此可见，要想让孩子找到学习的快乐感，在最困难的时候都能坚持下来本身就是成就感和价值感的重要来源。

【方法指南】

为了培养孩子的自强特质，在日常学习和生活中应该从勇气、抗挫折能力、做事的持之以恒和精益求精等方面着手。

（1）培养孩子的勇气，激发其积极进取的动力。优秀的孩子都具备超乎平常孩子的勇气，优秀的父母也非常注重从小培养孩子的勇气。英国人为了培养孩子的勇气，经常带小学生组成的"童子军"去野外探险，让孩子们在险恶的环境中生存。美国也有"童子军"和各种各样的夏令营。此类活动不仅能培养孩子探索新事物、熟悉新环境的勇气，还能锻炼孩子在恶劣环境下的生存能力。经过此类活动洗礼的孩子，将更能体验到学习的乐趣。

（2）培养孩子的抗挫折能力，让其愈挫愈勇。根据人类成长的一般规律，逆境和挫折更能磨炼人的意志，也更容易造就出优秀的人才。从逆境中走出来的孩子,不仅具有更强的生命力和竞争力,还具有更加成熟而稳定的心理承受能力。培养抗挫折能力的方法主要有:从小不要娇生惯养,孩子走路摔倒了让他自己爬起来;已经做好了米饭,孩子闹着要吃面条,千万不要想尽办法顺从孩子;孩子在超市看见想要的东西,家长千万不要顺从孩子的任性立即就买等。通过点滴积累的抗挫折能力才能让孩子在今后的学习和生活中经受更大的挫折。

(3)强化孩子的意志力,让其沉稳踏实。学习是一件需要耐心和细心的脑力劳动,从小有意识地强化其意志力有助于孩子在学习时更加沉稳踏实。早在1915年,心理学家博伊德·巴雷特曾经提出一套锻炼意志的方法。其中包括从椅子上起身和坐下30次,把一盒火柴全部倒出来然后一根一根地装回盒子里。这些方法虽然有些陈旧,但是其道理却是相通的。农村的孩子可以让他在年龄稍大点时帮助父母摘花生、选黄豆、刨土豆等,城市的孩子可以让他每天坚持做好几件事,例如每天睡前讲个故事、每天做30个俯卧撑或仰卧起坐、每天坚持阅读、每天背一首诗词等。要坚持的事不必太多,但一定要完整地坚持下来。

(4)强化孩子的延迟满足能力,让其志向高远。在现阶段的家庭结构中,一般只有一个孩子,随着经济条件的好转,父母觉得不让孩子受苦、尽量满足孩子的各种要求就是对孩子最好的爱,殊不知这种看似美好的"爱"实际上是扼杀孩子忍耐能力的有效武器。孩子想要什么东西,父母立刻就想尽各种办法予以满足,时间长了,孩子就不懂得克制眼前的欲望,也没有耐性去等待未来更大的成功,长大后将变得非常任性、贪心和急功近利。正如法国著名教育家卢梭在其名著《爱弥儿》中所说的那样:"你知道用什么办法准能使你的孩子得到痛苦吗?这个方法就是:百依百顺。"法国著名作家雨果也曾经说过:"对人最大的伤害莫过于让他的欲望瞬间得到满足。"

(5)引导孩子今日事今日毕,让孩子远离拖延。让孩子从小养成今日事今日毕的做事风格非常重要。虽然古诗有云:"明日复明日,明日何其多。我生待明日,万事成蹉跎。"很多父母仍然意识不到帮助孩子远离拖延的重要性。实际上,做事拖拉、磨蹭的孩子进入中小学后必然会出现学习障碍,也不可能取得理想的学习成绩。父母可以通过自然后果法让孩子承担自己磨蹭的后果与责任、通过标签原理(或运用确认放大效应)有意识地表扬孩子动作迅速的一面、通过截止期限法、间接兴趣法等引导孩子将当天的作业做完后才能自由地安排看电视等自己感兴趣的活动等。

(6)引导孩子认真专注,形成精益求精的做事风格。学习和做事时认真专注既是一种习惯,也是一种能力。父母应引导孩子从小培养认真专注的做事风格。引导的方法主要有:同一时间内,让孩子专注地将一件事情做好;无论孩子是在玩游戏、读书还是做作业,父母都不要随意打断他们,要等他们告一段落后再找孩子说自己的事情;父母经常陪伴孩子一起投入地玩各种益智游戏并对孩子的认真和专注予以肯定和表扬;父母引导孩子读书做作业时要认认真真,玩耍运动时要开开心心等。当然,在引导孩子认真专注做事时,也要注意不要从小为孩子营造过于安静的学习和睡眠环境。孩子养成了对环境的过高期望和要求,一旦进入中学和大学后无法满足这种要求,孩子在学习和成长中会出现明显的消极情绪。毛泽东年轻时专门到车水马龙的城门洞里看书,就是有意锻炼自己排除外界干扰的能力,提高注意力的稳定性。

【经典案例】

延迟满足能力与学业成绩的关系

20世纪60年代,美国斯坦福大学心理学教授沃尔特·米歇尔设计了一个著名的"延迟满足"实验。研究对象是数十名来自幼儿园的儿童,每个儿童都单独在一个只有一张桌子和一把椅子的小房间里,桌子上的托盘里放着这些孩子爱吃的棉花糖。研究人员说,他们可以马上吃掉棉花糖,但是这样就只能吃这一颗,也可以等研究人员回来后再吃,这样还可以再获得一颗棉花糖作为奖励。如果想吃糖了,他们可以直接按响桌上的铃铛,研究人员听到铃声后会马上返回。

对这些年幼的孩子们来说,实验过程颇为难熬。有的孩子为了不去看那诱人的棉花糖而捂住眼睛或是背转身体,还有一些孩子开始做一些小动作——踢桌子,拉自己的辫子,有的甚至用手去拍打棉花糖,有些则开始玩游戏或散步以转移自己的注意力。结果，大多数的孩子坚持不到三分钟就放弃了。一些孩子甚至没有按铃就直接把糖吃掉了，另一些则盯着桌上的棉花糖，半分钟后按了铃。大约三分之一的孩子成功延迟了自己对棉花糖的欲望，他们等到研究人员回来后兑现了奖励，差不多等待了十五分钟左右。

到了20世纪80年代，米歇尔又对当年的这些孩子进行了跟踪研究。结果发现，当年马上按铃的孩子无论在家里还是在学校，都更容易出现行为上的问题，成绩分数也较低。他们通常难以面对压力、注意力不集中而且很难维持与他人的友谊。而那些可以等上十五分钟再吃糖的孩子在学习成绩上比那些马上吃糖的孩子平均高出210分。又过了一段时间，米歇尔继续对这些孩子跟踪研究后发现，可以等上15分钟再吃糖的孩子很少在困难和挫折面前低头，总能走出困境并获得成功，他们的职业发展成就也明显高于那些马上吃糖的孩子。

由此可见，自制力这种品质不仅在日常生活中非常重要，对于学习和职业发展也相当重要。那些事业有成的优秀人士，总能将一个个小小的欲望累积起来，成为不断激励自己发奋上进的动力。而那些一时冲动犯罪的人，总是由于不能克制自己一时的欲望，最终做出了害人害己的事情。从小培养孩子的"延迟满足能力"，将让孩子受益终生。

第 5 章
构建孩子快乐学习的人格支柱

孩子要持之以恒地找到学习的乐趣，父母除了要引导孩子夯实生命支柱外，还得从小帮助孩子形成完善的人格支柱。概括而言，支撑孩子快乐学习的人格支柱主要体现在如下方面：一是催生孩子积极向善；二是培养孩子宽容大度的品格；三是帮助孩子做到诚实守信；四是培养孩子积极乐观的心态；五是让孩子具备良好的团队合作能力；六是培养孩子果断的决策习惯。只要将孩子培养成积极向善、宽容大度、诚实守信、积极乐观、合作融洽与决策果断的人，孩子的人格支柱将对学习发挥巨大的支撑作用，也能非常自如地适应家庭、学校和社会的各种复杂情况。

5.1 催生孩子积极向善：自古仁者皆无敌

善良是一种高贵的品质和仁爱的光芒，也是一种智慧与豁达。因此，善良与使用工具一道被认为是人类区别于其他动物的两大基本特征。善良之于人的作用，正如卢梭所言："善良的行为使人的灵魂变得高尚。"法国作家雨果则将善良看作是人世间最宝贵的东西。苏霍姆林斯基则将善良的情感认为是良好行为的肥沃土壤。再加上善良并非与生俱来之本能，而是社会、家庭、学校等环境熏陶和教育的结果。因此，从小培养孩子的善良之心应该是家庭教育的重要内容。

【理念剖析】

善良与同情是孩子与生俱来的天性，正所谓"人之初，性本善"。例如，婴儿在一岁之前就具备对别人的情绪做出情感反应的能力。如果看到旁边有孩子哭泣，他也会随之一起哭泣。如果看到父母伤心，他也会流露出伤心与难过的表情。到了一两岁时，当孩子看见父母生气了，他立即就会乖巧很多，有些孩子甚至会想办法（例如将好吃的东西给父母等）去安慰父母。这些都说明孩子从小就具备分辨自己和他人是否处于痛苦的能力，同时能够想办法减轻别人的痛苦，这既是孩子情绪感受能力的体现，也是孩子爱心的外在表现。这种爱心如果能够得到适当的引导、激发和放大，那么孩子将能成为一个充满爱心的善良之人。

　　善良对于孩子的重要性，很多哲学家和教育家都论述过。哲学家弗洛姆就认为："利己主义与孤独是同义语，而人不可能在与外界毫无关系的情况下实现自己的目的。人只有和他的同胞休戚相关、团结一致，才能求得满足与幸福。爱邻人并不是一种超越于人之上的现象，而是某些内在于人之中，并且从人心中迸发出来的东西，它是人自己的力量。凭借这种力量，人是自己和世界联系在一起，并使世界真正成为他的世界。"这与著名教育家杜威强调的"同情心"有相通之处。杜威认为，同情心作为一种良好的品质，不单纯是一种情感，它是一种有素养的想象力，使我们能想到人类共同的事情，反抗那些无谓地分裂人们的东西。无独有偶，原Google公司全球副总裁兼中国区总裁、现为创新工场董事长兼首席执行官的李开复博士也强调了"同理心"对于青少年学生的重要性。这种"同理心"是指孩子在人际交往过程中，能够体会他人的情绪和想法，理解他人的立场和感受，并站在他人的角度思考和处理问题。

　　当孩子具备了"同理心"或"同情心"时，他对这个世界就会充满尊重和理解，对这个世界上的其他生命就会充满善意和敬畏之心。如果没有了"同理心"或"同情心"，孩子就会处处以自我为中心，他的事情、想法和观点是最重要的，别人都得围着他转，全然不顾别人的情绪和感受。这种孩子长大进入社会后，不仅自己经常怨天尤人，情绪很不稳定，而且还容易给别人带来不快。此外，缺乏"同理心"或"同情心"的孩子还容易表现出言行粗鲁、情感冷漠甚至残忍的一面。正如苏霍姆林斯基所说的那样："大声斥责，这是人们相互关系中修养很差的基本特征。凡是出现大声斥责的地方，就有粗鲁行为和情感冷漠的现象。用大声斥责

(或是拳头)教育出来的孩子，失去了感觉别人最细腻的感情的能力，他看不到也感觉不到周围的美，他非常冷漠无情，毫无怜悯心，在他的行为中有时会出现往往是人身上最可怕的表现——残忍"。因此，在孩子的生命早期及后续的成长过程中，父母是否能用善良之心对待周围的人和事将直接影响着孩子的性格养成。正如蒙台梭利所言，每种性格缺陷都是由儿童早期经受的某种错误对待造成的。如果这种错误对待来自父母，那种这种性格缺陷的负面影响将会更加深远。

从上面的分析可以发现，基于"同理心"或"同情心"的善良情感看似与学习关系不大，实则与孩子的学习密切相关。一方面，善良的孩子更容易保持健康的身心状态，能够持续地保持良好的学习状态。另一方面，善良的孩子更容易理解老师和同学的情绪和感受，对老师和同学充满尊重和理解，从而能更容易获得同学的好感与帮助，也更容易减少与同学之间的摩擦，维持和谐融洽的人际关系。这些不仅将对孩子中小学阶段的学习发挥出积极的促进作用，也将对孩子大学阶段的学习，以及进入社会后的职业发展提供巨大的帮助。

【方法指南】

苏霍姆林斯基说过："心灵的感性和同情心都在童年形成，如果童年蹉跎，那么所荒废的就永远无法弥补"。因此，父母应该对孩子从小进行善良情感的引导和教育，让孩子成为关心他人、热爱生活、同情弱者的善良之人。概括起来，培养孩子的善良情感可以从如下方面着手。

（1）引导孩子从小爱护玩具和弱小生命。对于孩子来说，玩具、小动物和小花小草都是天然的玩伴，而且经常把他们当作有生命的小伙伴与他们对话和过家家。因此，父母应多带孩子亲近大自然，爱惜各种花草树木，关心和爱护各种小动物。如果有条件，可以在家里适当地喂养一些植物和小动物，让孩子学会关心、照料、呵护这些弱小的生命。当孩子不小心撞到了桌子或撞翻了小板凳时，父母千万不能一边拍打着桌子或凳子，将责任一股脑推到桌子或凳子身上，一边安慰着孩子，而应该引导孩子认识到后续该如何避免类似的错误，同时让孩子意识到桌子或凳子被撞疼后也需要安慰和抚摸，尤其需要来自孩子的安慰和抚摸。孩子从小培养的这种对动植物的仁爱之心，长大后会非常有助于其善良情感的养成。

（2）引导孩子从小关心体贴身边的人。作为人类最宝贵的情感流露之一的同情心是孩子善良情感的基点。为了培养孩子的同情心，父母要引导孩子从小站在别人的角度体察他人的情绪感受，理解别人的处境，体验别人的痛苦，学会向别人表达同情并提供恰当的帮助。如果班上有小朋友或同学生病了，父母要提醒孩子给生病的同学多些关心和照顾；如果出现了地震洪灾等，父母可以与孩子一道为灾区的小朋友捐赠衣物，鼓励孩子向有困难的行乞者施善等。如果孩子能够很好地站在他人的角度思考问题并产生同样的感受，那么说明孩子已经具备了很好的共情能力。此外，父母要善于有意识地引导孩子关心体贴父母，当父母发现孩子不经意的关心之举（例如孩子给父母端杯水，拿件衣服等）时，应该给予及时的表扬和欣赏。让孩子能够体验到自己对别人的关心体贴所带来的愉悦感和成就感。

（3）父母要为孩子成长发挥优秀的榜样作用。父母除了要通过"言传"教育和引导孩子爱护、关心和体贴他人外，还应该以身作则，充分发挥"身教"的作用，为孩子树立优秀的榜样。父母对待孩子应该多些尊重、理解和关心，说话要温和体贴，多鼓励表扬，少批评指责，让孩子感受到来自父母无条件的关爱。父母对待同事和朋友要多些尊重、理解和宽容，多从积极的角度评论人和事，多认可欣赏，少抱怨挑剔。父母对待长辈要多些尊重、关心和体贴。在这种环境下长大的孩子便更有可能拥有善良的情感和宽容大度的胸怀。

（4）引导孩子学会分享。孩子是否懂得分享完全靠父母后天的教育和引导。当孩子诚心诚意或者略带诚意邀请家长分享自己的好东西时，如果父母坚决推辞，拒绝孩子的一片好心。久而久之，孩子将会失去谦让和分享意识。身为父母，首先要学会坦然地与孩子分享，当孩子与父母分享自己的好东西时，父母要对孩子的分享行为进行肯定、欣赏与表扬，让孩子在分享的过程中体验到愉悦感。此外，要让孩子学会分享，父母必须得让孩子摆脱溺爱的成长环境。正所谓"溺爱出逆子"，溺爱不仅会让孩子养成吃独食的自私自利的思维习惯，还将对其延迟满足能力产生巨大的负面影响，长大后很有可能一事无成。

（5）引导孩子远离暴力。要培养起孩子的善良情感，应该让孩子从小远离暴力。一方面，父母在教育孩子的过程中，严禁使用暴力手段。通过暴力方式教育孩子的父母很可能源于无知（不知道暴力方式会给孩子的心理健康造成多么深远的负面影响），或者源于无能（不知道通过科学有效的教育方法让孩子健康成长）。另一方面，父母要引导孩子通过摆事实、讲道理的方式解决与同学、朋友、老师和父母等人之间的争端和冲突，让孩子知道用暴力方式解决冲突只会让矛盾加剧，最终于事无补。如果孩子习惯了用暴力方式解决冲突，长大后不仅很难拥有善良的情感，还很有可能因暴力而走上犯罪的道路。

【经典案例】

卡尔·威特如何培养孩子的同情心

卡尔·威特非常注重培养孩子的同情心。每当邻近的人们遇到什么天灾人祸等不幸的事情时，他都会带着孩子去看望那里的人们，孩子也总是会拿出自己平时积攒的零用钱来慰问受灾者。这时，卡尔总会适时地对孩子进行表扬："孩子，你做得很好，尽管你的礼物不多，但却可以温暖别人的心。"

从孩子小时候起，卡尔就经常用《圣经》里的故事来教育他，孩子对《圣经》里的人物和故事都很熟悉。所以每次当卡尔问他，"《圣经》里的xx人在这种情况下是怎么做的"时，孩子立刻就能反应过来，或者努力做好事，或者直接停止做坏事。

此外，卡尔夫妇还非常重视孩子的性情教育。为了防止孩子成为一个自私自利的人，在孩子只有两岁多的时候，卡尔夫妇就开始教育孩子如何心疼妈妈；教他在妈妈生气时如何为妈妈消气；妈妈生病时给予妈妈体贴；为妈妈做一些力所能及的事情等。

这些教育的效果非常明显，他们成功地培养起了孩子的同情心，使他对别人的情感和思想非常敏感，从而能为他人减轻痛苦，替他人分忧。孩子周围的人都喜欢与他交往，因为他们都能明显地感受到他的纯真情感。

5.2 培养孩子宽容大度：锻造真正的强者胸怀

在孩子的成长过程中，必然会在各种各样的人际关系中出现一定的分歧、摩擦、争吵、冲突甚至仇恨，这不仅会让当事双方感觉很不愉快，而且还可能对双方造成一定程度的伤害。而在学习和生活过程中，孩子又会碰到各种各样不如意的事情（包括受到不公平待遇等），正所谓"人生不如意事十之八九"。在这种情况下，如果孩子拥有宽容大度的胸怀，将能非常自如地协调好复杂的人际关系，自如地处理好各种事情，这不仅是一种为人处事的态度，更是一种人生智慧。只有学会了宽容，孩子才能理解和尊重他人，才能有爱人之心和容人之量，才能与人为善，和谐共处。

【理念剖析】

所谓宽容，就是宽大有气量，能做到宽恕而且容忍，尤其是原谅别人的过错。因此，宽容不仅包括宽恕且包容他人的行为，还包括耐心而毫无偏见地容忍与自己的观点或公认的观点不一致的意见，既不计较也不追究。在现实世界中，人非圣贤，孰能无过，因此，在孩子的成长过程中遇到他人之过的情况纯属正常。当遭遇不公待遇或来自他人的责难或阻挠时，人能否保持一颗宽容之心不仅直接影响到自己的心态，还影响着自己的行为及最终的结果。正如威廉·詹姆斯所说："智慧的艺术就是懂得该宽容什么的艺术。"纪伯伦也说过："一个伟大的人有两颗心，一颗心流血，一颗心宽容。"具备宽容品格的人，性情将更加和蔼，心灵的回旋余地将更大，往往心地善良，惹人喜爱。缺乏宽容心的人则性情怪诞，爱走极端，人际关系往往处理不好。由此可见，培养孩子的宽容品格不仅为了处理好与老师、同学、朋友和家人之间的关系，更是为其快乐学习和幸福人生打下坚实的基础。

从生理学角度看，当别人犯错时，如果孩子采取的是苛责、讽刺、抱怨甚至

52 | 让孩子快乐学习的 52 个方法：
减负增效的家庭教育途径

报复的心态，其内心往往处于紧张焦虑状态，进而导致神经兴奋、血管收缩、血压升高、心跳加快等，使得生理、心理进入恶性循环状态，轻则使人郁闷紧张焦虑，重则使人失去理智，甚至做出更加错误的偏激行为。著名生理学家爱尔马的研究发现，人生气十分钟耗费掉的精力不亚于参加一次 3000 米的赛跑。生气时的生理反应非常剧烈，分泌物比在任何情绪时都更复杂而且带有毒性。长跑时的血压上升、心跳加快及其回落过程都是渐进的，而生气时的血压上升和心跳加快则是骤然出现的，如果身体状况本来就不太好的人，很容易出现心脏病、脑溢血、心肌梗死等情况。由此可见，经常生气的人不仅很难健康，也很难长寿。难怪有人说，生气就是拿别人的错误惩罚自己。当面临他人的错误或苛责时，退一步将海阔天空，让三分将心平气和。从这种意义上说，宽容不仅是维持心理健康的"维生素"，也是促进身体健康的"特效药"。

【方法指南】

培养孩子宽容品格的方法很多，这些方法虽然要因人而异，因环境而异，但是也有很多通用的理念和方法。父母在引导孩子养成宽容品格的过程中，应该重点从如下方面着手。

（1）父母要发挥宽容的榜样作用。由于父母与孩子的特殊关系，父母的言行势必对孩子产生潜移默化的影响。在日常生活中，父母要更多地看到事情和问题的积极方面，在孩子面前多夸奖别人的优点和长处，不要数落或谴责他人的缺点与不足。当出现问题时，父母应更多地从自己身上寻找原因，而不是一味地将责任推给他人或周边环境。如果发现父母错怪孩子了，父母应该主动地、真诚地向孩子道歉。

（2）父母要对孩子充满宽容与欣赏。父母在引导孩子成长的过程中，不要用吹毛求疵的方式苛责孩子，也不要对孩子进行秋后算账，更不能当众恶劣地批评孩子，而要对孩子的错误予以宽容，并帮助孩子找到改正错误的正确方法，同时由衷地欣赏孩子身上的优点。当孩子主动读书，或者开始做作业了，无论是否达到父母的期望，都应该对他这种主动学习的行为进行表扬与认可。这不仅能培养孩子的宽容精神，还能引导孩子养成父母确认的这些优点。

（3）让孩子感觉到平等、尊重与价值感。如果家庭环境充满着民主、平等与关爱，那么孩子将很容易养成宽容的品格。随着孩子慢慢长大，家长要更加重视与孩子之间形成融洽的朋友关系，家里的事情多听取孩子的意见和建议，并对孩子正确的意见和建议予以认可和表扬，让孩子觉得自己能够发挥与父母同样的作用。此外，让孩子在成长过程中做到"自己的事情自己做，家里的事情抢着做，自己的主意自己拿，家里的主意帮忙拿"，在这种氛围下长大的孩子自然就懂得宽容和接纳别人及别人的观点和想法。

（4）不要让孩子卷入父母与他人的矛盾冲突中。个别父母在与别人发生矛盾后，会严厉警告孩子不要与这个人来往，甚至让自己的孩子别再与这个人的孩子玩。这种做法对培养孩子的宽容品格非常有害。因为这种做法无形中在告诉孩子，不要搭理与自己观点不一致或有矛盾的人，长此以往，孩子很容易养成斤斤计较、仇视一切、睚眦必报的心态。

（5）引导孩子正确处理与其他孩子之间的冲突。当孩子之间产生矛盾时，如果确认是自己孩子的错，父母就应该带着孩子主动去认错并道歉。如果是对方孩子的错，家长则应该在安慰孩子的同时，帮助孩子一起分析产生冲突的原因，然后教会孩子避免矛盾和冲突产生的正确方法。

（6）引导孩子欣赏自己和他人。在孩子的学习和成长过程中，父母要引导孩子多欣赏他人的优点，同时知道自己的优势与不足。让孩子明白"金无足赤，人无完人"的道理，这样才能理解他人，理解人人都有一定的缺点与不足，自己要做的就是尽力将自己的优势发挥到极致。引导孩子善待并同情"弱者"，鼓励孩子欣赏"强者"。特别是要注意引导孩子将羡慕的情绪感受向亲近、学习和超越方向发展。

（7）培养孩子的共情能力和换位思考能力。换位思考能力就是当孩子与他人产生矛盾和冲突时，能够站在对方的角度体验他人的情绪感受，思考对方为什么会这么说，为什么会这么做，然后设身处地多为对方着想，如果能够做到这一点，就能非常容易理解对方，也能减少很多不必要的矛盾和冲突，从而成为一个宽容且受人欢迎的孩子。

（8）为孩子开阔视野，增加阅历创造机会和条件。父母要力所能及地创造条件让孩子广交朋友，在与朋友的交往过程中学习如何宽容与善待他人。同时尽可能地带孩子外出旅行，了解各地的自然风景和风俗习惯，从而学会尊重和接纳不同的观念和习俗。

当然，父母要注意的是，宽容不是纵容，有原则的宽恕和容忍是宽容，无原则的宽恕和容忍则是纵容。宽容品格的养成必须以明辨是非为前提。对于那些原则性的善恶是非问题，必须分清哪些可以宽容，哪些不能宽容，否则就成了无原则的退缩和忍让，最终助长那些不良风气和不好习惯的养成。

【经典案例】

让孩子从小学会宽容和体贴

一位导游曾经给我讲过一个她自己亲身经历的故事。

在美国的一个度假村，那时我正在那里担任中英文翻译。有一天，我在度假村的大堂里突然看见一位满脸歉意的工作人员，她正在安慰一位大约四岁的西方小孩，很显然，小孩刚受过巨大的惊吓，哭得满脸泪痕而且已经筋疲力尽了。问明原因之后，我才知道，原来那天小孩比较多，这位工作人员一时疏忽，在儿童的网球培训课结束后，点人头的时候少算了一位，结果将这位小孩留在了网球场。等她发现人数不对时，才赶紧跑回网球场，将哭成泪人似的小孩带了回来。由于小孩独自一人呆在偏远的网球场，自然饱受惊吓，哭得声音都嘶哑了。当这位工作人员刚把小孩带回大堂时，正好迎面碰上了赶过来接孩子的妈妈，妈妈一眼就看见了哭得惨兮兮的孩子。

如果你是这位妈妈，你会选择怎么做？是将那位粗心的工作人员痛骂一顿，还是直接向这位工作人员的主管好好地投诉一番？或者是满面怒容地将小孩带走，再也不参加这个"儿童俱乐部"了？

正当我在思考这个问题时，突然看见这个孩子的妈妈蹲下来（眼睛与孩子的眼睛处在同一个水平线上），开始轻声地安慰着四岁的孩子，并非常理性地告诉他："孩子，已经没事了，别担心了。你看那位姐姐因为找不到你那么紧张和焦虑不安，你要知道，那位姐姐不是故意的。现在你必须亲亲那位姐姐的脸颊，安慰她一下！"

妈妈说完后，只见这位四岁的孩子立即踮起脚尖，亲了亲蹲在他身旁的工作人员的脸颊，并且用非常稚气的语气安慰她："姐姐，不用害怕，已经没事了！"

就是这样的教育，才能培养出宽容、体贴的孩子，才能培养出远离抱怨、宽容大度的孩子。拥有这种品格的孩子，才能在学习上专心投入，心无旁骛，不为外界各种各样的人和事所困扰。

5.3 塑造孩子信守诺言：诚实守信是成功的永动机

诚信既是中华民族的传统美德，也是孩子立身处世的根本。正如孔子所言："人而无信，不知其可。"也就是说，一个人若是不讲信用，在社会上就很难立足，什么事情也做不成。即使短期内靠欺骗手段获得了短暂的成功，也将经不起时间和历史的检验。无论是在学校里，还是在生活中，诚实守信的孩子都能受到大家的欢迎，从而拥有一个和谐融洽的成长环境。正因如此，古今中外的名言警句中都特别强调诚信的功能和作用，例如"言必信，行必果"（孔子）；"遵守诺言就像保卫你的荣誉一样"（巴尔扎克）；"信用既是无形的力量，也是无形的财富"（松下幸之助）；"失足，你可以马上恢复站立，失信，你也许永难挽回"（富兰克林）等。我国著名教育家陶行知先生也强调过求真在教育中的重要作用："千教万教教人求真，千学万学学做真人"。这些都充分说明了诚信对于孩子健康成长和快乐学习的重要作用。

【理念剖析】

诚信的本质是"知行合一"，也就是经常所说的言行一致、表里如一、真实好善，信守诺言。在孩子刚出生时，由于只有"本我"成分，无法区分自己和世界的任何其他事物，也对外部世界和其他客体没有全面认识，只受本能的各种需要控制，自然就没有因"本我"受限而产生的现实焦虑和道德焦虑，完全可以自由地、真实地表现自己的需要。在这个阶段，孩子一定是"诚信"的，即内外一致，知行合一，但是这是一种最原始和自然状态的"诚信"。因此，新生儿生活在一个无差别的世界里。在这个无差别的世界里，除了"我"以外，不存在任何其他东西，即使感知到了外部世界的其他事物，新生儿也会将其看作是"我"的延伸。

随着年龄逐渐增长，儿童逐渐从主客观混同的心理状态中走出来，主体与客体逐渐分离，儿童慢慢将感受到来自客观世界的威胁。原有的内外一致将很难适应社会化的需要（例如，如果长大了孩子还随地大小便肯定会受到惩罚），这时便需要隐藏自己的真实感受以免受惩罚，这时便出现了最早的"不诚信"。因此，仔细分析"不诚信"或"撒谎"的内在原因是培养孩子诚信品格的重要基础。从"撒谎"的动机看，可以分为"无意撒谎"和"有意撒谎"两大类。

"无意撒谎"往往不存在欺骗的动机，当孩子年幼时，由于分不清自己的想象与现实之间的差异，通常会把自己想象的东西当作现实加以描述，从而会出现一种无特殊目的或无道德意义的撒谎，这种现象一般会出现在六岁以下的孩子身上。这种与现实不符的"谎言"实际上是孩子想象力体现，家长可不予追究，更不能打骂。随着孩子阅历和视野的不断扩大以及认识能力的不断提高，这种无道德意义的撒谎会逐渐自然地消失。

"有意撒谎"则存在着明显的欺骗动机。但欺骗的具体原因又各不相同。总体上而言，撒谎的动机可以分为避害和趋利两种。

从避害的角度看，正如英国哲学家罗素所言："孩子不诚实几乎总是恐惧的结果。"例如，当孩子一旦知道自己说出事实真相将会受到惩罚时（例如，如果说出考试不及格的真相，可能将面临着父母的打骂等），就会倾向于选择谎言来掩盖事实，从而逃避惩罚。

从趋利的角度看，又可以分为四种。一种原因是当孩子已经习惯了社会承认或父母表扬时，如果说出事实真相将得不到承认和表扬，这时候的孩子也很有可能用谎言来掩盖事实。另外一种原因是虚荣心太强，处处都不想输给别人或者不想比别人差，出于攀比的需要，很多孩子也会选择撒谎。还有一种是通过谎报成绩或学习情况获得暂时的利益满足。例如，当孩子看电视正在兴头上，父母催促孩子赶紧做作业时，孩子一句谎言"我的作业已经做完了"就可以继续看电视了。最后一种是通过谎言来获得与父母亲近的机会。例如，当父母好久没和孩子亲近时，孩子很可能会说"爸爸，我这里疼。"来获得爸爸的疼爱与爱抚。

【方法指南】

为了帮助孩子养成诚实守信的品格，父母应该在了解和把握孩子撒谎动机的基础上采用正确的方法进行科学引导，这样才能有的放矢地塑造出孩子诚实守信的品格。结合孩子的成长规律和心理动机，可以从如下方面着手对孩子进行教育和引导。

（1）父母要注重在家中形成民主、平等、融洽及宽容的亲子氛围。对孩子不要过于苛求，充分欣赏与认可孩子，将眼光盯在孩子的优点上，让孩子在培植优点的过程中克服缺点。更不能责骂和体罚孩子。从而让孩子信任父母、依靠父母，不用害怕讲出真实情况而受到惩罚。

（2）父母要走进孩子的内心世界，知道孩子是因为什么而撒谎。当孩子还在幼儿园或小学阶段时，当碰到什么开心或不开心的事情时，都会主动告诉爸爸妈妈。但是进入中学阶段后，当碰到什么事情时，孩子往往会优先主动告诉要好的朋友。因此，为了防止孩子出现撒谎行为，父母要与孩子之间建立良好的亲子关系，这样才能走进孩子的内心世界，了解孩子的所思所想，进而将撒谎消灭在萌芽状态。

（3）父母要宽容孩子的失误与不足，帮助孩子掌握不再犯错的正确方法。在成长过程中，由于年龄尚小，阅历有限，必然会犯一定的错误。对待孩子的失误与不足，父母要持宽容与接纳的态度，将事情本身和孩子区别开，千万不能因为孩子一时犯错而将孩子全盘否定。同时引导孩子掌握正确做事的方法。这样不仅能帮助孩子正确对待失误与挫折，还能减弱孩子撒谎的心理动机。

（4）慎重对待孩子的第一次撒谎。每一个孩子在第一次撒谎时都会出现神色紧张或其它异常反应，同时密切观察父母的反应。当发现孩子首次撒谎时，父母既不能暴跳如雷，也不能轻描淡写，更不能变相鼓励。而要通过讲故事或案例的形式让孩子意识到，撒谎是不可能成功的，即使一时得逞，也不过是暂时的。诚实可以减轻对他过失的惩罚，而撒谎只会导致更严厉的惩罚。这样，当孩子以后再想撒谎时，这种第一次撒谎带来的不愉快的经历将会促使其选择诚实的做法。

（5）父母要勇于主动承担责任。当孩子犯错后撒谎或者在学校因撒谎而受到老师批评教育时，家长要当着孩子和老师的面勇于主动承担责任。当家长能够主动向老师鞠躬道歉，并保证回去后会好好改正自己的不足时，只要是亲子关系比较融洽的孩子都会受到心灵的震动，从而自己会主动反思该如何做才不会让父母因为自己的过错而承受委屈。

（6）父母要为孩子树立诚实守信的好榜样。孩子在成长过程中，由于明辨是非好坏的能力还比较差，因此常将模仿父母作为自己最重要的学习方式，父母的一言一行都将对孩子产生非常重要的影响。只有当父母能够在日常生活、工作和学习中做到言行一致，诚实守信，家长要求孩子诚实守信的教育才有说服力和影响力。

【经典案例】

父母一诺千金能有效激发孩子的学习动力

曾经有这样一位优秀的名牌大学毕业生，他从第一批"985工程"大学硕士研究生毕业后不久就开始自己创业，短短的五年时间就将创业企业发展成了拥有亿万资产的高技术企业。当有记者采访他在中小学阶段的学习情况时发现，他在初中二年级以前几乎一直是班上中等偏下的学生，尤其是数学，每次考试只能考四十来分。按理说，四十来分的成绩会让很多父母暴跳如雷。幸运的是，他的父母非常宽容，也非常大度，每次看着儿子拿回来的数学试卷都只会抱以无奈的微笑。

初二期中数学考试之后，他又和平常一样，拿着一份只考了45分的数学试卷给父亲看。父亲还是脸带无奈的微笑在试卷上签上自己的名字。当父亲将试卷递还给儿子时，突然心血来潮地来了一句："儿子，看来你的数学成绩一直很稳定啊。下次你要是能考个50分，我就带你去咱们城里最好的酒店给你开个庆祝晚宴吧，到时你可以把你的好哥们都叫上。"说这句话时，父亲一点压力都没有，因为父亲觉得根本就没有机会举行这个庆祝晚宴。

又过了两个月，不知是这次数学考试题目更容易了，还是在这期间儿子确实努力了。反正两个月之后的数学考试他真的考了50分。当他拿着50分的数学试卷让他父亲签字时，父亲才突然意识到自己曾经承诺要给孩子开个庆祝晚宴，而且是在他们全城最好的酒店，那可得花去他们全家2个月的生活费啊。经过激烈的思想斗争后，父亲终于想通了，决定叫上儿子全部的好朋友一起去城里最好的酒店给儿子举办庆祝晚宴。

自从那次隆重的庆祝晚宴之后，他人生中第一次真切地感觉到学习成绩的点滴进步原来能给自己带来那么深刻的愉悦感和成就感。打那以后，他对学习的热情一发不可收拾，也一直能够体验到学习进步带来的愉悦感和成就感，考试成绩也在稳步上升。高考时以年级前五名的成绩考取了这所著名的"985工程"大学，最后成了一个优秀的创业企业家。

5.4 培养孩子积极乐观的心态：阳光孩子人缘好

随着现代社会生活节奏的加快和工作压力的增大，越来越多的人经常出现超越正常情绪表达的过激行为。例如，2012年8月30日，在上海地铁1号线上，两位妇女为争抢座位而出现了从暴怒到扭打等极端不文明行为。2012年9月2日，在苏黎世飞往北京的航班上，两名中国男子因座椅问题而大打出手，最终导致飞机不得不在已经飞到莫斯科附近时返航。仅仅五天之后，在塞班岛飞往上海的航班上，多名中国乘客互相殴打。仅仅相隔不到一个月，在2012年"十一"黄金周的华山景区，一部分滞留山顶的游客与景区工作人员发生冲突，他们封堵了景

52 | 让孩子快乐学习的 52 个方法：
减负增效的家庭教育途径

区入口，让大巴车无法正常接送客人，从而造成了更为严重的滞留问题，最后甚至出现了"华山论刀"的流血事件……这些频频出现的因情绪失控而导致的恶劣事件再次警示我们：情绪认知和调节能力的培养不仅对于孩子非常必要，即使对于成年人也是一门非常重要的课程。无论遇到了困难和挫折，还是取得了进步和成就，都能保持一种积极乐观的心态，将是孩子终身受用不尽的财富。而要培养孩子积极乐观的心态，父母又发挥着至关重要的作用。

【理念剖析】

阳光心态的养成离不开健全的情绪认知和调节能力，也离不开从小养成积极乐观的思考问题方式。情绪是一种与生俱来的身心状态，随着孩子与外部世界的不断接触，情绪又会出现不同程度的变化。因此，情绪可以分为与生俱来的"基本情绪"（包括喜悦、愤怒、悲伤、恐惧、厌恶和惊奇等）和通过后天学习获得的"复杂情绪"（包括窘迫、内疚、害羞、骄傲等）。此外，从情绪的影响角度又可以将情绪分为积极情绪（又称正面情绪，当外界客观事物或环境符合自己的期望或需要时，人往往会表现出积极情绪）和消极情绪（又称负面情绪，当外界客观事物或环境不符合自己的期望或需要时，人往往会表现出消极情绪）。由于情绪往往与特定的动机联系在一起（例如，悲伤的时候倾向于找人倾诉，高兴的时候倾向与人分享，愤怒的时候会做一些平时不敢做的事等），因此，认识并调节好自己的情绪将对孩子的行为产生最直接的影响。在孩子的学习和成长过程中，必然会碰到各种情况，尤其是当外界事物或环境与自己的期望或需要不相符合时，孩子都会产生或多或少的消极情绪。

大量的科学研究表明，消极情绪不仅对孩子的身心健康造成非常巨大的负面影响，还将导致很多不可预测的破坏性行为。例如，美国科学家曾经对性格差异很大的四十多人分为三类进行跟踪研究。一类是平和知足型，另外一类是开朗活泼型，还有一类是急躁易怒型。经过 30 年后发现，急躁易怒型的这类人患癌症、心脏病和精神混乱症的占了近八成，而前两类人患这些病的几率则非常小。这就决定了任何一个正常人都不能任凭情绪来支配自己的行动，而应该学会如何认识和调节好自己的情绪，从而成为情绪的主人。此外，情绪的控制与调节并不是要求孩子直接消除或压制负面情绪，而是在觉察到负面情绪后，合理调整情绪的表达方式，使之朝正面的方向转化。这就需要帮助孩子从小学会并掌握认知和调节情绪的正确方法。当然，要掌握好这些方法必须要有一个过程。正如亚里士多德所言："任何人都会生气，这没什么难的，但要能适时适所，以适当方式对适当的对象恰如其分地生气，可就难上加难。"

在负面情绪出现后进行控制和调节虽然重要，但更重要的是尽量将负面情绪消除在萌芽状态，就需要帮助孩子养成积极乐观的情感习惯和思维习惯。任何一件事情发生后，都会存在着至少正反两方面的影响，孩子能否首先想到事情的积极方面并努力使这种积极因素转化为现实，这将直接决定孩子的心态。当事情发生后，孩子能否想到多种不同的可能结果将是培养孩子发散思维能力的重要途径。当想到了多种不同的可能结果后，能否将重点聚焦在积极的方面又是强化孩子阳光心态的有效方式。此后，能否通过实际行动将积极方面转化为现实又是锻炼孩子执行能力的重要方式。通过这些环环相扣的影响和熏陶，让孩子养成积极阳光的心态：想到不同的可能结果──→聚焦积极方面──→转化为现实。

【方法指南】

但凡学习成绩优秀的孩子，不仅具有扎实的基础和广博的知识面，还具有良好的心理素质和意志品格。这就需要从小培养孩子良好的情绪认知和调节能力，形成乐观积极的思维习惯，为此，父母要从如下方面对孩子进行教育与引导。

（1）引导孩子正确认识产生情绪的根源。心理学家艾利斯的情绪 ABC 理论[①]认为：人的情绪并不是由某一诱发事件本身直接产生的，而是由经历这一事件的

---

① 该理论认为，人产生情绪的过程可以视为一个 ABC 的过程。A 是指诱发性事件（Activating events），B 是指个体在遇到诱发性事件后产生的信念（Beliefs），也就是其对该事件的看法、解释和评价；C 是指特定情景下，个体的情绪及行为的后果（Consequence）。通常情况下，人们认为是 A 引起了 C，而艾利斯则认为 A 是引起 C 的间接原因，更直接的原因是 B。由此可见，事情本身不会决定人们的情绪反应，人们对事情的观念和评价才是人们产生各类情绪的直接诱发因素。

个体对这一事件的解释和评价所引起的。因此可知，要让孩子消除不良情绪，需要首先引导孩子分析消极情绪产生的原因，在此基础上改变孩子的错误认识，当正确的认识和信念建立起来之后，孩子就能在很大程度上降低不良情绪的负面影响。

（2）引导孩子实施积极的自我暗示。心理学家普拉诺夫认为，心理暗示的结果能使人的心境、兴趣、情绪、爱好和心愿等方面发生变化，进而使人的某些生理功能、健康状况、工作能力发生变化。由此可见，心里暗示有着不可抗拒和不可思议的巨大力量。因此，父母要引导孩子更多地实施积极的心理暗示，例如，"今天我太开心了""这件事真是太好了""我的运气真好"等。此外，在日常学习和生活中，别用"如果"，要用"下次"。"如果"是造成人们精神消耗和折磨的消极思维模式（例如，如果我当初不放弃的话，如果我当初听了班主任的话等），而"下次"则是积极上进的思维模式（例如，下次我肯定能考好，下次我一定更加努力，下次我绝不放弃等）。

（3）引导孩子适当地表达自己的情绪。当孩子有了负面情绪时，如何将其恰当地表达出来是门学问。例如，当孩子与同学约好上午9点在北京大学西门见面时，如果到了9点半同学才来，孩子肯定会产生焦虑、不安，甚至生气的情绪，这时应该引导孩子这样表达自己的感受："过了约定的时间你还没到，我好担心你在路上出啥事了。幸好，你到了，让我悬着的心放下来了。"这样就能将对同学的担心传达给对方，让他知道迟到给自己带来的心理感受。如果孩子上来就一顿指责，那么很可能引起同学的本能防御和反感："路上堵车那么厉害，我有什么办法、你以为我愿意迟到啊！"这样就会把好好的约会弄得不欢而散。

（4）引导孩子用恰当的方式舒解情绪。当孩子有了负面情绪时，没必要压制，因为但凡被压抑的情绪总有一天会以更加丑陋的方式表现出来，也没必要试图强行消除，而应该用恰当的方式将其释放出来或转移注意力。例如，找朋友倾诉、听音乐、看电影、逛公园、爬山、打球、游泳、跑步、散步或做点别的事情等。因此，父母要从小培养孩子学习之外的兴趣爱好，最好能同时培养一种体育运动爱好和一种艺术爱好。这样，孩子不仅能达到强身健体和陶冶情操的目的，还能在遇到负面情绪时有正常的舒解渠道。

（5）引导孩子养成乐观积极的思维习惯。孩子在成长过程中，必然会遇到各种各样的事情，这就需要父母引导孩子形成乐观积极的思维习惯，将眼光盯在事情的积极方面。例如，如果碰到的任课老师水平不高，刚好可以为孩子的自主学习提供机会和空间。如果这次考试没考好，只要将失分的题目认真分析掌握重点，可以在下次更重要的考试中不犯同样的错误。如果遇到了困难和挫折，刚好可以磨练一下自己的意志力等。只要养成了乐观积极的思维习惯，孩子就会永远微笑着面对周围的人和事，哪怕遇到困难和挫折也会微笑着面对。

（6）引导孩子采取自我安慰法。当孩子遇到不良情绪的困扰时，要适当地采取以退为进的自我安慰法进行缓解。例如，当这次考试没考好，可以用"胜败乃兵家常事""塞翁失马，焉知祸福""这次没考好刚好将不会做的题目全部找出来了"等语言进行自我安慰，从而可以在一定程度上摆脱烦恼、缓解矛盾、消除焦虑、降低抑郁等，并从失败中分析原因，这样将有助于孩子保持情绪的宁静与平稳。

（7）引导孩子采取情绪升华法。通过情绪升华法来调节情绪是指改变不为社会所接受的动机和欲望，将其转化为能够被社会接受和认可的动机和欲望。这是高水平的消极情绪的宣泄方式，能够将孩子的消极情感引导到对他人、对自己、对社会都有利的方向去。例如，如果孩子因竞选班长失败而痛苦万分，可以引导其将注意力转移到学习中，立志做学习的强者，从而证明自己的能力。如果孩子因为参加奥林匹克数学竞赛失利而难过，可以将注意力转移到高考备考中，用优异的高考成绩进入理想的名牌大学以证明自己的实力。

【经典案例】

失败孕育着成功的机会

有一位学生，从小学到中学，成绩一直非常优秀，自己立志要考上北京大学。到了高三下学期的第一次模拟考试中，数学竟然只考了96分（满分150分），总分也在班上从前三名下降到了第十五名左右。按照这种成绩，要想考上北京大学是不可能的。经过这次模拟考试，他开始怀疑自己的实力，甚至一度放弃了报考北京大学的想法。这种消极情绪不仅影响到了他的日常生活，也影响到了他的正常学习和备考。

班主任老师明显察觉到了他的情绪变化，于是便找了个机会与他单独谈心。班主任对他说："这次模拟考试听说你的数学只考了 96 分，好几道比较难的题目没有做出来。你觉得这是好事还是坏事啊？"

这位学生不假思索地回答："老师，这当然是坏事了。如果照这种成绩下去，我连一般的重点大学都考不上！"

班主任说："任何一件事情都不能简单地认为是坏事。我倒觉得这是一件大大的好事。你想，高考要考的数学知识点是一个相对固定的常量。只有正式的高考成绩才能成为你进入大学的录取依据。如果你在正式高考之前发现自己没有弄懂的知识点越多，是否就意味着你高考时就能顺利地解答出这些题目了？"

这位学生说："那当然了。"

班主任说："那就对了。所以说通过这次模考，你发现了自己的知识盲点，这为你高考时取得理想的成绩又提供了更好的保障。你说这是好事还是坏事呢？"

这位学生恍然大悟，心情立即轻松了许多，从此继续以昂扬的斗志迎接即将到来的高考。最后，这位学生以总分 685 分的成绩进入了梦寐以求的北京大学。

5.5　塑造孩子优秀的团队精神：善于合作的孩子天地更宽广

早在 1986 年，联合国教科文组织就提出了教育的四大支柱，即学会学习（Learning to know）、学会做事（Learning to do）、学会合作（Learning to cooperation）、学会生存（Learning to be）。其中一大支柱就是学会合作。从大的方面说，团队合作精神不仅是孩子进入社会后获得优秀职业发展成就的重要保障，同时也是孩子不断提高学习成绩的重要依托，更是孩子获得良好人际关系的必备基础。

【理念剖析】

正如马克思·韦伯所言："人是社会性的动物，只有在集体中才能更好地体现出人的价值，脱离了群体的人是没有任何社会意义的。"因此，如何学会与不同的人相互合作，学会在不同的群体中和谐共处就在孩子的成长过程中发挥着非常重要的作用。尤其是在群体特征非常明显的学校学习模式下，能否具备优秀的团队精神将对孩子的学习成效产生显著性影响。

合作精神主要表现为与大家合作共事或合作学习的能力，是一种大局意识、协作意识和服务意识，实际上蕴含着一个人对自己、对事物、对他人的控制能力，与人热诚相处的能力以及用博大的胸怀接纳他人的能力。在国际化程度日益深入的现阶段，相互协作、善于交流、恪守团队纪律、乐群合众等品质正在成为现代社会人的重要特征。合作精神的核心是协同合作，基础是尊重团队成员的兴趣和成就。而具备良好合作精神的孩子至少应该具备如下性格特征。

（1）做到诚恳待人。诚恳待人是与他人长期合作的基础，只有待人诚恳，才能让别人产生信任感和安全感，进而才愿意接纳并合作。如果光有一些与人合作的技巧而没有诚恳的待人之心，则这种合作肯定不可能长久。

（2）做到宽容大度。只有将眼光聚焦在他人的优点上才能不断获得他人的信任与好感。当别人有了错误或过失时，能够做到宽容以待，才能更好地与他人和团队沟通协作。

（3）理解和尊重他人。在人与人的交往中，只有理解并尊重他人，才能得到他人的理解和尊重。尤其是在团队协作过程中，对他人的理解和尊重是合作的前提和基础。

（4）具备奉献精神。在与他人的协作过程中，首先应该对自己的角色和职责定位有着清醒的认识，同时也能接受和认可他人的角色和职责定位。在履行好自己职责的基础上对他人和团队做出应有的贡献，这就要求每个合格的成员都应该具备一定的奉献精神。

（5）阳光积极的心态。在与他人的合作过程中，无论是对人，还是对事，如果具备阳光积极的心态，一方面可以让自己和他人保持愉悦的心情，另一方面将能更好地激发团队的凝聚力和战斗力，从而成为一个受大家欢迎的团队成员。

（6）具备一定的共情能力。合作离不开人与人的交往，在人际交往中，如果能够准确地认知、把握并调节好他人的情绪将能更好地增进感情和谐共处。而要做到对他人情绪的把握和调节就必然要求具备一定的共情能力。

【方法指南】

培养孩子的团队合作精神要从小开始，特别是在家庭教育中，父母要通过言传身教以及体验感悟等各种方式让孩子从小培养起团队合作精神。从家庭教育角度而言，比较行之有效的方法可概括如下。

（1）父母要注重与孩子之间积极的情感交流。孩子从出生之日起就具备与父母进行情感交流的能力。虽然孩子刚出生时不会说话，但是却已经具备了察觉父母情绪的能力。如果父母在与孩子的交流过程中，能够面带微笑，语气温柔，恰当地使用欣赏、赞美和鼓励的语言，将慢慢帮助孩子形成对世界、对社会、对他人的观念和态度，这对孩子长大后缩短人与人之间的距离、增强相互之间的信任感将大有帮助。

（2）在日常生活中与孩子形成平等的合作关系。父母与孩子之间在年龄和阅历上有差异，但在人格上是平等的。因此，父母在日常生活中应与孩子建立起相互平等、理解和尊重的关系，以朋友的身份认真聆听孩子的心声。当然，父母与孩子之间的平等并不意味着父母对孩子的迁就与溺爱，而是真正建立在相互信任与理解基础上的认可与接受。大量研究结果表明，从小被父母接纳的孩子往往比较友善和乐观，更善于与他人合作。

（3）培养孩子多为他人着想的意识和能力。在家庭和学校等集体生活中，要引导孩子逐渐学会为他人着想，将家庭和睦以及班级荣誉作为考虑问题的出发点。为了实现该目标，父母应该站在孩子的角度理解孩子、关心孩子并体谅孩子，遇事多为孩子着想。当孩子能够感受到来自父母的理解、关爱和体贴，久而久之便能以同样的态度对待别人，从而做到"远离自私"。正如马克思有一句名言所说的那样："人同世界的关系是一种人与人的关系，那么，你就只能以爱来交换爱，只有用信任来交换信任。"

（4）在家庭教育中严禁强迫、训斥与打骂。在团体活动中，如果能够用委婉的语气、商量的口吻与他人沟通与交流，就能比较容易获得他人的接纳与合作。因为委婉的语气和商量的口吻一方面可以让对方感觉到他的观点和利益得到了充分的考虑，另一方面能够让对方感觉到获得了必要的尊重，从而能够降低逆反心理并愿意合作。父母如果能够经常地告诉孩子："孩子，非常抱歉，打扰你了""能否麻烦你帮我一个忙？""能够得到你的帮助，妈妈感到真高兴"等，孩子一般都愿意倾向于与父母合作而不是心生抵触和逆反，进入学校后也更善于与老师和同学沟通。

（5）父母要热情对待孩子的好朋友。随着孩子慢慢长大，必然要和其他孩子交往。父母如何对待孩子的好朋友也将影响到孩子的合作态度与能力。因此，父母一方面要鼓励孩子去好朋友家串门，另一方面要支持孩子将好朋友邀请到自己家里做客。此外，父母要支持孩子与好朋友互赠礼物，在礼尚往来中建立并加深友谊，懂得分享，同时支持孩子参加班级和学校举办的各种集体活动。

（6）形成惯例式的家庭会议制度。家庭会议制度既是增进家庭和睦关系的重要途径，也是帮助孩子形成合作精神的有效方法。孩子参加家庭会议，不仅觉得新鲜、有趣和好奇，还能因与家长"平起平坐"而充满自豪感和责任感。因此，在家庭教育中，父母要有意识地形成家庭会议制度，让孩子参与家庭重要事项的讨论和决策，尤其是与孩子相关的事情，更要认真听取孩子的意见和建议。这种途径不仅有助于培养孩子的合作精神，还能不断提高孩子的参与意识、独立思考能力和语言表达能力。

【经典案例】

如何建立高效的家庭会议制度

为了培养孩子的参与意识与合作能力，很多家庭都建立了家庭会议制度。但殊不知，要达到既定的效果，不仅要注重家庭会议的形式（即所有家庭成员都参加），还要注重家庭会议的内容。概括而言，要让家庭会议制度达到既定的效果，应该注意如下内容。

（1）要让每位家庭成员都能平等地提出问题，其他家庭成员都应该耐心倾听。大家都发表完意见后再共同讨论，形成统一的意见或决议。父母千万不能因为孩子年龄阅历有限而对其意见持轻视态度，更不能嘲笑或讽刺。

（2）注意不要让家庭会议成为任务分工会。家庭会议应该涵盖从发现问题到解决问题，从提出计划到实施方案等各个环节。这样才能让孩子实质性地参与各项问题的解决。如果父母提前将各种问题和计划设计好，在会上只是给家人和孩子布置任务，将大大削弱孩子参加家庭会议的积极性。

（3）每次家庭会议的最佳时间应该控制在20—30分钟。考虑到孩子还小，注意力集中的持续时间不能太长，因此，每次家庭会议的时间不能太长，应该控制在20—30分钟。这样一方面可以让孩子全程参与，另一方面可以提高会议效率，还可以避免孩子对拖沓冗长的会议产生反感和抵触。

（4）要注意营造阳光积极向上的家庭会议气氛。无论是应对家庭的重大事情，还是解决孩子学习和成长过程中的各项问题，都要努力营造一种阳光积极向上的会议气氛。既不能对人对事吹毛求疵或搞秋后算账，也不要在家庭会议上一味指责或批评其他人的过失。

（5）要建立有效的激励约束机制。在家庭会议中一旦达成了统一的决议，全体家庭成员就有义务积极履行。如果谁不履行职责而给其他家庭成员带来了麻烦和不利影响，应让大家都能体会到不履行责任的后果，这样可以加强家庭成员之间的合作性与依存感，强化孩子的责任心。

5.6　帮助孩子遇事果断：当断不断，反受其乱

遇事果断的孩子是指那些善于迅速地辨明是非、及时地做出决定并将决定付诸实施的孩子。这种果断的意志品质对于孩子的学习非常重要。与果断相对立的是优柔寡断，很多孩子由于优柔寡断而无法拒绝别人的劝说或周围环境的诱惑，最终无法周密地安排自己的学习，也有一部分孩子虽然制定了周密的学习计划，却无法将其完整地执行下来。体现在学习上就是很难善始善终地将学习任务实施完毕。缺乏果断性的孩子不仅很容易出现学习障碍，长大后也将面临着生活和职业发展等方面的困扰。历史上因优柔寡断而丧失机遇的大有人在，例如项羽因为优柔寡断而在鸿门宴上放走了刘邦，终被刘邦所灭。韩信虽然成为了汉朝的开国大将，其用兵之道一直为历代兵家所推崇，但是在几次关乎生死的重要时刻优柔寡断，最终死于吕后之手。因此，从小培养孩子果断的意志品质将能帮助孩子更加快乐地学习，也能帮助孩子更好地适应未来社会的发展需要。

【理念剖析】

果断性是一种非常重要的意志品质。果断的孩子一般具备如下特征：一是能全面深刻地考虑行动的目的和方法，了解决定的重要性及其后果，从而能够做到在面临动机冲突时能够当机立断；二是能对事情做出正确的分析和判断，准确把握事物的发展趋势，迅速选择并采取相应的行动；三是在行动时能敢做敢为，及时行动，毫不动摇；四是在不需要立即行动或情况发生变化时，能够立即停止或修正已经做出的决定；五是行动实施完毕后，无论结果如何，都会勇于承担责任，不会抱怨、后悔或自责。

与果断性相反的意志品质除了优柔寡断外，还有另外一种就是草率武断。优柔寡断的主要表现是患得患失、当断不断、犹豫不决、徘徊观望。而草率武断的

主要表现是懒于思考、滥下结论、轻举妄动、鲁莽冒进等。从最开始的表现形式看，草率武断似乎与果断非常相似，但是二者之间却存在着本质的区别。草率武断是懒于思考、滥下结论而产生的仓促决定，而果断是深思熟虑基础上的迅速决策；草率武断是逃避困难、意志薄弱的表现，而果断是迎难而上、意志坚强的体现；草率武断的行为往往导致失败或不利的后果，而果断的行为往往导致成功或有利的结果；草率武断者往往怨天尤人，将责任归咎到外部因素，而果断者往往乐观坚毅，遇到困难或挫折时更多地从自己身上寻找原因；草率武断者在遇到困难或挫折时经常出现迷惑、摇摆和信心不足，而果断者在遇到困难时往往能迎难而上，在分析清楚挫折原因、找到克服挫折的方法后继续勇往直前。

果断性之所以如此重要，就在于世间本没有完美的事物，适合自己的就是最好的。此外，任何事物都存在着至少正反两方面的因素，只要经过深思熟虑后果断地做出选择，就应该努力推动事物朝着积极的方向发展，直到实现既定的行动目标。

【方法指南】

为了帮助孩子从小养成果断的意志品质，父母应该在日常家庭教育中从如下方面着手。

（1）引导孩子在行动之前深思熟虑。通过缜密地思考和周密地安排明确行动目标、实施步骤、实现路径和具体方法。在日常的家庭教育中，父母要鼓励孩子勤于思考、善于思考，碰到任何事情多问几个为什么。

（2）培养和提高孩子思维的敏捷性和准确性。父母要从小教育孩子在规定的时间内提出解决问题的意见、建议和方案。在遇到重要事情的时候，鼓励孩子当机立断，不徘徊，不犹豫。当孩子的意见和建议被事实证明正确时，父母应给予及时的认可和表扬，从而激发孩子不断地自主思考。

（3）父母要给予孩子更多的宽容和接纳。父母对孩子不能求全责备，如果父母对孩子的要求过于严苛，特别是当孩子本来就做出了非常不错的判断并采取了相应的行动后，由于没有达到父母的期望，父母就采取指责，甚至打骂的方式，将很容易让孩子患得患失，畏首畏尾，这样将很难培养出果断的意志品质。

（4）引导孩子从小养成专注的做事风格。当孩子的注意力聚焦在一件事情上时，能够更加容易做到周密思考、迅速决断。专注的做事风格应从小培养，当孩子正在全神贯注地做事时，父母千万不要随意打断，应该等孩子认真做完一件事情时再做其他事情。

（5）培养孩子勇于承担责任的意识。勇于承担责任的孩子会远离抱怨，远离后悔，也会远离各种借口，这样的孩子在决策时将能更加果断。万一出现了决策失误，也能及时从错误中吸取教训，进而不断完善自己。

（6）培养孩子善于承担责任的能力。有了承担责任的意识还不够，还必须不断提高孩子承担责任的能力，即必须不断提高孩子思考问题的深度和广度，逐步提高孩子的做事能力。当孩子的思维能力和实践能力得到提高后，才能承担起该承担的责任。

【经典案例】

善用最后通牒效应

一般的父母都知道，如果孩子在学习中养成了拖拉的坏习惯，不仅很难将学习搞好，也会导致孩子的焦虑和内疲，进而产生一种心理折磨。有些拖拉的孩子往往存在着一个错误的认识，误以为人在重压下会表现得更为出色。而心理学的研究成果表明，在过度的压力下，人们的表现只会更差。究其本质，拖拉行为的根本原因在于恐惧和担心，而消除恐惧和担心的有效方法就是勇敢地面对问题，用实际行动尽早完成任务。

这种拖拉行为如果反应在学习上，就是对于那些不需要马上完成的任务，孩子总是习惯于在最后期限即将到来时，才会努力去想办法完成。因为他们总是觉得自己准备不足，能拖就拖，但是在不能拖的情况下，孩子们基本上也能完成任务，这就是心理学上的"最后通牒效应"。如果没有明确的截止时间，孩子很有可能会一拖再拖。因此，父母在教育孩子的时候，要善于利用最后通牒效应，即任何需要完成的任务都引导孩子经过思考后设定一个合理的截止时间，从而帮助孩子养成迅速果断的学习和做事风格。

5.7 塑造孩子的坚毅品格：坚忍不拔终成大器

当孩子有了自觉性（独立性）、自制性和果断性之后，还必须具备坚毅性（即坚持性），才能将各项学习任务有始有终地坚持完成，上述四种特征构成了孩子完整的意志品质。顾名思义，坚毅性是指孩子在各项行动中能够坚持决定、百折不饶地克服困难和障碍、完成既定目标的意志品质。坚毅性最能体现人的意志品质，因为具有坚毅性的孩子能够根据既定的目标和要求，在长时间内毫不松懈地保持身心的紧张状态，不达目的不罢休。在遇到顺境时，他能审慎地评估现状，继续保持专注和紧张状态。在遇到困境时，能够调节好自己的情绪，激励自己树立起克服困难的勇气和信心，始终如一地完成全部意志行动。正所谓"锲而不舍，金石可镂""水滴石穿""绳锯木断"。而在学校教育中，无论是日常学习，还是大小考试，或者是完成具体的某道题，都需要具备持之以恒的精神。因此，从小培养孩子学习和做事的坚毅品格将对学习效果发挥着重要影响。

【理念剖析】

从意志过程的生理机制角度看，大脑额叶是产生人的意志行动并保证其贯彻执行的主要生理器官。它能维持和调节大脑皮层的松紧程度，对激发并维持随意运动或有意动作起着关键作用。相对于其他各叶而言，大脑额叶发育成熟的时间要晚很多，所以大部分儿童的自觉性和坚持性都比较差。正是根据大脑额叶的发育特点，对于孩子坚毅品格的培养应宜早不宜迟。考虑到中学生普遍开始进入青春期，其情绪非常容易受到外界环境的影响而变化，即具有非常明显的易感性。此外，随着青春期"成人感"的产生，孩子往往极力想证明自己是不需要依赖父母或老师而独立存在和发展的个体，因此常常不能理智地分析并接纳父母和老师的意见和建议。由此可见，在小学阶段以前开始注重培养孩子的坚毅品格将对其中学阶段乃至大学阶段的学习发挥出非常重要的积极影响。

坚毅品格包括了三个主要部分，即责任感、控制感和挑战欲。责任感是一种积极的奉献精神，有了责任感，孩子会主动为学习、家庭承担起自己应尽的责任，也能更加主动地去学习，这样就能在面对各项任务时具备更多的主动性和积极性。有了控制感，孩子会感觉到自己能做自己生活和学习的主宰，自己能够影响周围的环境而不是被周围的环境所影响，这样就能在应对困难时具有更多的乐观积极情绪。有了挑战欲，孩子就能敢于接受改变，同时敢于面对学习和成长过程中遇到的各种问题和挑战，最终表现出来的效果就是能迎难而上。

从上面的分析中可以发现，坚毅品格的养成需要注意两个问题：一是培养孩子的坚毅品格应从小时候开始，尤其是在小学高年级之前尤其重要；二是培养孩子的坚毅品格不能空洞，必须要结合其责任感、控制感和挑战欲的培养才能落到实处。

【方法指南】

为了从小培养孩子的坚毅性品质，父母应根据孩子意志品质的形成规律，结合责任感、控制感和挑战欲的培养，帮助孩子逐步养成善始善终、持之以恒的意志品质。概括起来，父母可采用的教育方法主要体现在如下方面。

（1）从小培养孩子注意力的持久性。从出生之日起，父母就可以有意识地培养孩子注意力的持久性。无论是追逐小动物，还是伸手够物，或者是玩玩具，都应该在调动孩子注意和兴趣的基础上，鼓励孩子不断坚持，直到实现目标。当孩子快要放弃时，父母应给孩子及时的鼓励，同时让孩子看到成功的希望。当孩子坚持到最后取得成功时，父母要给予孩子及时的肯定与表扬。

（2）从小引导孩子坚持坚持再坚持。无论是大事，还是小事，无论是学习，还是生活，父母要通过表扬、欣赏、鼓励、确认放大等教育方法引导孩子在做事的过程中不断坚持，绝不轻言放弃的做事风格。只要孩子能够从不断从坚持中获得成就感以及父母表扬带来的愉悦感，慢慢就会形成一种稳定的坚持性习惯，在持之以恒的过程中做到"远离放弃"。

（3）让孩子养成三思而后行的做事习惯。父母要从小让孩子接受并认可如下观念：无论事情大小，在做事之前一定要认真思考，一旦决定了，就要坚持将事情完整地做下来。因此，行动之前不能草率，应该将各种可能发生的情况都考虑清楚，同时准备好相应的应对方案。例如，笔者曾经带着四岁的孩子在清华大学的西操场练习骑自行车。刚开始，我问她准备骑完多少圈。她不假思索地回答说要骑六圈。当她骑完四圈时已经很累了，于是就想放弃了。我非常认真地告诉她："盼盼，你既然定下了骑六圈的目标，就得坚持骑完。如果你现在就不骑了，那么我可不带你回家，你得自己骑回家才行！"见我说得这么认真，同时想想骑车回家的路程远远超过两圈的跑道路程，于是，盼盼最后还是坚持又骑了两圈才坐我的车回家。

（4）让孩子养成言必行、行必果的做事风格。父母要引导孩子不要轻易承诺，一旦承诺就得用实际行动兑现承诺。从小养成轻易不说，说了就付诸行动，付诸行动之后就得坚持到底的做事风格。当然，要做到言出必行，首先得培养孩子的责任感。当孩子对自己、对他人具备高度的责任感之后，就能认真对待自己的承诺并将承诺付诸实施。

（5）不断提高孩子战胜困难后的成就感和愉悦感。在日常生活和学习中，父母应引导孩子不断克服困难，最后让孩子享受到实现既定目标的喜悦和成就。例如，当孩子想要买一架遥控飞机时，父母可以在家里的墙壁上挂一个星星榜，榜上画上十颗星星。当孩子在按时完成作业、自编自讲故事、主动帮助父母做事等方面表现良好时，就让孩子自己用彩笔将一颗星星涂亮。当十颗星星都亮晶晶时，父母就应该让孩子拿着星星榜，去给孩子购买他渴望已久的遥控飞机。这些方法看似简单，实则效果非常明显。

（6）强化孩子的延迟满足能力。正如本书前面部分介绍的那样，延迟满足能力是孩子坚毅品格的基础和保障。因此，适当地培养孩子的延迟满足能力，将能使孩子为了追求更高远的目标而克制自己的欲望，放弃眼前的诱惑，也就是人们经常说的"忍耐力"。如果孩子的"延迟满足能力"不足，则会在遇到压力或困难时退缩不前或不知所措，从而也就很难将学习或其他事情坚持下去。

当孩子具备了优秀的意志品质之后，不仅能在学习中持之以恒地坚持下来，还能善始善终地将其他事情做好。如果具备了坚毅品格，孩子就能在责任感、控制感和挑战欲的驱使下克服一个又一个学习上的困难和障碍，最终体会到学习带来的无限乐趣。

【经典案例】

坚持到底从未放弃的美国贫民总统

坚持到底的最佳实例可能就是亚伯拉罕·林肯。如果你想知道有谁从未放弃，那就不必再寻寻觅觅了。生下来就一贫如洗的林肯，终其一生都在面对挫败，8次竞选8次落败，两次经商失败，甚至还精神崩溃过一次。

好多次，他本可以放弃，但他并没有如此，也正因为他没有放弃，才成为美国历史上最伟大的总统之一。

林肯在人生中遭遇过无数次失败，但是他从不放弃。

以下是林肯进驻白宫前的简历：

1816年，家人被赶出了居住的地方，他必须工作以抚养他们；

1818年，母亲去世；

1831年，经商失败；

1832年，竞选州议员但落选；

1832年，工作也丢了，想就读法学院，但进不去；

1833年，向朋友借钱经商，但年底就破产了，接下来，他花了16年，才把债还清；

1834年，再次竞选州议员，赢了；

1835年，订婚后即将结婚时，未婚妻却死了，因此他的心也碎了；

1836年，精神完全崩溃，卧病在床6个月；

1838年，争取成为州议员的发言人但没有成功；

1840年，争取成为选举人，但失败；

1843年，参加国会大选，落选；

1846年，再次参加国会大选，这次当选，前往华盛顿特区，表现可圈可点；

1848年，寻求国会议员连任，失败；

1849年，想在自己的州内担任土地局长的工作，被拒绝；

1854年，竞选美国参议员，落选；

1856年，在共和党的全国代表大会上争取副总统的提名,得票不到100张；

1858年，再度竞选美国参议员，再度落败；

1860年，当选美国总统。

"此路艰辛而泥泞。我一只脚滑了一下，另一只脚也因而站立不稳，但我缓口气，告诉自己：这不过是滑一跤，并不是死去而爬不起来。"林肯在竞选参议员落败后如是说。这种屡败屡战、直至成功的顽强意志并非人人都能拥有，但是一旦拥有将受益终生。

5.8 培养孩子的规则意识：没有规矩，不成方圆

规则是指由群体共同制定和公认或者由代表人统一制定并通过的，由群体里的所有成员一起遵守的制度和章程。规则包括自然规则和社会规则，无论是自然规则还是社会规则，都带有普遍性的特点。此外，规则既包括由书面形式规定的成文条例，也包括约定俗成、代代相传的不成文规定。约束力最强的规则就是国家法律，约束力相对较弱的就是组织或团体中的内部规则，正所谓国有国法，校有校纪，家有家规。要让孩子成为现代社会的精英，首先要让孩子成为一个受团队欢迎的人，因此，从小培养孩子的规则意识至关重要。

【理念剖析】

规则是现代文明社会的重要标志，是一个社会和团队得以健康运行的基本保障。从理论层面看，只要涉及到两人以上的群体生活，就必然要与规则发生联系。孩子的学习和成长都必须在群体环境中完成，因此，能否让孩子养成规则意识是

家庭教育中的重要内容。

从规则的适应周期角度看，规则可以划分为三大类：不变性规则、适应性规则和临时性规则。不变性规则主要是指国家的法律法规，其功能是为了保证国家利益、公民人身财产安全、社会稳定以及政治、经济、文化等的有序发展。这类规则是任何人、任何时候、任何场合都必须遵守的。要让孩子养成此类"不变性规则"的意识，必须按照"及时"（孩子在首次出现违反规则的情况时就应该及时教育和引导）"坚决"（执行规则的态度要坚决，无论遇到何等阻力都要想方设法地坚定执行）"身教重于言教"（父母要用实际行动去履行那些不变性规则）的原则。最典型的情况有红灯停、绿灯行，禁止孩子打人，不能损坏公共财物和他人财产，不能偷东西等。

适应性规则是指在某一时间段内，适应孩子相应年龄段特征的规则。由于此类规则以孩子的特定身心特征为基础，因此不仅要求及时，还要求遵循"可变与不变和谐统一"的原则。适应性规则不仅应该有助于孩子养成良好的习惯和性格，还能够帮助孩子充分地探索世界。此类规则的典型代表就是"家规"，涉及的范围主要包括社会公德、安全教育、爱惜粮食、热爱劳动、个人卫生、作息习惯、尊老爱幼等。适应性规则在某一特定的时间段内应该保持相对稳定，以利于孩子养成稳定的习惯。当该规则随着孩子的长大而不适应孩子的身心特征时，则应该认真审视规则本身存在的问题，并根据变化了的情况对规则进行修正和完善。但是需要注意的是，在完善后的新规则出台之前，现有的规则将一直有效。规则的修正和完善不能是在规则被违反或被挑战、被试探的时候，而应该是在这种情况出现之前或之后。

临时性规则是指为了顺利地实现某一短期目标而制订的规则。大多数的活动或游戏规则都属于临时性规则。对孩子进行临时性规则的教育时，应该遵循灵活性原则，即根据活动情况和参与者的实际需求，进行相应的修正与完善。与不变性规则和适应性规则相比，临时性规则的弹性更大。需要注意的是，这种灵活性不等于随意修改和完善规则。也就是说，在新的规则没有正式出来之前，就必须按照现有的规则进行。这与适应性规则的教育原则是一致的，即规则的修改与完

52 | 让孩子快乐学习的52个方法：
减负增效的家庭教育途径

善不应该发生在规则被违反或被挑战、被试探的时候，而应该是在之前或之后。在规则的修正和完善过程中，可以充分吸收活动参与者的意见和建议，这样既能确保原来活动或游戏目标的顺利实现，又能有效培养孩子解决问题的能力以及创新思维能力。

从上面的分析可以发现，培养孩子的规则意识就是要在日常教育过程中引导孩子养成对不变性规则、适应性规则和临时性规则的尊重和遵守意识。

【方法指南】

规则教育如果运用得当，将对孩子的学习和成长发挥巨大的促进作用。让每一个孩子培养起良好的规则意识不仅能提高孩子的学习和社会适应能力，还是提高全体国民的规则意识的关键。例如，德国在幼儿园阶段就非常强调交通规则教育，使德国人从小就养成了极强的交通规则意识，交通事故率非常之低。2002年，德国汽车总数为4400万辆，中国只有1450万辆，而当年中国交通事故死亡者高达109381人，而德国仅为6842人，不到中国的零头。概括而言，培养孩子的规则意识可从下述方面着手。

（1）父母要以身作则尊重并遵守规则。父母对孩子的影响不仅重大，而且深远，规则教育也不例外。在家庭教育过程中，父母要言传与身教并重地发挥好榜样作用。例如，与孩子出行时要遵守公共规则（红灯停、绿灯行，不乱扔垃圾，在公共场合不大声喧哗等）；每天父母要读一篇故事，孩子也要读一篇故事等；只有每天将作业做完了，才能看电视或者干别的事情等；约好了出发时间，无论是谁迟到，都要一视同仁地接受惩罚等。也就是说，父母要求孩子做到的，自己首先要做到。

（2）引导孩子学会做有限选择并及时肯定和表扬。现代社会中的规则无处不在，这就使得孩子长大后不可能想干什么就干什么。因此，从小引导孩子在日常学习和生活中做有限选择将非常有利于培养孩子的规则意识。例如，当父母发现孩子无所事事时，不要问孩子："我们现在来做点什么事呢？"，而是要给孩子提供一个有限选择的机会："我们现在来读故事还是做完今天的数学作业？"再如，当孩子在做数学题时，你可以给他两个选择："如果认真做，全都做对了，那做完后就可以陪他一起玩游戏。如果不认真做，做错一个，就得补做两道。你可以自己选择。"这样一来，无论孩子选择什么，都在父母所希望的规则之中。

（3）引导孩子在游戏中遵守规则。孩子在学龄前阶段的中期，也就是大约4岁之前，参与的游戏更多的只是"玩耍游戏"，等孩子到了4岁之后，参与的游戏更多的就是"规则游戏"了。因此，规则是绝大部分游戏的本质特征。让孩子从小多参与各类智力游戏和体能游戏，不仅可以开发智力，完善感觉统合能力，提高身体的灵活性和协调性，还可以培养孩子的规则意识。例如，当父母与孩子的意见相持不下时，不妨考虑用"锤子、剪刀、布"的传统游戏解决，谁赢了就听谁的意见。这样既能解决问题，又能培养孩子的规则意识，提高孩子的学习能力。

（4）父母与孩子平等协商共同制定规则。规则有简单和复杂之分，无论是简单规则，还是复杂规则，在制定规则时都有一个前提，那就是要在平等协商的基础上让孩子自愿接受。当然，平等协商也有一定的技巧可言。例如，如果是与孩子学习密切相关的事，应该先充分肯定孩子的表现，同时相信孩子会越来越上进，然后再提出你想要孩子遵守的规则。为了让孩子感觉到平等，父母在日常生活中对待孩子千万不能居高临下。父母要敢于承认自己的错误，如果孩子的观点正确，一定要尊重并采纳孩子的意见。当需要时，父母不妨对孩子说："对不起，老妈（爸）错了。""老妈（爸）要向你学习。""你做得比我们还漂亮"等。

（5）制定出明确的行为规则和奖惩标准。在制定规则的同时，一定要同时制定出明确的行为规则和奖惩标准。如果条件允许，最好将父母与孩子之间达成的规则形成文字，以免后续由于记忆模型出现不必要的分歧。例如，我家孩子曾经一度非常爱自己玩小汽车，也爱摆弄她自己的玩具动物园。但是，过度沉迷于这些，肯定会耽误学习。于是，趁着有一天她刚做完作业而且全部做对的时候，我告诉她："盼盼，你今天的作业那么快就做完了，而且还全部正确。为了让你更投入地玩小汽车和玩具动物园，从明天开始，只要你八点钟之前将作业做完而且全对，那你就可以自由安排时间玩小汽车和玩具动物了。而且我和妈妈都保证不会干扰你。你看这样安排行吗？"由于做作业的行为得到了认可，同时又可以换来更自由的游戏时间和空间，盼盼自然满口答应了。

（6）父母要严格执行规则。规则一旦制定之后就得严格执行。如果制订了规则却没有得到严格执行，那还不如没有规则。在执行规则的过程中，必须注意如下问题：一是规则约束的对象应该一视同仁，也就是说，父母也要受规则的约束；二是父母不能超越规则范围去干预孩子的自由和选择，给孩子规范范围内的充分自主权；三是如果孩子破坏规则，父母应该按照事先约定的惩罚条件对孩子严格进行惩罚；四是父母要注意言出必行，做不到的事情，无论是奖励还是惩罚，千万不要轻易许诺。

（7）引导孩子提高执行规则的能力。规则制定后，父母不能放任孩子随意做事，而应该对孩子的学习或做事过程进行必要的检查、监督和指导。特别是当孩子在学习或做事过程中遇到困难或挫折时，父母应该给予孩子及时的指导。对于孩子做对的事情，父母要给予及时的肯定和表扬，对孩子做错的事情，要宽容并教会孩子正确的做事方法，同时给孩子必要的鼓励，从态度和能力上信任孩子肯定能继续将事情做好。如果引导得当，每一个错误或挫折都将成为孩子学习和成长的垫脚石。

【经典案例】

规则是引导孩子坚持学习的最佳方法

盼盼还在上幼儿园大班时，曾经一度对100以内的加减法和故事阅读存在着三天打鱼，两天晒网的情况。同时我们又发现盼盼有时候特别想自主做主买些玩具和礼品送给同学或自己玩。于是我们就告诉盼盼，只要她愿意，我们可以给她提供一个自己获得零花钱的简单办法，而且这些零花钱她有权自己支配。盼盼一听可以获得自己随意支配的零花钱，当然一百二十个愿意。于是我们就和她一起商定了一个规则：只要她每天做完8道100以内的混合加减运算题且全部做对，就可以得到一颗小红星；每天自己独立阅读完一篇故事，可以得到一颗小红星；每天早上8点之前出发去幼儿园可以得到一颗小红星；每天晚上 9 点半之前洗漱完毕上床睡觉可以得到一颗小红星；每天练习写一个字可以得到一颗小红星。每天只要得到了 5 颗小红星，就可以奖励她 5 块钱零花钱（注意：是奖励而不是报酬）。

随着盼盼加减运算题做得越来越多，故事的阅读量越来越大，她不仅获得了自己需要的零花钱，而且学习能力也得到了极大的提高。看着一篇篇故事被自己流利地阅读完毕，看着一道道数学题被自己征服，学习的快乐感和成就感也随之而来。离大班毕业还有半年时间，盼盼的故事阅读以及 100 以内的加减混合运算已经非常熟练了，从而为小学阶段的学习打下了良好的基础。

第 6 章

构建孩子快乐学习的能力支柱

6.1 激发孩子的学习兴趣：激发意趣，子必好学

学习最大的宝藏，就蕴含在孩子的学习兴趣中。学习兴趣不仅是孩子打开知识大门的金钥匙，也是孩子进入成功殿堂的法宝。有了浓厚的学习兴趣，孩子才能在学习中表现出强烈的主动性和积极性。在中小学课堂上，学生的学习积极性往往以自己的学习兴趣为转移，年级越低，表现得越明显。当学生对某一学科产生兴趣时，他总是会积极主动、心情愉快地去学习，反之则会让学习成为一种沉重的负担，甚至对学习产生厌烦和抵触情绪。例如，一个孩子学数学，刚开始感到很困难。他坚持学习，只是因为他认识到学习数学很重要，但对数学本身并不感兴趣，这时他主要是依靠意志来完成学习任务。而如果他经过努力学习，掌握了数学的某些知识，取得了一定的成绩，逐步对数学本身感兴趣了，这时他不再以学习数学为苦，而以学习数学为乐了。只有在这种情况下，学生的学习积极性才能更好地发挥出来。所谓"知之者不如好之者，好之者不如乐之者"就是这个道理。因此，孩子学习的最强大动力就是兴趣。当孩子有了浓厚的学习兴趣后，才会主动、积极地投入学习，才能乐此不疲地持续学习。

【理念剖析】

从教育学和心理学角度看，兴趣是一个人倾向于认识、研究获得某种知识的心理特征，是推动人们求知的一种内在力量。从对学习的促进角度看，兴趣可以

成为学习的动力或原因；从学习产生新的兴趣和提高原有兴趣的角度看，兴趣是在学习活动中产生的一种特有心理状态，又可以作为学习的结果。由此可见，学习兴趣既是学习的原因，又是学习的结果，在原因和结果的交互促进中不断巩固和提升学习兴趣。

学习兴趣指一个人对学习活动具有的积极认识倾向与情绪状态。学习兴趣可分为直接学习兴趣与间接学习兴趣两种。前者是由所学内容或学习活动（学习过程）本身直接引起的，后者是由学习活动的结果引起的。间接学习兴趣具有明显的自觉性。当一个人意识到学习的社会意义或与自己的密切关系时，学习兴趣就随之产生。例如，为了将来的利益，意识到学习目的或任务，因而驱动自己坚持学习。或为了得到父母和老师的赞赏，同学和朋友的尊重，在考试中得到好分数，在竞赛中取得胜利等等，也能引起孩子对学习的兴趣。

由此可见，学习兴趣能让孩子在自主选择的基础上实现积极学习和快乐学习，是孩子自主学习的源动力。只有对学习产生了浓厚的兴趣，孩子才会专注学习，积极思考，从而不断学到新知识。孩子为什么会厌倦学习？有可能是源于家长的放纵，没有培养起孩子的学习兴趣。也有可能是上学后，家长整天督促加压，不断唠叨。长此以往，本来拥有的一点学习热情也会慢慢消磨掉。当家长经常在孩子耳朵边反复强调要"好好学习""刻苦学习"之类的话语时，孩子将很难体会到学习应有的乐趣，而是将学习视为巨大的心理包袱，甚至将学习视为一件痛苦的事情。久而久之，孩子就会开始厌学，认为学习是家长的事情，从而抱着一种敷衍和应付的心态对待学习。因此，家长要让孩子好好学习，首先应注意让孩子放下心理包袱，给孩子一定的自由，为孩子营造一个心情舒畅的学习环境，在潜移默化中不断保持和提高孩子的学习兴趣。

【方法指南】

"兴趣是最好的老师"，相信很多父母都知道这句名言。但是知道如何有效提高孩子学习兴趣的父母却不多。虽然学校老师在提升孩子的学习兴趣过程中也发挥着不可估量的影响，但家长的作用是最重要的。因此，对于如下方法，父母掌握得越熟练，对激发孩子的学习兴趣越有利。

（1）充分发挥父母的榜样作用，所谓言传不如身教。父母热爱学习将是对孩子最大的鼓励以及最好的熏陶。在学习气氛浓厚的环境中长大的孩子，往往对学习有着浓厚的兴趣。当然，这个方法比较适合于知识分子家庭。对于文化水平不高的家庭，完全可以通过营造一种敬重知识、敬重学习、敬重书籍、敬重读书人的家庭氛围，进而达到激发孩子爱好学习、努力奋进的引导效果。

（2）父母"陪伴"孩子一同学习。由于孩子自我约束力差，家长可在孩子刚接触学习时"陪读"一段，多关心孩子的学习，了解孩子的作业情况，并及时帮助改正错误。当然，这里的"陪读"不是真正意义上的全程陪伴读书，而是引导孩子合理安排时间，规划好自己的学习任务，帮助孩子找到学习的成就感和愉悦感。此方法比较适合于有一定文化程度的父母。当然，陪伴孩子一定要注重品质和良好的心理体验，只有高质量的陪伴才能达到"最长情的告白"之效果。

（3）父母多带孩子参观各类科技馆、博物馆和自然人文景观。孩子在科技馆、博物馆和自然人文景观的参观体验过程中可以激发其好奇心和求知欲，从而不断增强孩子的学习兴趣。当然，这种参观不能流于形式，也不能走马观花式地一带而过，需要引导孩子不断地思考并将自己的感悟表达出来，遇到不懂的问题应积极从书本中寻找答案。此方法适合于所有类型的家长。

（4）父母要善于从孩子的某一特长出发激发孩子的学习兴趣。只要父母善于发现，每个孩子都有优点，或者是学习态度方面的（如学习和做作业很认真等），或者是体育方面的（例如跑步和打球等），或者是艺术方面的（例如唱歌和绘画等），或者是家庭生活方面的（例如体贴孝顺父母等），家长可以通过接纳、肯定和欣赏孩子的优点、特长或进步，培养其学习兴趣和毅力，进而取得理想的学习效果。

（5）父母对孩子要多表扬，少指责。每个孩子都有自尊心，当孩子的点滴成绩被认可时，他们会倍感自豪。家长不要放过任何一个值得表扬的机会，例如，当孩子某天拿起笔乱画，父母可以利用这个机会对他说："你真厉害，知道用笔画东西了。"当孩子在看小人书时，可以说："哎呀，我家儿子（女儿）真爱学习，这么自觉学习的孩子太难得了，爸爸（妈妈）太喜欢这样的孩子了。"如果孩子好动，不要光顾着责怪他，而要对他说："你是个聪明的孩子，如果能多安静一会儿，你就是最棒的。"当孩子取得一点成绩后要让他感受到成功的喜悦，要让他体验到成功是多么快乐，下次他就会更加主动地追求成功。

（6）父母对孩子要多鼓励，少打骂。每个孩子都有一定的上进心，当孩子在学习过程中遇到困难和挫折时，父母要善于保护并放大孩子的上进心和自信心，而达到此效果的最好方式就是给予孩子及时的鼓励，这样孩子才不会因一时成绩不好而失去学习兴趣。此外，孩子要保持对学习的兴趣，还得具备一定的自信。孩子在学习中遇到困难和挫折时，如果能得到父母的鼓励并掌握克服困难的正确方法，他的自信反而能得到保护并放大。

【经典案例】

创造"学习饥饿"状态

为了让孩子赢在起跑线上，很多父母拼命让孩子提早学习大量的课本知识，不辞辛劳地教孩子识字、做算术。可是孩子呢，大部分都硬着头皮、心不在焉地应付着。硬逼，是父母常用的方法之一，他们认为习惯成自然，孩子学得久了，就会产生学习兴趣。殊不知，这种做法往往适得其反，由于过早地反复让孩子学，孩子反而会对学习产生一种厌倦和反感之情，这往往让很多父母始料未及。要让孩子保持应有的学习兴趣，需要给孩子创造一个"学习饥饿"的状态，有了这种"饥饿"的刺激，孩子主动学习的"欲望"将会大大增强。正如很多得"厌食症"的孩子一样，不是他们缺少食物，而是他们经常被强迫着过量地吃各种食物。这种"饥饿状态"的产生，一方面不可强迫孩子学习，另一方面不可让学习时间过长，要将学习、锻炼和娱乐有机结合起来。这也好比成人看书，借的书往往比买的书有用，因为借的书要还，所以看得更细更快，而买的书是自己的，什么时候都可以看，甚至可能根本不看。这就是古人说的"买书不如借书，借书不如抄书"。我们的孩子和成人读书一样，需要"饥饿"，只要父母狠下心来，克服自己的溺爱和纵容，就能激发出孩子的学习兴趣，培养出孩子力争上游的勇气与信心。

让孩子快乐学习的 52 个方法：
减负增效的家庭教育途径

当父母希望孩子学些什么时，就应该有意识有目的地给他们恰当的刺激，激发出强烈的兴趣，使学习成为孩子一种自觉自愿的事。那样，做父母的也就尽可以不必那样累、那样辛苦、那样煞费苦心，结果却可能好得多。

6.2 培养良好的学习习惯：优秀是一种习惯

美国心理学家威廉·詹姆士说："播下一个行动，收获一种习惯；播下一种习惯，收获一种性格；播下一种性格，收获一种命运。"也就是说，通过行动养成的习惯将对一个人的命运产生决定性的影响，也就是大家耳熟能详的"性格决定命运"的原始出处。在中小学阶段（也包括幼儿园教育阶段），是孩子学习习惯养成的关键期。养成良好的学习习惯不仅对学习成效有利，也对孩子的身心健康有益。从学生的身心发展角度看，重视良好学习习惯的养成将有助于学生培养健康的身体和健全的人格。从学习成效角度看，无论老师多么任劳任怨和辛勤耕耘，如果学生没有养成良好的学习习惯，学生只会"死学"，即使记忆了大量知识也没法在考试中取得好成绩，更无法将知识应用到实践。甚至有的学生只有在老师督促下才能学，自己没有形成自主学习和主动学习的习惯，一旦离开老师的督促将无所适从。因此，培养良好的学习习惯的本质要求是使孩子能自主学习、能动学习和快乐学习。

【理念剖析】

学习习惯是在学习过程中经过反复练习形成并发展，成为一种个体内在需要的自动化学习行为方式。也就是说，学习习惯一旦养成，孩子将在一定的学习情景下自动地进行学习。例如，有个孩子去参加一个全国性的竞赛，带队的老师回来后很有感慨地说了一件事：那天在轮船上，晚餐后，同学们都在甲板上观看风景，过了一会儿，没经任何人提示，也没任何人要求，该做功课的时候了，那个孩子就独自到船舱里拿出书本，旁若无人地开始学习起来。带队的老师感慨道：那就是习惯。

由此可见，良好的学习习惯一旦养成，将有利于激发孩子的学习积极性和主动性；有利于形成高效的学习策略，提高学习效率；有利于培养孩子的自主学习能力、创新精神和创造能力，使孩子受益终生。概括而言，良好的学习习惯包括专心致志的习惯，严格执行学习计划的习惯，认真思考的习惯，独立按时完成作业的习惯，课前预习、课后及时复习的习惯等。

（1）专心致志的习惯。专心致志的习惯是孩子必须养成的基本学习习惯，是指孩子在学习时精神高度集中，不想也不做与学习无关的事，遇到干扰也不会分心，不会出现一心二用的情况。中小学语文教材中也有大量的案例，例如《小猫钓鱼》的故事等，这些故事中蕴含的道理都是一样的，就是要将一件事情做好，必须专注地投入并持之以恒地坚持下去。一个人很难同时做到"一手画圆，一手画方"也是这个道理。因此，父母要引导孩子从小养成同时专注做好一件事情的习惯。

（2）严格执行学习计划的习惯。严格执行学习计划是实现学习目标取得理想成绩的法宝。谁能根据奋斗目标制订出科学的计划，并且定时定量地完成计划，谁就能无往而不胜。一般说来，目标比较容易确定，计划也不难制订，难的是严格执行学习计划并定时定量地完成。这就是通常所说的"知易行难"。因此，父母要引导孩子从小养成根据实际情况制订学习计划并严格执行计划的习惯。只有孩子自己制定目标并不断地实现目标，才能体验到学习的成就感和快乐感，并不断激发起学习的自信。

（3）认真思考的习惯。无论是日常的学习和做事，还是对待各种考试，都离不开孩子的认真思考。由于大脑的任何思考活动都伴随着联想过程，例如相似联想，对比联想，因果联想等。因此，父母引导孩子从小养成认真思考的习惯，不仅有利于提高孩子的学习成绩，增强孩子的学习能力，还能增强孩子的发现、发明和创造能力。随着孩子从小学升入中学，这种认真思考的习惯对其进入高中和大学以后的学习和成长将更为重要。

（4）独立按时完成作业的习惯。虽然国家教育部出台的《小学生减负十条规定》中明确规定，小学不留书面作业，但是作业仍然是帮助孩子巩固所学知识、提高学习成绩的重要途径。不应该是留不留作业的问题，而应该是留什么样的作业的问题。父母要引导孩子从小养成独立按时完成作业的习惯。独立按时完成作业的习惯一旦养成，不仅可以提升孩子的学习自觉性和自主学习能力，同时还能培养孩子"做好分内之事"的责任心。

（5）课前预习课后及时复习的习惯。预习是提高听课效率的一个重要方法，预习可以使孩子听课时的目的性和针对性更强。预习也是孩子独立接受新知识的尝试，在一定程度上也锻炼了孩子的思维能力，调动了孩子的学习积极性。孩子在中小学阶段所学的内容大都是简单的书本知识，加上每天学的知识量很多，不容易记住。这时就需要课后进行及时的复习。复习有利于孩子巩固知识、加深理解、查漏补缺。当孩子通过课前预习课后及时复习不断提高学习成绩后，还能找到学习的成就感和快乐感，最后形成"自主学习—成绩提高—快乐学习—成绩继续提高"的良性循环。

除了上面提到的优秀的学习习惯外，父母还应该引导孩子养成如下习惯：迎难而上、敢于攻关的习惯；在规定时间内完成学习任务的习惯；养成良好的作息规律，形成一种良性的时间定向和条件反射；力戒拖延和磨蹭，今日事，今日毕；不懂就问或寻找答案的好习惯；做完作业细心检查的习惯等。

【方法指南】

良好习惯的养成对于孩子的学习和成长至关重要，而要养成良好的习惯又与家长密不可分。一方面，家长要了解习惯养成的渐进性特点，心理学界常说的"21天法则"说的就是要想养成一个稳定的习惯，至少要连续坚持21天。这只是理论天数，教育实践中的天数要求至少得坚持一个月以上；另一方面，家长要高度重视并运用科学的方法，有意识地让孩子从小养成优秀的习惯，等孩子进入学校后将会非常轻松自如地找到快乐学习的感觉。

（1）家长与孩子一同体验学习的乐趣，给予恰当的奖励。孩子爱看电视，不喜欢学习，是因为他觉得学习远不如看电视有趣，父母可以通过各种形式与孩子一道发现学习中的乐趣。例如，父母可以让孩子当老师，自己作学生，让孩子觉得要好好地"教你"不可。或者如果孩子写字老是出错，可以找来别人的作业本，让他当医生，治一治有病的字，再帮着改过来。此外，父母还可以抓住孩子偶尔一次难得的认真学习机会，用讲故事或买一本好书的方式来奖励他，让孩子体验到学习活动被认可后的无穷乐趣。

（2）引导孩子制订学习计划并严格执行。制订学习计划是培养良好学习习惯的重要途径，学习计划上应该注明什么时间做什么事并且做到什么程度等。可以制订短期计划，也可以列出中期计划和长期计划。学习计划应该在家长的建议下让孩子自主制订，家长负责监督执行。计划一旦制定就要严格执行，如果孩子按照计划在实施，家长应给予及时的肯定与表扬，如果不能按照自己的承诺实施计划，家长应给予必要的惩罚并提前将罚则宣布清楚。例如，在家长的建议下，孩子制订了每天做10道数学题的计划，如果孩子第二天做完了10道题，家长应充分地肯定孩子，表达父母为孩子严格执行计划而感到骄傲和自豪的感觉。如果中间某一天孩子由于疏忽贪玩等原因而未做完10道数学题，父母就应该按照事先的约定让孩子三天不能吃他喜爱的食品，直到孩子重新实现每天做完10道数学题为止。长此以往，不仅能培养孩子良好的学习习惯，还能培养孩子做事坚持到底的意志品质。

（3）父母要以身作则，给孩子发挥优秀的榜样作用。模仿既是习惯培养的动力，也是加强习惯培养的重要途径。只要父母或其他家庭成员的习惯很优秀，孩子自然而然能够养成优秀的习惯。因此，孩子在学习时，如果父母和其他家庭成员能够以身作则，快乐积极地读书、看报、一起讨论问题或共同学习等，孩子也将受到感染和熏陶。千万不能一方面要求孩子专心学习，另一方面父母又在起劲地玩扑克、打麻将、看电视等，这样既会分散孩子的注意力，又给孩子不良习惯的养成留有借口：你们大人都没做好凭什么严格要求我。这样就会使得习惯培养成为一句空话。

（4）父母要与老师保持必要的联系，全面了解孩子的表现，发挥家庭与学校协同教育孩子的合力。为了对孩子做到耐心说服教育，家长应多与老师交流，询问孩子在学校的各种表现。如果孩子在校表现良好,可以通过老师的话语对他在学校的良好行为进行表扬和肯定。如果孩子在学校的学习习惯不是很好,也要通过老师的话语对他在学校的其他优点进行肯定和表扬,同时告诉孩子:如果他能在某些方面养成良好的学习习惯,肯定能成为一个优秀的学生。父母要掌握与老师沟通的智慧和技巧,让孩子自觉地意识到养成良好学习习惯的重要性,自觉约束并克服自己不好的学习习惯。

(5)善于客观评估,耐心训练指导。由于孩子的自制力比较差,常常会不由自主地违反行为规范,因此,碰到孩子不按要求做事时千万不能急躁、放弃或放任自流,更不能讽刺或打骂孩子。要坚持正面引导,多表扬、少批评,多欣赏、少指责,满怀爱心地持之以恒。在帮助孩子养成良好学习习惯的过程中,要善于发现并肯定孩子的进步,对做得不够的,应实事求是地指出努力的方向和方法,使孩子学会严格要求自己,不断强化正确行为,修正不正确行为,从而尽快形成良好的学习习惯。

(6)父母要引导孩子喜欢学校和老师,促进良好学习习惯的养成。正所谓"亲其师,信其道。厌其师,恶其道",如果对学校和老师充满了好感,孩子将对学习充满了兴致和激情。因此,父母在与孩子的沟通过程中,要善于引导孩子看到学校和老师美好的一面,绝对不能故意挑拨孩子对学校和老师的反感和敌对情绪。例如,在本部分的案例中,那个原本有多动症和学习障碍的孩子,由于妈妈将老师的原话善意地转化成欣赏和鼓励孩子的话,大大激发了孩子的学习动力,最终考上了理想的名牌大学。

【经典案例】

善于引导,让平凡的孩子更优秀

第一次参加家长会,幼儿园的老师说:"你的儿子有多动症,在板凳上连三分钟都坐不了,你最好带他去医院看一看。"回家的路上,儿子问她老师都说了些什么?她鼻子一酸,差点流下泪来。因为全班30名小朋友,惟有他

第6章 构建孩子快乐学习的能力支柱

表现最差，惟有对他，老师表现出不屑。然而，她还是告诉儿子："老师表扬了你，说宝宝原来在板凳上坐不了一分钟，现在能坐三分钟了。其他的妈妈都非常羡慕妈妈，因为全班只有宝宝进步了"。那天晚上，她儿子破天荒地吃了两碗米饭，并且没有让她喂。

儿子上小学了。家长会上，老师说："全班50名同学，这次数学考试，你儿子排49名。我们怀疑他智力有些障碍，您最好能带他去医院查一查。"回家的路上，她流下了泪。然而，当她回到家里，却对坐在桌前的儿子说："老师对你充满信心。他说了，你并不是个笨孩子，只要能细心些，会超过你的同桌的，这次你的同桌排在第21名。"说这话时，她发现，儿子暗淡的眼神一下子充满了光，沮丧的脸也一下子舒展开来。她甚至发现，儿子温顺得让她吃惊，好像长大了许多。第二天上学时，去得比平时都要早。

孩子上了初中，又一次家长会。她坐在儿子的座位上，等着老师点她儿子的名字，因为每次家长会，她儿子的名字在差生的行列总是被点到。然而，这次却出乎她的预料，直到结束，都没有听到。她有些不习惯，临别，去问老师，老师告诉她："按你儿子现在的成绩，考重点高中有点危险。"她怀着喜悦的心情走出校门，此时发现儿子在等她。路上她扶着儿子肩膀，心里有一种说不出的甜蜜，她告诉儿子"班主任对你非常满意，他说了，只要你努力，很有希望考上重点高中。"

高中毕业了，一个第一批大学录取通知书下达的日子，学校打电话让她儿子到学校去一趟。她有一种预感，她儿子被清华录取了，因为在报考时，她给儿子说过，她相信他能考取这所学校。她儿子从学校回来，把一封印有清华大学招生办公室的特快专递交到她的手里，突然转身跑到自己房间里大哭起来。边哭边说："妈妈，我一直都知道我不是个聪明的孩子，在这个世界上，只有你能欣赏我！"

这时，她悲喜交加。再也按捺不住十几年来凝聚在心中的泪水，任凭泪水打在手中的信封上。

173

6.3　管理时间就是管理生命——立即行动，远离拖延

一个名叫富兰克林·费乐德的人曾说过："成功与失败的分水岭可以用这五个字表达——我没有时间。"诺贝尔物理学奖获得者玻尔曾经说过："没有哪一种不幸可与失掉时间相比了，我的成功就在于我善于利用和管理时间，并把它养成我的一种习惯。"由此可见，管理时间就是管理自己的生命。一个人要攀登事业的高峰，就必须学会充分利用自己的时间。同样，一个学生要想在学习过程中取得自己所能取得的最大成功，就必须善于管理自己的时间。时间是最可宝贵的资源，不仅有限，而且一去不复返。正所谓"少壮不努力，老大徒伤悲"，学习成绩越优秀的孩子，他们的时间管理能力往往越强。

很多学习成绩不好的孩子经常抱怨所谓的时间不够用之类的问题。其实，所谓的"时间够用"与"时间不够用"都是相对的。一天就是二十四小时，不多也不少。无论你是谁，达官贵人或是一介贫民，时间都是最公平的。所谓"时间不够用"只是表示在既定的时间段内要做的事情太多，以致这段时间不太允许而已。"能够做"和"本来可以做"基本上没有多大的差别。孔子说"逝者如斯夫，不舍昼夜"，德鲁克说"时间是最高贵而有限的资源"，作为稀有且珍贵的特殊资源，时间是进行一切人类活动的前提。谁能最大限度地管理和利用时间资源，谁就能确保学习的成效。因此，为了提高孩子的学习能力，应该引导孩子成为时间的主人，用好用足每天的 24 小时。

【理念剖析】

作为一种特殊的稀缺资源，时间具有如下特性：一是供给毫无弹性。时间的供给量是固定不变的，在任何情况下既不会增加，也不会减少，每天都是 24 小时，任何人在时间面前都是平等的。二是时间无法蓄积。任何人的时间都不可能

被积蓄或储藏。无论愿不愿意,任何人都无法阻止时间前进的步伐,因而也谈不上节流了。三是无法替代性。任何一项活动都有赖于时间的累积,这就是说,时间是任何活动不可缺少的基本资源。可以说,世界上任何一件事情的完成都离不开"时间资源。"四是时间无法失而复得。时间一旦丧失,将永不再来。花费了金钱,尚可赚回,但倘若挥霍了时间,任何人都无力挽回,正所谓"一寸光阴一寸金,寸金难买寸光阴"。

不同的人在"相同的时间"面前表现不同,其结果自然也不同,其原因就在于"时间管理能力"各不相同。时间管理的目的就是要让孩子决定什么该做,什么不该做,通过事先的规划和提醒等,引导个体或组织的未来行为。显然,"时间管理"所探索的是如何减少时间浪费,以便有效地完成既定目标,用最短的时间或在预定的时间内把事情做好,时间管理的本质对象不是"时间",而是指面对时间而进行的"管理者的自我管理"。

时间管理能力低下的孩子往往存在着拖延倾向。顾名思义,拖延是指在开始或完成一项活动时有目的的推迟。拖延使目标任务在最后期限内无法完成,或者目标任务在最后期限内才刚刚启动,从而导致要么无法在规定期限内完成任务,要么无法在规定期限内拿出高质量的成果。拖延不仅使计划成为泡影,而且还会消磨人的意志,让人变得更加慵懒,意志低沉和懒惰还将导致学习和生活更趋糟糕。生活中如此,学习中更是如此。例如,一个在学习中总是拖延的孩子,造成的直接后果就是"浪费学习时间—学习效率低下—成绩不尽如人意—经常性受到老师、家长的批评—自信心下降—学习兴趣逐渐消失—学习成绩下降"。一旦孩子对学习失去了兴趣和自信,就会对学习表现出厌烦、逆反和抵触等现象,从而导致后续更加无法制定并完成各种学习计划。

【方法指南】

"拖延"是孩子学习和时间管理中的大忌。为了帮助孩子远离拖延,父母可以从如下方面着手。

(1)帮助孩子树立珍惜时间的观念。父母可以通过给孩子讲珍惜时间取得成功的故事，或在墙上贴上名言警句，帮助孩子树立珍惜时间的观念，充分认识到时间是世界上最宝贵的财富，从而激发孩子珍惜时间、提高学习效率的意识。

（2）让孩子为"拖延"付出代价。孩子早晨起床拖拉，家长急得不得了，又是嚷嚷，又是亲自给孩子系纽扣，可孩子却一点也不急。其实，家长的做法正是促成孩子拖沓的原因之一。正确的做法是，当孩子拖沓的时候，家长不要急，让孩子急。如果孩子迟到了，老师肯定会问他原因。孩子得到教育后，就会认识到拖沓带来的害处，第二天就会自觉地加快速度。

（3）增加计时性劳动。孩子拖沓不光在学习中表现出来，也反映在生活的各个方面，如做作业、穿衣、吃饭。从孩子的实际表现出发，增加计时性活动是可行的方法。做某件事需要多长时间，事先设定，然后以最快速度保质保量地进行。这与心理学上的"最后通牒"效应的内在原理是一致的。

（4）有意改善评价角度，少说"慢"多说"快"。父母在教育和引导孩子的过程中，应该有意识地表扬孩子"你可以快起来""你完全可以在规定时间内做完作业"等。父母在与孩子一起玩小游戏的过程中，也应该充分看到孩子动作麻利的一面并给与及时的肯定。

（5）善于利用"速度测定法"，让孩子感受到"我原来也可以很快"。例如，引导孩子记录单位时间里（如5分钟）能写多少个字，能做几道题，能读几篇故事等。最后算一算按照这样的速度，做完所有的作业需要多长时间。当孩子意识到自己的速度能这么快时，慢慢就能找到学习的成就感和自豪感，从而不断地提高学习成绩。

【经典案例】

时间管理的12种方法

时间管理不仅有规律可循，而且有方法可供借鉴。如果孩子能够在日常生活和学习中掌握并应用如下时间管理方法，将能在不断提高时间管理能力的过程中迅速提高学习成绩。

（1）有计划地使用时间。孩子一定要从小学会合理地制订并实施计划。

计划能力是有效管理时间的前提。

（2）让孩子善于利用零星的碎片化时间，通过集零为整的方式实现时间的高效利用。越善于集中时间的孩子，学习成效越明显。

（3）将要做的事情根据优先程度排好顺序。时间管理中有个二八原则，就是80%的事情只要20%的努力，而只有20%的事情是值得做的，这20%的事情应当享有优先权。对于这20%的有价值的事情，再根据价值大小，合理分配时间。

（4）学会将一天从早到晚要做的事情列一个任务清单（To do list），不仅备忘，而且可以作监督检查之用。正所谓"一日之计在于晨，一年之计在于春"。到了晚上临休息前1小时左右，对照早上的任务清单逐一清零，实现"当日事，当日毕"。

（5）每件事情都要预先设定好具体的时间结束点。无论是做作业，阅读故事书，或者是通电话和聊天等，都应该预先设定好截止时间。

（6）善于遵循人体的生物钟。一般来说，孩子记忆效果最佳的两个时间段分别是早晨醒来之后的半个小时以及晚上睡着之前的半个小时。如果能引导孩子充分利用好这两个时间段记忆和复习，那效果将会事半功倍。

（7）牢记"做正确的事情要比把事情做正确更重要"。做正确的事情，是有成效的事情，而把事情做正确仅仅说明有效率。在孩子的学习和生活中，首要的是考虑成效问题，然后再考虑效率问题。

（8）学会正确区分紧急事情与重要事情。紧急事情往往是短期性的，重要事情往往是长期性的。让孩子学会将重要的事情变得很紧急，是高效管理时间的开始。

（9）确保每分钟都用于做有价值的事情。将记事本中罗列的事情清单中没有任何意义的事情删除掉，学会放弃一些琐碎无价值的事情。

（10）注意不要成为强迫症式的完美主义者。在学习和做事的过程中，孩子可以不断地追求完美，但不能将完美当作必须实现的目标，要将精力和重心放在做事的过程中和最后的成效上。

(11）学会巧妙地拖延。如果孩子碰上了一件不想做的事情，可以将这件事情细分为多个很小的部分，只做其中某一部分就可以了，或者对其中最主要的部分最多花费 15 分钟时间去做。

（12）学会说"不"。一旦确定了重要的事情，对那些不重要的事情就应当坚定地说"不"，从而拒绝一些不必要的干扰和时间浪费。决定什么事情不应该做也是时间管理能力的重要组成部分。

6.4 管理目标就是管理方向：志之所向，一往无前

目标就是努力的方向，有了目标之后，就得为实现目标而努力，就得有恒心和坚定不移的心态，不达目的誓不罢休。唐代僧人鉴真就是一个成功范例。鉴真原是扬州大明寺的高僧，为回应日本僧人的邀请，立志要把律宗传往日本。鉴真一共六次东渡，前五次为风浪所阻，归于失败，但鉴真毫不气馁，东渡的决心愈加坚决，特别是第五次，船只被大风一直吹到海南岛，弟子病死，他本人生病至双目失明。但鉴真并不放弃东渡的志向，终于在唐天宝十二年第六次东渡成功，把律宗传到日本。

如果孩子在学习过程中没有目标，将会学得很累。因为目标是动力，没有动力的人学习起来自然不会轻松。但是有了目标不一定就能学得轻松，因为不恰当的目标也会误导人。例如，过于脱离实际好高骛远的目标往往让人越学越沮丧，难度过低轻易就能实现的目标则让人越学越没成就感。因此，让孩子从小学会对学习目标进行科学管理，才能逐渐找到学习的快乐感和成就感。

【理念剖析】

目标是个人、部门或整个组织在一定时间段内期望取得的成果，因此，目标就是计划，包括目的和标准两大要素。由于目标管理涉及到目标的设定、目标的达成、目标达成后的思考和反馈等多个环节，因此，目标管理的本质是一种重要

的自我管理。很多目标管理能力差的孩子往往不愿意为自己设定学习目标，主要是出于如下三类原因：一是内心充满恐惧感，担心万一目标实现不了怎么办，害怕面对失败；二是习惯了平庸度日，得过且过，觉得每天过得好好的，干嘛还要设定目标呢；三是误把行动当作成就，这类孩子每天忙来忙去，感觉很有成就感，但是最终却很难取得什么成就。其实行动不等于成就，有了结果才能不断有成就，所以一定要为自己设定学习和人生目标。

哈佛大学曾经做过一个调查研究，研究对象是一群智力、学历和环境都相差不大的大学毕业生。刚开始的时候，调查结果为：27%的人没有奋斗目标；60%的人目标模糊；10%的人有清晰但比较短期的目标；3%的人有清晰而长远的目标。经过25年后，对这群人的跟踪调查结果发现：那3%的人，25年间他们朝着一个方向不懈努力，几乎都成为社会各界的成功人士，其中不乏行业领袖和社会精英；10%的人，他们的短期目标不断地实现，成为各个领域中的专业人士，大都生活在社会的中上层；60%的人，他们安稳地生活与工作，但都没有什么特别的成绩，几乎都生活在社会的中下层；剩下27%的人，他们的生活没有目标，过得很不如意，并且常常抱怨他人，抱怨社会，抱怨这个"不肯给他们机会"的世界。这个研究结果告诉我们，杰出与平庸的根源不在于天赋和机遇，而在于是否有明确的奋斗目标以及目标的高远。正如英国名谚所说的那样："伟大的目标构成伟大的心灵，伟大的目标产生伟大的动力，伟大的目标形成伟大的人物。"著名的美国成功学家拿破仑·希尔也说过："一切成就的起点是渴望。一个人追求的目标愈高，他的才能发展就越快。一心向着自己目标前进的人，整个世界都将给他让路"。

目标虽然很重要，但是如何科学设定目标也很重要。父母在引导孩子设定学习目标时，一定要遵循如下九大原则。

（1）提高目标管理的基础是提升孩子积极的自我意识，让孩子意识到"自我管理"的重要性。也就是让孩子意识到，"自我"在管理自己，而不是父母或老师在管理自己。因此，强化自我、分析自我、了解自我、认识自我，这是确定目标的前提和基础。

（2）要设立明确而具体的目标，不能笼统而空洞。设立目标是目标管理的第一步。例如，这次期末考试我的数学成绩要提高5分等。

（3）目标一定要可量化。例如"我要用十天时间把三百首唐诗背完""我在8点之前一定要将10道数学应用题做完"等。

（4）设定的目标要看得见，而且自己跳一跳可以够得着。不切实际的目标会打击孩子的自信和决心，太轻松的目标又使得孩子无法找到成就感。例如，在这次期末数学考试中我的总成绩要提高3个名次。不能说班上有40名同学，我本来是班上倒数第三名，在这次期末数学考试中我要考到正数第三名，这就是不太可能实现的目标。

（5）设定的目标与将要达到的成效应密切相关。无论是长期目标还是短期目标，都一定要是设定的目标非常相关。例如，要参加学校组织的知识竞赛，确定的目标应该是进行历史、地理、天文等方面的知识积累，与知识竞赛本身无关的跑步、练琴等就不应该纳入目标的范畴。

（6）设定的目标要有明确的时间期限。无论是完成作业，还是阅读小说，或者是练习书法，都要给自己设定一个明确的时间期限。否则，如果孩子漫无期限地做事很有可能被惰性驱使，最终一事无成。

（7）要将目标进行分解并落到实处。围绕着孩子的长期目标，可以分解成若干中期目标，每个中期目标之下再分解成若干短期目标，每个短期目标下面再分解成若干具体的小目标。

（8）目标设定后要有实现的步骤和具体计划。目标设定后，要根据完成目标的期限，设计分步骤的推进计划，制定提高能力和成绩的具体措施，使目标能够落到实处。

（9）目标执行过程中应该有评价和正向激励。目标制定后就要付诸行动，行动开始后要定期评估计划的执行情况，然后根据执行情况进行相应的修正或完善。目标顺利实现后可以采取庆祝或自我奖励的方式放大自己的成就感。

【方法指南】

在了解目标概念以及设定目标的原则基础上，父母还应该帮助孩子发现和寻

第6章 构建孩子快乐学习的能力支柱

找所要到达的目标和方向,在此基础上引导孩子朝着设定的目标坚定不移地走下去。概括起来,父母可以通过如下方面引导孩子明确自己的目标和方向。

(1)引导孩子正确认识自我,鼓励孩子确立学习目标。如果孩子经常谈论他的梦想或者目标,聪明的父母不要嘲笑孩子的梦想,而是应该鼓励孩子说出来,同时引导孩子向着自己的目标去努力。例如,孩子说自己的目标是当个科学家,这时,父母要引导孩子将这个目标形成文字,并把它当成行动的计划,努力做好那些能够实现目标的事情,这样才能逐步将目标变成现实。例如,父母可以引导孩子好好学习科学知识,让孩子在一年内学习两册科学知识读本等。当然,并非要求孩子一定要树立当科学家、政治家之类的远大目标。实际上,目标没有高低贵贱之分,不管孩子的目标是什么,只要父母善于引导都是好目标。设定目标前,父母应该提前向孩子说明任务的艰难,让孩子真心接受,并让孩子对克服困难有足够的思想准备。目标一旦设定,不可轻易改变和放弃。放弃目标意味着失去执着。若多次设定目标,又多次放弃,可能会使孩子对放弃习以为常,以后做事就很难再有执著精神了。有时候,孩子的目标往往会定得不切实际,过于遥远或者不太容易实现。这时,父母要引导孩子将大目标分割成小目标,鼓励孩子分阶段去实现每一个小目标,最终实现大目标。

(2)以兴趣为导向引导孩子设立人生目标。很多家长往往喜欢通过强加型和忽略型模式帮孩子确定人生目标,采取这种方式的家长喜欢将自己的好恶、愿望或未实现的志向强加给孩子,同时又忽略了孩子内心的真正需要和兴趣,对孩子的梦想不以为然或者当作笑谈。很多孩子被迫屈从于父母"为孩子好"的压力,将自己的梦想压在心底。此类孩子一方面压抑着自己的兴趣和擅长,另一方面又不愿意接受父母设定的目标,最终处于无目标状态。智慧的父母应该善于发现孩子最想得到的和最感兴趣的东西。最感兴趣的往往是孩子最有成功感且最容易实现的,了解孩子最喜欢什么,并引导其努力去实现。曾经有一个孩子立志将来要"开一家网吧",但被父亲斥为"没出息、不务正业"。孩子得不到父母的支持,又抗拒不了对网络的兴趣,经常偷偷上网,屡禁不止,最终耽误了学业和前程。另外一个孩子也立志要"开一家网吧",父母不仅接受了孩子的人生目标,还帮助孩子规划了目标以及实施计划。让孩子自己体验到现在的基础知识学习对将来开网吧的重要性，主动要求回校学习。由此可见，孩子的目标应由孩子自己设计，父母要学会引导孩子设定目标并接受其目标，同时激励孩子为梦想而奋斗，活在梦想的追求过程中就是实现目标的过程。一味嘲笑或打压孩子目标的家长不可能帮孩子塑造出未来的独特人生。

（3）根据"篮球架效应"引导孩子制定切实可行的学习目标。本书中介绍的"篮球架效应"表明，孩子的学习目标不宜定得过高或过低，要根据孩子的具体情况采取循序渐进的原则。如果父母能够稍微了解一下学习曲线所揭示的学习规律，那就更能接受并运用好循序渐进的方法了，因为学习活动在本质上是一个日积月累和厚积薄发的过程。从某种意义上说，"一分耕耘，一分收获"在学习的开始阶段甚至是不对的，"三分耕耘，一分收获"才是起步阶段的常态。因此，学习目标的设定也应遵循这一规律。例如，如果孩子现在的数学成绩是70分，就不能直接将目标确定为90分，而应该采取逐步提高的方式，从70分到75分，再到80分和85分，最后到90分。这样才能让孩子在不断的进步中体验到愉悦感和成就感，进而激发并强化孩子的目标意识，提升其目标管理能力。

（4）引导孩子从小养成目标明确的学习和做事风格。目标意识和目标管理能力要从小培养。还在幼儿园阶段和小学阶段，无论是学习，还是看电视，或者是逛公园，都要从小养成明确的目标意识，提前规划好今天要学习多长时间、学完哪些内容；今天看电视要看哪档节目，要看多长时间等。目标不仅要具体，还要具有可实现性。制定目标之前要仔细思考，目标一旦制订就要坚定不移地付诸实施。

（5）通过激励欣赏等方式引导孩子学会自主选择学习目标。心理学中的"罗密欧朱丽叶效应"说明，每个人都有"自我决定"的内在需要。因此，与其父母代替孩子设定学习目标，不如通过激励方式引导孩子自己选择学习目标（例如，父母可以在家里设定一个红星榜，只要孩子每天做完了10道数学题或者阅读完一篇文章，就可以各得一颗红星，每天练习一页的书法或者画一幅画也可以各得一颗红星。每周七天只要能获得的红星数达到25个，就可以满足孩子一个愿望。

这样，孩子就会自主决定每天要做到哪些事情才会得到预期的红星数）。一旦孩子如期完成了学习目标，父母就应该给孩子及时的欣赏和表扬，让孩子体验到目标完成后的愉悦感和成就感。

【经典案例】

分解目标，化难为易

山田本一是日本著名的马拉松运动员。他曾在 1984 年和 1987 年的国际马拉松比赛中，两次夺得世界冠军。记者问他凭什么取得如此惊人的成绩，山田本一总是回答："凭智慧战胜对手！"大家都知道，马拉松比赛主要是运动员体力和耐力的较量，爆发力、速度和技巧都还在其次。很多人都觉得山田本一的回答是在故弄玄虚。

10 年之后，这个谜底终于被山田本一的自传描述揭开了："每次比赛之前，我都要乘车把比赛的路线仔细地看一遍，并把沿途比较醒目的标志画下来，比如第一标志是银行；第二标志是一个古怪的大树；第三标志是一座高楼……这样一直画到赛程的结束。比赛开始后，我就以百米的速度奋力地向第一个目标冲去，到达第一个目标后，我又以同样的速度向第二个目标冲去。40 多公里的赛程，被我分解成几个小目标，跑起来就轻松多了。开始我把我的目标定在终点线的旗帜上，结果当我跑到十几公里的时候就疲惫不堪了，因为我被前面那段遥远的路程吓倒了。"

目标是需要分解的，一个人制定目标的时候，要有最终目标，比如成为世界冠军，更要有明确的短期目标。最终目标是宏大的，引领方向的目标，而短期目标就是一个个具体的，有明确衡量标准的目标，比如在四个月内把英语成绩提高 5 分，这就是目标的分解。当目标被清晰地分解之后，目标的激励作用就显现出来了，当孩子实现了一个目标的时候，父母如果能对他们进行正面的鼓励，这将非常有利于激发孩子完成目标后的成就感！

6.5 强化观察和注意能力：专心致志，学必有成

注意和观察能力是众多学习能力的基础和根本，是保证孩子顺利持久学习的关键。正如马克思所说的那样，天才就是集中注意力。事实也的确如此，古今中外大量杰出的科学家、思想家和艺术家都会忘我地投入到工作中，他们高度集中的注意力令人惊叹。牛顿做实验时，竟然将手表当鸡蛋煮；居里夫人课间做习题时，身旁被恶作剧的同学堆满了凳子竟丝毫没有察觉到；爱因斯坦思考问题入迷时，竟然忘了自己的小女儿在和他一起乘车；王羲之写字入了迷，竟把墨汁当蒜泥，用馒头蘸着吃。那些考入北大、清华等名牌大学的学生往往在上课时都非常专注，注目率非常之低（所谓注目率就是学生在听讲或上自习，有人从教室门前或窗下走过，学生转头、抬头的情况）。前段时间受新冠疫情的影响，浙江大学封校期间，大学生们在排队进行核酸期间都在认真地看书。如此专注的学习状态本身就能让孩子体验到学习过程中的无限快乐感。特别是在中小学阶段，观察能力和注意能力尤其重要，例如语文学习中，如果两个字的字形、写法只有细微差异，观察力较强的同学一眼就能看出来，观察力较差的同学就常常把它们认错或写错。在数学学习中，如果观察能力和注意能力比较强，就能非常迅速地判断出各个数字之间的规律特征，选择合适的计算方法。正如苏霍姆林斯基说的那样："儿童学业落后的原因，就在于他没有学会思考。周围世界里的各种事物、现象、依存关系和相互联系，没有成为儿童的思考的源泉……让实际事物教给儿童思考——这是使所有正常儿童都变得聪明、机敏、勤学、好问的一个极其重要的条件。"而学会思考的前提是必须具备一定的注意能力和观察能力。

【理念剖析】

从心理学角度看，观察是一种有目的、有计划、能持久的知觉过程。由此可见，

学习上的观察是一种自我控制的、根据一定的目的或任务，拟定一定的计划，然后按照计划对一定的事物进行系统而持久的有意知觉过程。正常人要从外界获得知识等信息，超过80%必须通过视觉和听觉输入大脑，难怪人们通常所说的"聪明"基本上就是指耳聪目明的意思。因此，聪明首先就包括观察能力，这是人类智力结构的重要组成部分，也是一切科技和艺术创造的前提。在中小学阶段的学习中，观察力强的孩子往往能发现别人未能发现的问题，找到别人不能找到的解题方法。提出进化论的英国伟大的博物学家达尔文以及发现了X射线的德国物理学家伦琴等无不是依靠敏锐的观察力才取得了如此伟大的成就。

有了观察能力还不够，要将学习搞好，还必须辅之以注意力。注意力是指人的心理活动指向和集中于某种事物的能力，在学习过程中是一种非常宝贵的素养，也就是人们通常所说的"专心"。正因如此，19世纪俄国教育家乌申斯基认为："'注意'是心灵的窗户。只有打开注意力这扇窗户，智慧的阳光才能洒满心田"。一般而言，孩子的注意能力与年龄成正比。两岁左右的孩子，注意力集中的平均时间大概是7分钟，4岁左右孩子的注意力集中的平均时间为12分钟左右，到了五岁，注意力集中的平均时间大概为15分钟，7—10岁则能延长到20分钟左右，10—12岁能达到25分钟左右，12岁以上则能达到30分钟以上。因此，父母在教育和引导孩子学习时，要尊重注意力持续时间的内在规律，不能一味强迫孩子长时间地学习。孩子的注意力要对学习发挥出积极的促进作用，必须具备三个特征：深入、持久和自愿。再加上孩子的学习过程中必然会遇到各种困难和干扰，同时也可能碰到自己不感兴趣的内容，因而仅靠注意力是不够的，还必须培养孩子的自我控制能力，引导注意力服务于某一特定的学习目的和任务。

【方法指南】

任何一个孩子的观察和注意能力都不是与生俱来的，必须借助于后天的教育、引导和训练等加以培养。为了让孩子养成良好的观察和注意能力，父母应该从提高孩子的观察能力着手，在日常的教育和引导中掌握并应用好如下方法。

（1）为孩子营造提升观察能力的环境和条件。孩子的观察能力可在后天的日

让孩子快乐学习的 52 个方法：
减负增效的家庭教育途径

常观察和体验中培养。大自然和丰富多彩的人文世界是提升观察能力的最好课堂。父母可以引导孩子观察瞬息万变的自然现象和人文景观，例如日月星辰、雪雨风霜、雷鸣闪电、花草树木、鸟兽虫鱼、动物园、植物园、美术馆、博物馆和科技馆等。家长应注意选择孩子能够理解的事物，引导孩子多加观察、思考、发现和总结，培养孩子的观察能力。此外，父母可以在家里为孩子营造适合观察的条件，例如，种一些花草树木、养一些金鱼、蜗牛、蝌蚪、春蚕之类的小动物，一方面给孩子带来观察的兴趣，另一方面培养孩子的爱心和责任心。只有经常性地对孩子进行有针对性的训练，他的观察能力才能得到持续地提高。

（2）激发孩子的学习兴趣，引导孩子明确做事的目的和任务。兴趣是孩子进行观察和集中注意力的强大心理动力。在日常教育过程中，父母一方面应通过表扬、鼓励、欣赏和确认放大等方法不断激发孩子的学习兴趣，另一方面要引导孩子明确做事的目的和任务，同时教给孩子必要的做事方法，引导孩子抓住事情的本质，由浅入深，循序渐进，慢慢养成专心致志的做事习惯。

（3）引导孩子注意事物的广度和深度。孩子的注意力不集中的另外一个重要表现就是不能同时观察多个事物。为了提高孩子注意事物的广度，除了带孩子经常接触丰富多彩的大自然外，还可以通过日常小游戏来提高孩子注意事物的广度。例如，在孩子面前摆放上小汽车、气球、童话书、音乐盒、口琴等多种物品，让孩子观察几秒钟后闭上眼睛，父母趁机迅速拿走几样物品，然后要求孩子睁开眼睛并指出少了什么物品。也可以带孩子在小区的停车场同时观察三到五辆车的车牌号或品牌标志，然后闭上眼睛分别讲出来。为了培养孩子注意事物的深度，可以引导孩子养成同一时间专注地做好一件事的习惯，也可以引导孩子养成持之以恒和精益求精的做事习惯。

（4）引导孩子提升自信心和安全感。如果孩子缺乏应有的自信心和安全感，也会出现注意力不集中的问题。因此，父母要引导孩子掌握正确的目标管理方法，循序渐进地获得成就感，增强自信心。父母在于孩子的沟通过程中，也应该多用正面暗示，少用负面标签。家长可以多说"我们家孩子的注意力太集中了！""我们家孩子学习时真是太专心了！"等。此外，父母要给孩子营造一个温馨和谐的家庭环境，用行动和语言让孩子感觉到父母将会永远无条件地关爱自己，从而消除恐惧感，强化安全感。

（5）为孩子提供专心致志做事的成长环境。孩子无论是在学习，还是在玩游戏（哪怕是搭积木这种简单的游戏），父母都不要以关心之名去打扰或分散孩子的注意力。有些父母打着爱孩子的旗号，亲手削弱了孩子的注意能力。当孩子在聚精会神地学习或玩游戏时，一会削个苹果送过去，一会又送一杯开水或饮料；一会关照要保持距离、注意保护眼睛，一会又提醒多穿件衣服、当心感冒；一会批评孩子不对，一会又表扬孩子表现不错等，这种做法既分散了孩子的注意力，又弄得孩子心烦意乱，根本谈不上专心学习。因此，父母要给孩子提供专心致志的学习和做事环境。

（6）给孩子一个明确的完成任务的期限。父母在日常教育孩子的过程中，可以根据作业量以及孩子的年龄特征设定完成任务的期限。例如，为了让孩子集中注意力在8点之前完成家庭作业，父母可以告诉孩子："像你这么聪明的孩子，爸爸觉得你只要集中注意力，8点前肯定能将作业做完。如果你能在8点之前完成作业，后面你可以自由安排自己的活动。如果从周一到周五都能在8点前完成作业，那这个周末就可以按照约定带你去动物园了。如果8点之前完不成作业，累计达到两次那这个周末去动物园的安排就只好取消了。"父母在信任的基础上将选择权交给孩子，同时告诉孩子正确的方法：集中注意力，那么孩子在8点前完成作业就没有什么问题了。要注意的是，要求孩子设定学习期限时，时间既不能太长，也不能要求孩子长时间做同一件事。这些都会导致孩子的注意力不集中。

（7）引导孩子养成有规律的生活和学习方式。孩子每天的生活节奏以及各种学习和非学习活动的安排方式都会影响到孩子的注意力。父母要从如下方面着手引导孩子养成有规律的生活和学习方式：一是养成早睡早起的生活习惯，保持充沛的精力；二是让孩子的生活和学习有张有弛、动静交替，持续学习一定时间后，可以离开书房出去散散步，呼吸一下新鲜空气；三是学习时，注意理科和文科交替学习（例如数学和语文交替学习就是一种保持注意力集中的有效方法）。

（8）引导孩子逐渐提高自我控制能力。众所周知，自我控制能力越强，孩子的注意力越集中。当出现了新事物或新刺激时，成人可以控制自己不分散注意力，但是孩子却很难做到。因此，父母可采用如下方法引导孩子从小学会约束自己：一是通过平等、尊重等方法帮助孩子形成积极的自我意识，学会对自己负责；二是引导孩子学会目标管理，养成不达目的不罢休的学习和做事风格；三是激发孩子对学习的兴趣；四是通过亲子互动参与提高注意力的小游戏等逐渐提高孩子的自我控制能力；五是不能让孩子长期在绝对安静的环境中学习和成长，可以人为地设定一些干扰因素，帮助孩子提高抗干扰能力。毛泽东青年时在湖南第一师范学校求学，经常去城门洞专注读书就是提高抗干扰能力的典型例子。

【经典案例】

引导孩子学会观察和思考

在现实生活中，很多小学生对眼前的东西似乎视而不见，这样下去不仅会影响孩子的思维，而且还会阻碍认知发展。正如"巧妇难为无米之炊"那样，任何思维都需要建立在具体形象的事物上，有了观察能力，事物的各种变化才能尽收眼底，并被用作思考的材料，智慧才会增长。孩子进入小学后，原来家庭生活中的所见所闻已经不够满足他们思维的需要，只有通过观察，扩大对周围环境的认识，同时引导孩子对周围世界里的各种事物、现象、依存关系和相互联系等进行积极思考，理解他们之间的复杂关系，进而解决学习和人际交往中的各种问题，这样，孩子才会变得越来越聪明。

为了扩大孩子的观察范围，积累丰富的思考素材，父母要创造条件，让孩子拥有广博的阅历，亲身感受到"百闻不如一见"。正如德国著名教育家卡尔·威特在教育自己的孩子那样，只要有时间，就带孩子去参观博物馆、美术馆、动物园、植物园、工厂、矿山、医院和保育院等，以开阔他的视野，丰富他的见识。每次参观回来，都会让孩子详细描述所见到的一切，或者让他向母亲汇报。孩子5岁时，卡尔·威特就几乎带着孩子游遍了德国所有的大城市。在旅途中，既登山，也游览名胜；既寻找古迹，也凭吊古战场。回到旅馆，就让孩子将所见所闻写在纸上，寄给母亲和亲友。回家后，孩子还要详细地向母亲做口头汇报。

此外，为了提高孩子的观察和思考能力，父母要注意从细节做起。例如，不要对孩子照顾过多，让孩子学会自己的事情自己做；遇到难题不要让孩子轻易获得答案，引导孩子通过努力和思考寻找答案；孩子有需要时要让孩子学会等待，引导孩子养成精益求精的做事习惯等；父母不要对孩子吹毛求疵，积极引导孩子找到解决问题的办法等。

6.6 激发想象力和创造力：创新之本，进步之源

人类迄今为止最伟大的科学家爱因斯坦说过："想象力比知识更重要，因为知识是有限的，而想象力概括着世界上的一切，推动着进步，并且是知识进步的源泉。"由此可见，想象力是人的伟大而独特之处。创造力则是指产生新思想、新发现和创造新事物的能力。想象力将直接决定着创造力的广度和深度。对于孩子来说，想象力可以无边无垠，但最终都要回到正在学习的内容或正在解决的问题上来。无论想象多么荒诞不可理喻，最终都要有助于解决问题或者产生绝妙的创意。因此，父母要有意识地采用科学的态度和方法激发孩子的想象力和创造力，让孩子在创造性学习和创造性活动中逐渐实现轻松学习和快乐学习。

【理念剖析】

想象力是人的大脑在已有形象的基础上，在头脑中创造出新形象的能力。例如，当你说起汽车，孩子马上就能想象出各种各样的汽车形象就是想象。当人们朗诵诗歌"天苍苍，野茫茫，风吹草低见牛羊"时，孩子马上就能想象到相应的草原美景。由此可见，想象力是在孩子头脑中创造一个念头、思想或画面的能力，其中又可分为再现性想象和创造性想象两大类。想象力可以将孩子带入一个虚拟世界，实现实际生活中不可能实现的梦想。因此，想象力一方面是人类创新的源泉，另一方面也能让人类享受快乐、体验惊奇和自由，同时体验到现实生活中无法获

52 让孩子快乐学习的 52 个方法：
减负增效的家庭教育途径

得的感受。例如，法国著名科幻作家凡尔纳（J·Verne）写的科幻小说中对未来的想象就催生了后代的许多发明创造。无线电通信技术的发明者之一，意大利科学家马可尼（G.M.Marconi）说过："凡尔纳使人有预见。他希望人们能创造新事物，鼓励人们去实现伟大的幻想。"而被誉为"潜艇之父"的莱克也认为"凡尔纳是我一生事业的总指导。"由此可见，想象力可以只存在于头脑中，可以漫无边际和天马行空，也可以千奇百怪，它对科学发现和技术发明起着先导性和前瞻性的作用。

丰富的想象是创造的翅膀，但有了想象力，还得有能力将想象出来的情景转化为现实，这就是创造力，即产生新思想、发现和创造新事物的能力。它是知识、智力、能力及优良的个性品质等复杂因素构成的一种综合能力。无论是创造新概念和新理论，或者是更新技术，发明新设备和新方法，创作新作品等都需要创造力。因为创造力必须将想象的事物转化为现实，只有将头脑中想象出来的事物转化为实际可操作的成果才是创造力的重要体现。因此，创造力是孩子智力和学习能力的综合标志，是能否成才以及获得好成绩的重要因素。每一个正常的孩子都拥有巨大的创造力潜能，只要父母能够掌握科学的教育理念和方法，了解并欣赏自己的孩子，给孩子一个自由广阔的空间，一方面努力提高孩子的智力水平，另一方面积极关注和培养孩子的非智力因素（兴趣、意志、性格和情感等），最大限度地激发孩子的创造潜能。

【方法指南】

父母要从小重视培养孩子的想象力和创造力，只要顺应规律，方法得当，孩子的想象力和创造力将能得到极大的激发。为了培养孩子丰富的想象力，父母可以从如下方面着手。

（1）引导孩子自己的事情自己做。父母要引导孩子成为生活和学习的主人，而不是为孩子包办一切。手和脚的每一条神经都与大脑相连，受大脑中枢神经的支配，手脚的不同动作以及手脚的协同运作又将进一步促进大脑的发育。大量的研究表明，勤于动手的孩子更富想象力和创造性。因此，在日常生活中，父母要引导孩子学习"自己的事情自己做",让孩子自己收拾文具、床铺、卧室,自己洗袜子、内衣,自己背书包等。此外,父母还应该让孩子做到"家里的事情帮着做",在帮助家里和父母做事的过程中,不仅可以训练和开发孩子的大脑神经,还可以培养孩子对家庭的责任感以及对父母的感恩之心。

(2)引导孩子动用各种感官体验不同的感觉。父母要引导孩子从小尽量体验各种不同的感觉。一般而言,孩子每天更多地生活在视觉世界中,对其他感觉缺乏必要的体验和锻炼,例如触觉、听觉、嗅觉、味觉等对想象力和创造力的培养也非常重要。因此,父母不妨让孩子戴上眼罩,依靠听觉和触觉等感觉周围的世界。让孩子认准一个目标,然后带上眼罩找到那个目标。让孩子试着闭上眼睛听故事,肯定会和睁着眼睛有不同的感觉。此外,音乐也可以激发孩子的想象力,尤其是没有歌词的音乐。听完一首音乐后,父母可以和孩子讨论听到了什么、感受到了什么,是鸟语花香,还是狂风暴雨?是宇宙漫步,还是时空穿越?是阳光明媚,还是雾霭沉沉?这些都是培养孩子想象力的有效途径。

(3)引导孩子参与想象力拓展游戏。想象力经常与发散思维紧密联系。因此,父母可以经常引导孩子一起参与想象力拓展游戏。这种游戏可以通过日常生活中一件具体的物品来展开,例如,喝完饮料的易拉罐还能有什么用途?家里的电视机有哪些功能和作用?另外,这种游戏也可以引导孩子多做假设,展开联想和想象。例如,假如我是一粒种子,怎样才能发芽?发芽后是什么样的?能用肢体比划出来吗?想象 10 年后一个典型的早晨等。

(4)引导孩子实现左右脑同步开发。人类大脑的左半脑主要负责语言、概念分析、逻辑推理和分析计算等功能,而右半脑主要负责情感、综合、想象、创造和直觉判断等功能,因此,引导孩子从小积极开发右脑将有助于提升孩子的想象力和创造力。在日常生活中,父母应引导孩子经常性地使用左手等左半身的部位,尤其是引导孩子习惯性地左右手并用,例如,平常多做右手画方,左手同时画圆的游戏;平时有意识地练习左手拿勺,右手同时拿筷;熟练掌握一项乐器爱好和体育爱好等;在与孩子玩锤子剪刀布游戏时,尽量让孩子用左手出招等,这些都将能很好地促进左右脑同步开发。

让孩子快乐学习的 52 个方法：
减负增效的家庭教育途径

（5）引导孩子培养爱好阅读的习惯。阅读是由连续的、富有形象性和逻辑性意义的组合，可以促使大脑主动去进行富有想象力的创造性思维，因此，阅读是培养想象力的土壤。因此，父母要引导孩子多看一些童话、神话和科学幻想等方面的书籍，等孩子稍大后（能够分清幻想与现实的区别）可以看科学发明、名人传记、历史地理等方面的图书和文章，在阅读中开阔视野以及培养想象力。在读书的过程中，还可以引导孩子参与故事接龙，即给孩子提供故事起因，让孩子推动故事的经过和结果，也可以提供故事的结局，启发孩子想象故事的起因和经过，或者是让孩子变换角度改编故事等。总之，无论是引导孩子好好做人，还是想让孩子不断提高学习成绩（包括文科类课程如语文等，也包括理科类课程如数学物理等），广泛阅读、爱好阅读都是最有效的途径。欧阳修所说的"立身以立学为先，立学以读书为本"就是这个道理。

在激发并培养孩子想象力的同时，父母还应该有意识地注重培养孩子的创造力。为了培养孩子的创造力，父母要明确如下原则：一是要注重孩子的智力因素和非智力因素的同步开发；二是要注重孩子的想象力和创造力的同步培养；三是要做到日常生活和学习的有机结合。在遵循这些原则的基础上，父母可以采取下列方法以不断提高孩子的创造力。

（1）激发并放大孩子的好奇心。好奇心是孩子与生俱来的一种天赋特征。在后天成长的过程中，父母如果能够善待孩子的好奇心，通过科学的教育和引导不断激发并放大孩子的好奇心，那将极大地促进孩子创造力的开发。为了激发孩子的好奇心，父母要引导孩子勇于提问、善于提问，在日常生活和学习中引导孩子发现问题并提出问题，凡事多问几个"为什么"。面对孩子的"为什么"，父母最正确的对待方式应该是先让孩子给出自己的答案，让他有机会自主思考。如果孩子想不出正确的答案，父母应引导孩子通过自己的努力寻找到正确的答案，父母也可以针对孩子的答案继续提出新问题，借机让孩子有机会进行更深入更全面的思考，或者以此为契机激发孩子读书求知的欲望。这些都将很好地促进孩子创造力的萌芽和生长。

（2）鼓励孩子独立做事自主判断。创造力离不开独立的判断能力，要培养孩子的独立性和自主判断能力，父母不仅要培养具备独立的生活和做事能力，还要引导孩子具有独立的思想。一方面，父母要鼓励孩子从小养成独立做事的习惯，让孩子动手完成一些力所能及的事情。另一方面，父母应在日常生活中鼓励孩子独立思考自主判断，不盲从、不迷信，善于从多角度、多方面思考问题，既看到事物的不足，也看到事物的优势，勇于探索并发表独特的见解。当孩子遇到困难或挫折时，要鼓励和启发孩子积极想办法克服和解决，但不能越俎代庖。这些都将有利于培养孩子的独立做事自主判断能力。

（3）善于肯定并欣赏孩子的作品。每个孩子的眼中都有一个绚丽多彩的世界，他们也会通过丰富多彩的方式展现自己的心灵世界，虽然这些展现方式有时候显得非常稚嫩。智慧的父母要学会仔细聆听孩子的心声，学会肯定孩子的每一次表现，学会欣赏孩子的每一个小创意。一个新词语，一句新表达，一首不成调的歌曲，一个表达不太清晰的童话故事，父母都要由衷地发出赞叹，鼓励孩子继续努力，不断创造出更多的作品。那样，孩子的"创作"灵感将被有效地激发出来。如果父母经常否定孩子的作品，当孩子将作品展示给父母时，父母总是对孩子说"不"或者指责挑剔作品中的缺点和不足，那么孩子将会越来越沮丧，甚至会觉得自己很笨，越来越自卑，最终失去了创造的动力和能力。

（4）呵护并鼓励孩子进行创造性尝试。孩子对于他所接触到的每一件新鲜事物都充满着好奇，总想探个究竟。例如，孩子想知道灯泡为什么会发光？摇椅为什么不会倒？收音机为什么会发出声音？电视机为什么既有画面又有声音？玩具小汽车为什么能跑？有些孩子甚至会动手拆解这些设备和玩具。面对孩子的这些行为，父母不能责骂，更不能暴力相向，而应该呵护好孩子的探究欲。要知道，这种创造性的尝试正是创造力的动力源泉。瓦特少年时代发现壶盖被水蒸汽顶起而惊奇不已，最终受此启发而发明了蒸汽机。

（5）培养孩子良好的创造性人格。美国著名心理学家特尔曼（L.M.Terman）和他的学生西尔斯（R.R.Sears）从1921年一直到1972年用追踪观察法做过一个实验，跟踪研究1500多名智力超常（即智商大于130）的孩子。研究结果发现，在同为高智商的情况下，能够取得杰出成就的那些孩子往往拥有更加优秀的创造性人格。高智力并不一定意味着高成就，反而是那些拥有自信、毅力、努力、热情等良好个性品质的人更容易取得高成就。因此，培养孩子的创造力离不开创造性人格的培养。因此，父母应从小培养孩子浓厚的学习和钻研兴趣、积极乐观的阳光心态、自尊自信的品格特征、勇于担当的责任感、持之以恒的坚持精神以及愈挫愈勇的抗挫折能力。

【经典案例】

不做创造力的"刽子手"

孩子天生富有好奇心和创造力。年幼时，创造力是隐形的，甚至外在的显形状态就是"破坏"。面对孩子的破坏行为，更应该引导、启发和鼓励。孩子在受到鼓励后，就会更加拥有好奇心和创造力，进而发展成解决问题的能力，这种能力非常有助于孩子的玩耍、学习和成长。因此，父母要注意不做孩子创造力的"刽子手"。孩子的创造力是一种能力，是把好奇心、想象力与推理能力结合在一起，是对周围世界改造过程中的新发现。所有父母都能察觉到，孩子一生下来时就具有很强的好奇心，具体表现是活泼好动，不被各种各样的规矩所指控，敢于打破常规，不按成人的模式去思考问题，所以常常会创造出与众不同的事物来。但是在母亲一次又一次的制止或者警告性的话语中，孩子的好奇心和创造力被吞噬，进而毁掉了孩子的伟大前程。

在孩子进行"创造性"活动时，即便孩子的行为、结果过于离奇、幼稚，父母也不要嘲笑，以免打击孩子探知事物的积极性，挫伤孩子的兴趣和爱好。所有的孩子天生就有惊人的好奇心和创造欲。通过动手实践，他们具备了创造力，并把它体现到日常生活中。他们反复尝试，发现问题，然后全力解决。在创造力方面，一个想法可以让位于另一个。有些新想法虽然能够得以实施，但没有什么结果，其他想法却在头脑中形成小规模"爆炸"，瞬间变成三个、四个或更多的新想法。在父母的激励下，学习语言、逻辑、艺术、音乐或进行某种发明创造的孩子，通常都不惧失败。对于运用创造性思维来解决问题的孩子来说，失败具有崭新的含义，是通向成功的起点。

6.7　强化记忆力：记忆是智慧之母

记忆是人类通过大脑对思维活动所需的信息内容进行获取、储存、加工和提取的心智过程。任何阶段的学习都离不开记忆，背诵语文课文，学习数学公式和定理，掌握英文单词等都离不开记忆，因此，拥有过人的记忆能力是孩子获得优秀学习成绩的重要保障。除了储存和再现知识外，记忆的功能至少还可以体现在另外两方面。一方面，记忆是思维的基础，有了记忆，孩子才能积累经验、扩大经验，将当前的反映与先前的反映进行比较、分析、推理和判断。另一方面，记忆是创新和创造的基础。记忆能够使人脑从纷繁复杂的存量信息中提取出有用的信息，并以此为基础进行联想和想象，通过灵感和顿悟进而产生重大创新成果。因此，父母从小注重提高孩子的记忆能力将对孩子的轻松学习和快乐学习发挥积极的促进作用。

【理念剖析】

人类大脑的记忆过程是一个能动的、复杂的认识过程，而不是像容器一样消极被动地储存知识，它需要对识记材料主动积极地进行加工，并使之系统化和概括化。正因如此，记忆对于学习知识和创造知识都发挥着基础性的作用。正如英国哲学家培根说过的那样："一切知识不过是记忆，而创造不过是记忆的应用。"19世纪俄国教育家谢切诺夫也说过："一切智慧的根源都在于记忆。"

根据大脑记忆方式的不同，可以将记忆分为机械记忆、理解记忆和融合记忆三大类（传统的记忆分类只将其分为机械记忆和理解记忆）。机械记忆是指对识记材料没有理解的情况下，仅仅依靠事物的外部联系或先后顺序机械重复识记的记忆方式。这种记忆方式往往效率比较低，很难激发起学习主体的兴趣，暂时记住了也很难保持长久，即使记住了也很难创造性地应用这些知识。相对于机械记忆的就是理解记忆，即在充分理解识记材料的基础上，根据材料的内在联系结合有关经验和方法进行识记的记忆方式。理解记忆的效率很高，容易激发起学习主体的兴趣感和成就感，记住的内容容易保持长久，当遇到合适的情境时也能创造性地应用这些知识，由此可见理解记忆的重要性。实际上，随着孩子年级的提升和学识的增长，还应该创造性地引入融合记忆，即在依靠机械记忆和理解记忆的基础上，将大量新学的知识融入自己已经构建的知识网络中。这种经过融合记忆完善之后的知识网络体系既是孩子创造能力发展的基础，也是孩子在考试时能做到举一反三、融会贯通的重要保障。

此外，记忆能力的高低还与其他基础能力密切相关，包括注意能力、观察能力、思维能力和想象能力等。在提升这些基础能力的同时，还有另外两个非常重要的条件就是学习兴趣和左右脑功能的开发程度。当孩子对学习和识记材料满怀愉悦的心情，带着专注、宁静和祥和的心态去记忆时，大脑中将会分泌出有助于提高记忆能力的激素类物质。这样就使得同样智商的两个孩子，学习兴趣越浓厚者其记忆效率将越高。由于智商反映的是以逻辑思维能力为代表的智力水平的高低，代表着左脑的抽象逻辑思维能力，如果能与右脑的形象创造能力结合在一起，那么孩子的记忆能力将得到几何级数的增长。

【方法指南】

只要是天生智力正常的孩子，经过科学训练和精心培养都可以拥有优秀的记忆能力。除了按照前面的方法不断激发孩子的学习兴趣，逐步提高孩子的注意能力、观察能力、想象能力和创造能力之外，家长还应该在孩子的日常学习和生活中结合下面的方法促进其记忆能力的提高。

（1）注重开发孩子的大脑潜能。记忆能力离不开必备的物质基础，那就是多达百亿计的大脑神经元和突触。为了促进大脑神经元和突触的发育，父母应从小带着孩子经历丰富多彩的现实世界，多接受音乐、绘画等艺术作品的熏陶，从而促进大脑神经元和突触在数量上的迅速增长。等孩子到了5—6岁之后，就应该重点培养孩子做事聚精会神、持之以恒和精益求精的习惯,这既能促进大脑突触向纵深发育,提高孩子思考问题的深度,也是对大脑神经元和突触的最好的优化方式。

(2)注重引导孩子学会体验式记忆。体验式记忆包括两种主要方式。一种是直接的亲身体验,例如,要让孩子熟记古诗"竹外桃花三两枝,春江水暖鸭先知",可以在阳春三月带孩子去相应的南方江河边体验一番,这样的记忆效果将非常好,但是往往要花费大量的时间和精力。另外一种是间接的想象式体验,这种体验式记忆即使坐在教室里或者躺在床上都可以做到。例如,在给孩子讲铁臂阿童木、齐天大圣孙悟空的故事时,可以引导孩子将自己想象成故事中的主人公,然后按照自己的想象去继续补充和发展故事情节。

(3)充分利用每天记忆效率最好的两个时间段。人的大脑在每天有两个记忆效率最好的时间段,父母要有意识地引导孩子充分利用好这两个时间段。一个是晚上睡着之前的半个小时左右,另外一个是早上醒来之后的半个小时左右。孩子如果能利用晚上睡着之前的半个小时,将每天学到的新鲜知识从头到尾复习一遍。如果遇到想不起来的知识,可以在第二天早上醒来后再重点突破。这种记忆模式既可以让孩子对知识有了复习、巩固和提高,又能充分激发孩子的右脑功能,从而实现记忆能力的极大提升。

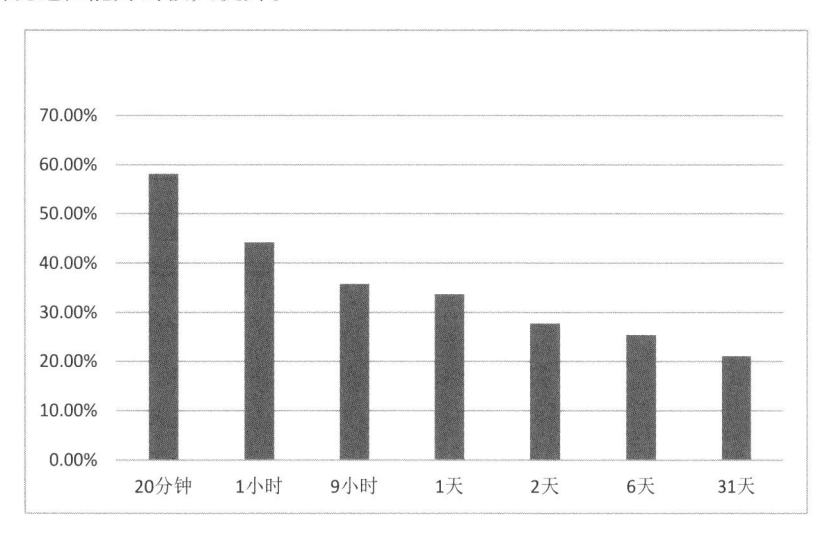

图6—1 艾宾浩斯遗忘规律曲线

（4）科学利用大脑的记忆和遗忘规律。19世纪德国著名的心理学家艾宾浩斯（H.Ebbinghaus）研究发现，刚刚记忆完毕的学习内容会马上开始遗忘，遗忘的速度遵循着"先快后慢"的原则，到了一定的时间之后，几乎就不再遗忘了，这就是著名的艾宾浩斯记忆规律。根据该规律，刚刚记忆完毕的知识能够记住100%，但是随之时间的推移，遗忘的内容会越来越多，记住的内容会越来越少。具体如图6—1所示。

从艾宾浩斯记忆规律曲线可以发现，刚刚记忆完毕的学习内容能保留100%的记忆量，但是20分钟后却只能记住58.2%，1小时后只能记住44.2%，9个小时后只能记住35.8%，一天之后只能记住33.7%，2天之后只能记住27.8%，6天之后只能记住25.4%，31天之后就只能记住21.1%了。由此可见，需要记忆的学习内容一定要及时复习。特别是在5分钟后复习一遍，20分钟后再复习一遍，当天晚上再复习一遍。此后再定期地进行复习，这样就能牢牢记住学习内容了。

（5）好记性不如烂笔头。美国心理学家巴纳特以大学生为研究对象做了一个实验，研究结果发现，不同的学习方式会导致截然不同的学习成绩。一边听课一边自己动手记笔记的同学，他们的成绩最优秀。一边听课一边看笔记，但是不自己动手记笔记的同学，他们的成绩中等。只是单纯听课而不做笔记，他们的成绩最差。该研究结果充分证明，要想提高学习成绩，一定要让孩子养成认真记笔记的习惯。在中国的古谚中，那就是"好记性不如烂笔头"。因为记笔记不仅可以指引并稳定孩子的注意力，还可以加深对学习内容的理解，有助于对所学知识的复习和记忆，是一种事半功倍的记忆方法。此外，让孩子准备一个笔记本，随时记录下自己的感悟、摘录自己看到的名言警句、汇总自己做错的题目（该方法又叫错题本，例如数学可以准备一个错题本，英语也可以准备一个错题本，还可以准备一个积累本等）等。

（6）善用大脑的记忆活动规律。要增强孩子的记忆能力，父母还要引导孩子充分利用大脑的活动规律。概括起来，与孩子记忆能力和记忆效果密切相关的规律如下：一是循序渐进规律，即引导孩子按照由易到难、从简到繁的顺序记忆并掌握学习内容；二是目标导向规律，引导孩子养成良好的目标意识，根据学习需要和自己的实际情况制定明确可行的学习目标；三是熟能生巧规律，父母要引导孩子多读多看多写多背，在多学多练的基础上实现熟能生巧；四是交替记忆规律，也就是文科类和理科类的学习内容应该交替进行，这样更能让大脑保持在高效率的状态；五是劳逸结合规律，根据孩子的年龄特点，在幼儿园阶段，让孩子每次连续学习十到十五分钟左右，进入小学以后，让孩子每次连续学习三十分钟左右，进入中学后，让孩子每次学习四十分钟左右，然后适当休息片刻，从而保持大脑活力。

除了上面介绍的几条重要方法外，提高记忆力还可以从下面的谚语中获得启示和借鉴：背诵是记忆的根本；理解是记忆的基础；重复是记忆的窍门；争论是记忆的益友；趣味是记忆的动力；联想是记忆的捷径；讨论是记忆的伙伴；应用是记忆的媒介；简化是记忆的助手；笔记是记忆的仓库；有图、有序、有趣、有理是记忆的法宝；疲劳是记忆的敌人等。只要父母引导孩子采用正确的方法，一定能在提高记忆力的同时不断提高学习成绩。

【经典案例】

激发孩子记忆兴趣

小林今年刚上一年级，他不是个贪玩的孩子，平时一放学，小林就回家做功课，每天的学习时间都很长。小林的学习态度很认真，可学习成绩并不好，原因就是记忆力差。为了帮小林提高记忆力，妈妈想尽了办法，可是成效都不大。小林说："我也不知道是什么原因，学过的东西很快就会忘掉。"

生理学家认为，脑肽是记忆学习的关键物质，而兴趣使孩子情绪高涨，良好的情绪又可激发脑肽的释放。因此，妈妈应该培养孩子的记忆兴趣，让孩子变被动记忆为主动记忆。小林爱玩汽车玩具。妈妈给他买了一组十只装的小汽车玩具，小林在玩这组汽车的游戏中，很快就识别了小轿车、吉普车、面包车、大客车、消防车、救护车、洒水车、起重车、水泥搅拌车、大货车等，并学会了数1—10这10个数。

要激发孩子对记忆的兴趣，妈妈要给孩子创设一个轻松温馨的氛围，让孩子心情舒畅地进行记忆。孩子在精神放松的状态下进行记忆，不仅记得快，而且记得牢。因此，妈妈应该想办法引导孩子高高兴兴地学习。如果一边责骂孩子，一边要孩子学习，这时孩子的记忆效果肯定是不好的。

6.8 提高阅读能力：读而精思，学必轻松

阅读作为人类社会的一种重要活动，是人类特有的，最普遍、最持久的学习行为，是人类传承文化、获得知识、认识世界的最重要的途径之一。有了阅读才能有个体的心灵成长，才能有个体精神的发育。阅读不仅能通过获得健康知识而增加人生的长度，还可以增加人生的宽度和厚度。阅读不仅能改变人的音容笑貌，还可以改变人的品位和气质。不仅如此，阅读能力还将直接决定孩子的学习成绩。无论是数学、物理和化学等理科类的学习，还是语文、英语和政治等文科类的学习，都必须具有良好的阅读能力。我国出台的国家层面的"语文课程标准"中明确规定，小学生的课外阅读文字总量不少145万字，初中生不少于260万字，高中生不少于150万字，整个中小学下来的阅读量应该在500—600万字之间，这只是一个最低限度的阅读要求。真正要形成优秀的语文能力，中小学阶段的阅读量至少要达到3000万字以上。由此可见，阅读能力是父母应该引导孩子从小养成的最重要的基础能力之一。

【理念剖析】

阅读是阅读主体对读物的认知、理解、吸收和应用的复杂心智过程，是现代文明社会中人们不可或缺的智能活动，也是孩子提高学习成绩的最重要的途径和手段。由于"书籍是人类进步的阶梯"（高尔基），而书籍又包含了孩子无法亲身体验获得大量的间接知识，因此，书籍中包括了大量的、超越现实生活的信息，通过阅读，不仅能大大开阔孩子的视野，还能让孩子的"语言系统"发育得更好，还可以让孩子的"智力背景"更为丰富，这些都是提高孩子思维能力和学习能力

必不可少的内容。正如心理学家皮亚杰、布鲁纳和奥苏贝尔等人的学习理论表明的那样：思维发展与语言系统的发育密切相关；学习新知识依赖已有的智力背景。正因如此，著名教育家苏霍姆林斯基对阅读与学习能力的关系进行过精辟论述："30年的经验使我深信，学生的智力发展取决于良好的阅读能力。"原因在于，"缺乏阅读能力，将会阻碍和抑制脑的极其细微的连接性纤维的可塑性，使它们不能顺利地保证神经元之间的联系。谁不善阅读，他就不善于思考。"不善阅读的坏处非常明显，"为什么有些学生在童年时期聪明伶俐、理解力强、勤奋好问，而到了少年时期，却变得智力下降，对知识的态度冷淡，头脑不灵活了呢？就是因为他们不会阅读。"但是，"有些学生在家庭作业上下的功夫并不大，但他们的学业成绩却不差。这种现象的原因，并不完全在于这些学生有过人的才能。这常常是因为他们有较好的阅读能力。而好的阅读能力又反过来促进智力才能的发展。"

在孩子的学习过程中，成绩非常重要，但并不是最重要的。尤其是在小学和初中阶段，分数之间的差距如果在5—10分之间就没有本质的差异，只要引导方法得当，孩子的潜力得到充分激发，随时有可能发生逆转，但是孩子的课外阅读量以及阅读兴趣之间却存在着本质的差异，这些都将对孩子在中小学和大学阶段的学习成效发挥举足轻重的作用。

【方法指南】

正是因为阅读能力对于孩子的学习和成长如此重要，很多父母都非常注重培养孩子的阅读兴趣，提高孩子的阅读能力。大量的理论研究和实践经验已经证实，孩子阅读能力的高低并非与生俱来，而是后天培养、教育和训练的结果。为了不断提高孩子的阅读能力，父母不妨掌握并应用好如下方法。

（1）注重营造亲子阅读的良好家庭氛围。美国著名的阅读研究专家吉姆·崔利斯在《朗读手册》中说过："你或许拥有无限的财富，一箱箱珠宝与一柜柜的黄金。但你永远不会比我富有，我有一位读书给我听的妈妈。"著名教育家苏霍姆林斯基也说过："所有那些有教养、品行端正、值得信赖的年轻人，他们大多出自对书籍有着热忱之家庭。"在孩子的成长过程中，如果父母经常给学龄前的孩子朗读各种故事,那么这些故事会在他们幼小的心灵中留下难以磨灭的深刻印象,这是学前教育的重要课程,也是激发孩子学习潜能的重要途径。

(2)培养孩子喜欢阅读的良好习惯。良好的阅读习惯一旦养成,孩子将进入一个自觉学习、快乐学习的上进轨道。当孩子还在3岁左右时,父母应该多带孩子去新华书店或图书城,让孩子感受到那里浓郁的读书气息。如果孩子拿起书翻看,不管他是能看懂,还是不能看懂,父母都应该给予及时的认可和表扬。等孩子稍微大些时,父母可以通过表扬和奖励等方式引导孩子每天读些小故事,刚开始时可以每天读一篇,过一段时间后可以适当读点更长一些的故事,或者增加到每天阅读2—3个小故事。通过循序渐进的方式和饥饿疗法,慢慢激发出孩子的阅读兴趣。渐渐地,孩子便能养成每天阅读的好习惯。

(3)引导孩子在一定范围内自主选书。不少父母喜欢为孩子买各种各样的书,但是买回去后才发现,孩子对父母买回去的书并不感兴趣,更不会好好阅读。一方面是因为孩子对父母选择的书没有兴趣,另一方面则是因为每个人的内心深处都有自我决定的需要,对于他人强加给自己的东西会产生天然的反感。如果父母能充分尊重孩子的兴趣爱好,在一定范围内放手让孩子自主选择,挑选自己喜爱的图书,那么买回来后才能认真阅读。正所谓"我的图书我做主,自主读书有快乐"。除了让孩子按照自己的兴趣挑选自己喜爱的图书外,父母也需要适当引导孩子阅读一些他暂时并不喜欢的书,那就得培养出孩子的阅读兴趣。如果父母没有找到合适的激发孩子阅读兴趣的方法,那还不如暂时别让孩子读书。如果父母采取强迫孩子的方式将孩子的逆反和厌学情绪激发出来了,那将对孩子后续的学习和成长产生非常不利的影响。

(4)营造家庭内部浓郁的"书香"氛围。父母做榜样的力量非常巨大,不仅会影响到孩子的学业,还将影响孩子的一生。阅读方面也是如此。"童话大王"郑渊洁曾经说过一句经典的话:"如果说想要孩子喜欢看书,首先你要看书。"只要父母在家里制造浓郁的读书氛围,以身作则去读书,那么孩子就会耳濡目染,久而久之也会喜欢上读书。例如,我有个朋友想让孩子读《西游记》,他亲自去新华书店将书买回来,然后叮嘱孩子每天晚上要看完一回。可是由于缺乏兴趣,孩子每天都很难完成任务。于是，父母干脆不让他看了，改为两人提前看一回《西游记》，然后在餐桌上眉飞色舞地讨论孙悟空如何厉害，猪八戒是多么地贪吃等。当孩子带着羡慕的眼光追问父母咋知道这么多内容时，父母便告诉他都是从书里看到的。从此之后，孩子也加入了父母的读书和讨论小组，一起享受着美好温馨的家庭阅读时光。

（5）耐心辅导，恒心坚持，切忌急功近利。为了引导孩子建立喜欢阅读的习惯，父母一定要具有耐心与恒心。这点对孩子长期保持阅读兴趣至关重要。有些父母在孩子刚开始接触阅读的时候，没有耐心去培养，觉得这么简单的故事孩子都读不流利，心中逐渐烦躁了；另外一些父母则认为，等孩子大了自然就能阅读了，没必要从小弄得大人小孩都不愉快。这些都是不利于提高孩子阅读能力的简单而粗暴的做法。因此，父母在培养孩子阅读的时候要有耐心，从短小有趣的故事开始，循序渐进，并一直坚持下去。长此以往，孩子定能成为一个喜欢阅读、喜欢学习的优秀学生。

（6）引导孩子少看电子产品，多读名著。以电视和手机为代表的电子产品已经成为现代城市家庭生活中必不可少的休闲娱乐工具，这些电子产品可以增长孩子的见识，开阔孩子的视野，扩大孩子的知识储备量。在学前阶段，可以让孩子每天适当地看看电视（不能超过1个小时），进入小学阶段以后，如果孩子仍然过度沉迷于电视等电子产品（一般将每星期看电视等电子产品的累计时间超过16个小时为标志），势必对学习产生非常不利的影响。那些看似热闹的娱乐节目（包括各种短视频）不仅会对孩子产生不良的影响，甚至还会成瘾，而且那些根据名著改编的电视剧也不一定就对孩子有利。如果孩子第一次接触名著（例如《西游记》《三国演义》等）是通过电视剧的形式，那么这会对孩子的阅读兴趣、想象能力和创造能力等产生一定的影响。因此，在看名著类的电视剧之前，要引导孩子多看原著。一般而言，小学高年级开始阅读我国古典长篇小说中的四大名著等已经没什么问题了。

让孩子快乐学习的 52 个方法：
减负增效的家庭教育途径

【经典案例】

"亲子阅读"益处多

美国读书协会前主席鲁斯·格雷沃斯先生认为："现在，在一些家庭中有一种怪现象：父母喜欢看书，却往往等到孩子上床入睡之后才坐下来看，结果，孩子竟一直不知道自己的爸爸妈妈也喜欢看书。真可惜！"对此，专家们认为，在家里，父母应尽可能多地和孩子在一起看书，做孩子的阅读榜样。同时，家长还可经常与孩子在一起交流读书的方法和心得，鼓励孩子把书中的故事情节或具体内容复述出来，把自己的看法和观点讲出来，然后大家一起分析、讨论。如果经常这样做，孩子的阅读兴趣可能就变得更加浓郁，孩子的阅读水平也将逐步提高。

亲子阅读，又称"亲子共读"，指在家庭中大人与孩子一起阅读。从阅读内容看，除了核心的阅读环节外，亲子阅读可从选书的时候开始，一直到阅读之后的交流和分享，形成"选书—读书—聊书—再选书—再读书……"这样一个循环立体的过程。从共读的形式上看，亲子阅读可以是大人读给孩子听，也可以是孩子读给大人听，也可以是大人读给大人听，还可以是孩子读给孩子听，也可以是自己读给自己听（默读或读出声音）；除了"读"的形式，还可以有表演、图画、手工、实验等多种形式。最重要的是，大人要与孩子一起享受这个过程。只要孩子感受到了阅读的快乐，后续养成好的读书习惯就是水到渠成的事了。

第 7 章

激发孩子快乐学习的十大教育方法

要让孩子感受到学习的快乐，千万不能一味地就学习谈学习。父母应该从如何激发孩子的自我价值感、学习动力、学习兴趣、学习自信心、学习责任感等的教育理念和方法着手，为孩子全方位地营造一个快乐学习的成长氛围。

7.1 真爱无价：爱是智慧和成功的催化剂

孩子的成长可以从"物理世界"和"精神世界"两个层面进行理解。在物理世界，孩子的成长离不开糖类、脂肪和蛋白质等物质食粮；而在精神世界，支撑孩子精神人格成长的动力来源就是父母对孩子无条件的爱。从心理学角度看，爱是一种情感，是一种对人或事物亲近、关切、扶持和投入的心理状态。爱能带来智慧，爱能助人成功，爱能解决孩子成长中遇到的许多问题。

有这么一则美丽的传说，智慧天使、成功天使和爱的天使一起来到人间。一位母亲想邀请他们三位到家里去做客。智慧天使说："我们三位有个约定，只能有一位去你家。你回家商量一下，看选择我们中的哪一位。"这位母亲思索了一下，决定要把爱的天使请回家。她问："哪一位是爱的天使？请到我家做客吧！"爱的天使立即起身朝屋里走去。奇怪的是，另外两位天使紧跟着也进来了。母亲惊讶地问："你们两位怎么也进来了？"两位天使回答道："我们与爱是紧密相随的。哪里有爱，哪里就有智慧与成功！"没有爱，也就没有了智慧，也不可能有成功。由此可见，爱才是智慧、成功和成长的基础。

第 7 章
激发孩子快乐学习的十大教育方法

【理念剖析】

早在两千多年前,我国的著名思想家孔子就提出了"仁爱"的思想,墨子则提出了"兼爱"的思想,他们论述的都是爱在教育中的重要性。随着时代的发展,国内外大量的教育家也对爱在教育中的重要性进行了论述。例如,著名教育家苏霍姆林斯基曾经高度评价了爱在教育中的重要性:爱的教育应该是一切教育过程中的主旋律。我国著名教育家陶行知先生也说过:爱是一种伟大的力量,没有爱就没有教育。

爱是一种伟大的教育力量,但是要充分发挥这种力量必须注意爱孩子的方式。爱不仅可以改变孩子的学习行为,还可能改变孩子的一生,甚至有学者认为"爱是一切孩子成长问题和教育问题的终极解决方案",由此可见爱的力量是多么巨大。应该承认,世界上所有父母都爱自己的孩子,都愿意为了孩子的学习和成长任劳任怨地工作,为孩子成才提供良好的环境。但是,并不是所有的家长都懂得如何科学地爱孩子。只有用科学的方式将爱传递给孩子,才能显示出父母之爱的伟大并发挥应有的教育作用。如果家长不能用正确的方式爱孩子,那么不仅爱会把爱变得苍白无力,而且很有可能会对孩子造成巨大的身心伤害。

在现实生活中,很多父母恨铁不成钢,虽然内心深处也深爱着自己的孩子,但却在下意识里使用简单、传统、粗暴的方式对待孩子,从而一不小心就打着爱孩子的旗号伤害了孩子。例如,当父母发现孩子没有按照自己的要求好好学习,或者没有达到自己期望的标准,或者是在学校因调皮捣蛋受到老师和学校的批评时,很多父母轻则对孩子大吼大叫、指责唠叨,重则拳脚相加,他们信奉"打是亲,骂是爱,不打不骂是祸害"的错误理念。在这种"爱"的环境下长大的孩子,不仅会过分压抑和隐藏自己的情感,还会对父母所谓的"爱"产生不满和憎恨之情,进而慢慢地对学习产生厌烦和抵触情绪,这样也就很难从学习中找到成就感和愉悦感了。

52 | 让孩子快乐学习的 52 个方法：
减负增效的家庭教育途径

【方法指南】

爱孩子不仅是一种语言上的表达，更是给予心灵上的温暖和行动上的支持。正确地理解并科学地爱孩子是每一个父母的必修课。

（1）爱是一个生命发自内心地喜欢另一个生命的感情，与物质条件好坏之间没有必然的联系。因此，无论是贫穷，还是富有，孩子都能感受到父母的爱。生活在有爱的家庭，哪怕是吃窝头、啃咸菜，孩子也能找到幸福的感觉。生活在没有爱的家庭，哪怕是天天山珍海味，孩子也找不到幸福感。

（2）爱是一种相互尊重和平等的关系。父母不能因为自己是成年人而对孩子颐指气使，更不能对孩子采取各种形式的暴力手段。正如著名诗人纪伯伦所说的那样：孩子来自于你的身体，但并不属于你，你可以给他们爱，但不能塑造他们的思想。当孩子还小时，如果父母在与孩子对话时，能够主动地蹲下来，与孩子的视线处在同一个水平高度，这种被称为"蹲式教育"或"民主教育"的方式将能让孩子直观地感觉到来自父母的平等对待和尊重。

（3）爱是一种整体接纳的关系。既然爱孩子，就不能只接受他的优点，要从整体上接纳自己的孩子。无论是成绩进步了，还是退步了，无论是取得了成就，还是遇到了困难和挫折，父母都要一如既往地爱自己的孩子，为自己的孩子提供无条件的支持和帮助，这样才能让孩子一直对学习保持着昂扬向上的精神状态。很多父母实际上爱的是自己心目中的孩子，而不是现实生活中不够完美的真实鲜活的孩子。这实际上是一种打着爱孩子旗号的自私。

（4）爱孩子应该是无条件的。如果说非要为爱找一个理由的话，那也只有一个理由，因为这个生命是我们的孩子。如果孩子的成绩提高了，在班上或年级的排名进步了，家长就眉飞色舞；如果孩子的成绩退步了，在班上或年级的排名退步了，家长就横眉冷目，那么孩子就会感觉到父母的爱是建立在"成绩好"这一条件之上。如果父母对孩子的爱是建立在"成绩好"等外在条件的基础之上，那么其本质就会变成是父母爱自己（或爱自己的面子）胜过爱自己的孩子。

（5）爱孩子不能是无原则的溺爱。虽然爱孩子应该是无条件的，但不能是无原则的。爱孩子不是为孩子包办一切，而是为其独立成长创造必要的环境与条件。正如弗洛姆所说，想检验一个母亲给孩子的爱是否优质，有一个"试金石"，即母亲是否愿意充分地对孩子放手，是否愿意推动孩子自主和独立成长。

（6）爱必须能让孩子感觉到。也就是说，爱的有无是由被爱者决定的，而不是由施爱者决定的。如果孩子没有感觉到，父母再多的付出也无法达到激发孩子上进的教育效果。父母对孩子的爱再深沉，都必须得让孩子感觉到，我国很多父母一方面在辛辛苦苦地为孩子奔波，另一方面却无法让孩子感受到自己的爱，从而产生了各种各样的家庭教育问题，进而影响到了孩子的学习和成长，其原因就在于很多父母缺乏应有的爱孩子的智慧。正如2011年中央电视台春节联欢晚会上，林妙可在儿歌《爱我你就抱抱我》中所唱的那样："爱我你就抱抱我，爱我你就亲亲我，爱我你就夸夸我。"此外，我们还可以加上两句：爱我你就陪陪我，爱我你就告诉我。正如2018年央视春晚节目《学车》中的台词说的那样：爱情保鲜靠表白，爱她就要说出来。这个道理同样适用于父母爱孩子，只有用这些日常行为让孩子真切地感受到父母的爱，才能不断激发出孩子上进的动力。

【经典案例】

爱也需要正确表达

女儿在镜子前照来照去，全然不顾我投去的不满眼神。"老妈，你看哪种搭配好看？"她喜滋滋地问。我终于忍不住怒火了："马上就要期末考试了，你还有闲心照镜子？太不像话了！"本以为女儿听了会乖乖去学习，没想到她却顶撞了我："你照得比我还多呢！抹口红要照，描眉还要照，更别说换衣服、穿鞋子都要照一照。"

我更生气了："你有什么资格跟我比？我一不用学习，二不用考试！"但女儿却不停地还嘴。我的火气越来越大了，直冲到她面前大吼："你给我闭嘴！难道我穿一千元一件的衣服你也要穿吗？"

女儿不敢大声顶撞了，小声嘟囔道："家长作风！和英语老师一样！每次都得D。"

我猛地怔住了。女儿学校经常让学生填调查表，关于师德的。一共分四个档，D最差。因为无记名，学生毫不掩饰自己的态度。英语老师因为爱训人，经常体罚学生，每次都得D。其他老师有A也有D。但地理老师每次都得A。

"你们地理老师真那么好？没一个人讨厌她？"我曾好奇地问过女儿。"王老师太好了。你猜她一上讲台对我们说什么？她说：'来，孩子们，我们开始上课。'"女儿回答。

"你们不可能一直表现好，犯了错误她也不发火？"我更加好奇。

"不发。她会说：'来，孩子，告诉老师你想什么呢？'于是，我们都不好意思犯错误了。"

来，孩子们。老师凭一句话就赢得了学生。而我呢？为什么不能和颜悦色地和女儿讲道理呢？来，孩子……我向女儿伸出了手。

女儿怔住了："妈妈，你不生我气了？对不起，我没想和你顶撞……"

7.2　由衷欣赏：科学欣赏激发无限潜能

如果说爱孩子是绝大部分家长都具有的心理状态的话，那么正确地欣赏孩子却并不是每个家长都能做到的。随着时代的进步和科学教育理念的普及，越来越多的父母已经明白了欣赏在激发孩子学习兴趣中的重要性，同时也对赏识是人性中最深切的心理动机有了越来越深刻的认识。但是，要正确发挥赏识在引导孩子快乐学习中的重要作用，必须对欣赏的作用机理和正确方法有所了解。

【理念剖析】

欣赏和赞美是父母所能给予孩子的最美丽的语言，也是融洽亲子关系的最有效的润滑剂，同时也是所有父母都能负担得起的亲子礼物，只要用心，每个父母都可以做到对孩子的由衷欣赏。

欣赏与赞美除了可以成就爱迪生和托尔斯泰这样的世界级伟人外，还可以让普通的孩子找到学习的愉悦感和成就感，充分激发出孩子的学习兴趣。究其原因，就在于欣赏能够给交往双方带来心灵上的愉悦，找到自己行为的成就感。现代大量的心理学和生理学科学研究表明，人们在获得他人欣赏和赞美的时候，大脑内将分泌出让人兴奋和愉悦的激素（即多巴胺），当人们获得他人的批评、否定和责难的时候，人体内也会分泌出另外两种令人紧张、焦虑不安的激素（即肾上腺素和去甲肾上腺素）。父母要实现对孩子的由衷欣赏，必须拥有识人的慧眼、宽广的胸怀和恰当的方法，还要发自内心地去爱自己的孩子。

俗话说：人无完人，金无足赤。世界上最完美的人也有缺点，最糟糕的人也有优点。每一个孩子也是缺点与优点并存，而且有些缺点和优点之间还存在着一定的辨证转化关系。也就是说，某些被父母以为是缺点的特征在特定的条件下完全可以转化为优点。由此可见，孩子身上并不缺少优点，而要发现孩子身上的优点并予以欣赏，就更要求父母必须具备一双善于发现优点的眼睛。

【方法指南】

为了通过科学的欣赏达到激发孩子学习兴趣的效果，父母不仅需要具备必要的"共情能力"，能发自内心地看到孩子的闪光点，还要拥有一双善于发现优点的眼睛，最后还能用恰当的方式将其表达出来。具体的欣赏方法如下。

（1）具备"不藏人善"和"不吹毛求疵"的胸怀。孩子在学习过程中肯定会有某些细节或瞬间值得父母欣赏。例如，虽然持续时间很短，但是学习时很专注；虽然看的是课外书，但是读得非常认真等。父母要将眼光盯在孩子的优点上并表达自己的欣赏之情，不要揪住一两个缺点不放。

（2）父母要用科学和发展的眼光看待孩子的学习成绩。学习成绩只是代表了孩子在特定范围内的文化课方面的知识掌握程度，同时带有一定的偶然性，并不能代表孩子的真实能力，更不能代表孩子的潜能。再加上教育领域存在的"第十名现象①",父母更加没有必要对成绩"分分"计较,对排名死抠不放,关键是要关心孩子的学习过程是否开心和快乐,是否养成了优秀的学习习惯等。

(3)父母要用宽容之心接受孩子的不足,用欣赏之情激发孩子的优势。不足实际上是孩子身上尚待转化为优点的特征,优势如果不加以确认、欣赏和放大,也很容易转化为劣势。在教育孩子的过程中,切忌拿自己孩子学习上的不足与其他孩子学习上的优点进行简单的横向比较,这种简单的横向比较不仅无法激发孩子的上进心和学习兴趣,还将导致孩子对学习的抵触和厌烦。正如印度思想家奥修所言:玫瑰就是玫瑰,莲花就是莲花,可以欣赏,不要比较。就像每一种花都有自己独特的芳香一样,每一个孩子都有自己的独特之处,关键在于父母是否懂得正确欣赏。

(4)当孩子成绩进步时父母要表达由衷的欣赏与信任。当孩子的学习成绩比最近一次有提高时,不管这种提高幅度是大还是小,父母千万不要拿孩子的成绩与班上那些成绩更好的同学比,而应该对孩子成绩的进步表达由衷的欣赏并相信孩子下次肯定能考得更好。最有效的经典语言为:孩子,妈妈早就说过,像你这么聪明的孩子,要把学习搞好肯定没问题。看看,这次成绩提高那么多就是有力的证明吧?

(5)当孩子成绩退步时父母要表达由衷的鼓励和欣赏。当孩子的学习成绩比最近一次有退步时,哪怕退步的幅度很大,父母也千万不要用冷嘲热讽的语气刺激孩子。遇到困难和挫折的时候,孩子更渴望获得身边最亲近的父母的理解、接纳和支持,从孩子的学习过程中看到优点并表达由衷的欣赏。最有效的经典语言为:孩子,没关系,下次再来!这段时间你为班集体的黑板报付出了那么多心血,还给妈妈做了那么多事情,下次肯定能考好的。

(6)当孩子成绩一直保持不变时父母也要及时挖掘孩子身上的闪光点并表达由衷欣赏。当孩子的学习成绩既没进步,也没退步,一直维持在中等的水平时,

---

① 这是一个教育学界发现的一个统计上的规律,也就是那些在中小学和大学读书时,考试成绩在年级或班级第十名左右的那些学生进入社会后更容易取得杰出的职业发展成就。

父母不应将眼光仅仅盯在学习成绩上，而应该抛开成绩看孩子，从孩子的生活自理、运动特长、音乐、绘画、舞蹈等方面挖掘孩子的闪光点并表达对孩子的由衷欣赏之情。当感觉到来自父母的由衷欣赏并激发出上进动力时，孩子自然而然会将这种动力迁移到学习上，从而不断提高自己的学习成绩。

【经典案例】

欣赏力量成就的伟大作家

有一天，俄罗斯著名作家屠格列夫在树林里打猎，不经意间捡到了一本破旧的杂志，这本杂志叫《现代人》。出于习惯，他随手翻了几页，却被杂志中的一篇名为《童年》的小说吸引住了。小说的作者是一位陌生人，屠格列夫以前根本没听说过。出于好奇，他开始四处打听这个作者的身世。后来得知，这位作者2岁丧母，7岁丧父，是由他的姑母抚养长大的，目前正在高加索部队服役。

屠格列夫经过艰辛的寻找终于找到了这位作者的姑母，向她表达了对作者的赞美之情。姑母见屠格列夫这样的大作家亲自登门，非常高兴，马上给自己的侄儿写了一封信。在信中，姑母告诉他，他的处女作《童年》受到了大名鼎鼎的屠格列夫的赞赏。收到姑母的信，这位作者欣喜若狂。本来他是因为苦闷而信笔涂鸦来排遣心中的寂寞，他并没有当作家的奢望。不料他的习作竟然得到了屠格列夫的赞赏。创作的火焰和写作的激情一下子就被点燃起来，从此，一发不可收拾地写了下去。

这位年轻的作者，就是后来写出了《战争与和平》《安娜·卡列尼娜》和《复活》的列夫·托尔斯泰。其实，托尔斯泰在大学阶段的情况并不理想，他先是考入喀山大学东方系，学习土耳其语、阿拉伯语。因考试不及格，后转入法律系。此后又由于不适应大学生活，退学回家，再到军队中服役。托尔斯泰能之所以能创造出自己人生的辉煌，全是因为屠格列夫的赞赏，让他暴发出了一种务必巨大的力量，最终写出了多篇不朽巨著。列宁曾经称赞他创作了世界文学中"第一流"的作品。他的作品《七颗钻石》《跳水》和《穷人》等已经被收入我国多个版本的小学语文教科书。

7.3 科学表扬：讲究方法注重实效

如果说欣赏表达的是父母对孩子宏观层面的整体满意，那么表扬则是父母对孩子在微观层面实现的成功和进步等做出的认可和公开赞美。正如本书第二章所分析的那样，表扬是激发孩子斗志的催化剂。要让父母的表扬达到激发孩子上进的效果，必须使用科学的表扬。

【理念剖析】

并非所有的表扬都能达到激发孩子发奋学习的效果。在科学使用表扬的过程中，必须注意以下与表扬成效密切相关的教育心理问题。

（1）表扬的一致性。表扬的一致性既包括前后一致性（即现在的表扬标准与此前的表扬标准基本一致），也包括横向一致性（即对自己的孩子和其他孩子的表扬不能采用双重标准），也包括父母之间的一致性（即父亲和母亲之间对孩子的表扬标准要一致）。其原因就在于教育心理学中的"钟表定理"，即当你使用一个钟表计时，你将知道准确时间，当你使用两个或两个以上的指向不一样的钟表计时，你将很难判断出准确时间。也就是说，两个或两个以上的钟表并不能告诉人们更准确的时间，反而会让看表的人失去对钟表的信心。

（2）表扬应以精神手段为主。表扬孩子的手段可以分为物质手段和精神手段两种。从表扬方式的作用效果看，精神手段更容易激发孩子的内部学习动机，物质手段更容易让孩子产生对外部动力的依赖。其次，精神手段激发出来的学习动机更容易持续，而物质手段激发出来的学习动机容易中断。再次，孩子所能享受到的最高境界的快乐感应该是来自精神世界而不是感官世界的愉悦。因此，表扬孩子时应以精神手段为主，以物质手段为辅。

（3）表扬要尽量具体，不能抽象笼统。在表扬孩子的时候，应该越具体越好，例如"这次作业真是又难又多，但是你坚持做完了而且一直没有离开过座位，这么一个爱学习而且有毅力的孩子，真好！"表扬越具体明确，孩子就越容易理解哪些是良好的行为，越容易找准努力的方向，后续也更容易不断重复这种行为。千万不能用"你真棒""你太棒了""你真聪明"等抽象笼统的语言。例如，当孩子看完书后将书放回书架并摆放整齐，如果父母只是笼统地说："孩子，你今天的表现真棒！"就不如下面的表扬来得更有效："孩子，你看完书后能自己将书摆放整齐，妈妈真为你高兴！"

（4）表扬的方式要适当变化。心理学的研究成果证明，那些新颖的刺激、变化的刺激，非常容易唤起孩子的注意，也更容易激发孩子的学习动力。而那些一成不变、千篇一律的刺激很难引起孩子的注意。如果父母只知道用多年不变的单一表扬方式，孩子从索然无味到司空见惯，再到不以为然，那就很难激发起孩子的学习动力了。如果父母对孩子的表扬都是千篇一律的"好，要继续努力"或者"不错，要戒骄戒躁"等，那么时间长了，这种表扬就很难起到应有的表扬效果了。

（5）家长对孩子的期待要合理。父母对孩子的期待本身就是一种很好的表扬形式，运用得好会得到很好的教育效果，运用得不好反而会挫伤孩子的自尊心，打击孩子的积极性。这与教育心理学中的"篮球架效应"（请参见本书第三章中的解释）的内涵非常吻合。如果家长在表扬孩子的同时对孩子提出了不切实际的过高期望，不仅达不到激励孩子上进的效果，还将会增加孩子的心理压力，挫伤孩子学习的积极性。

（6）家长承诺孩子的奖励一定要兑现。无论是精神奖励也好，物质奖励也好，家长一旦承诺就应该做到，万一由于特殊原因无法兑现，也一定要提前征得孩子的同意和谅解。父母对孩子做出的不经意的承诺，孩子都会非常上心。父母如果能够言出必行，孩子将能体验到取得进步和成功后的愉悦感和成就感，从而将会在学习上产生更大的上进动力和奋斗激情。

【方法指南】

在遵循表扬理念及其基本原则的基础上可以发现，在应用表扬激发孩子快乐

52 | 让孩子快乐学习的 52 个方法：
减负增效的家庭教育途径

学习的过程中，应该按照如下"非常 4+1"（即四个环节加一个动作）的方法和步骤才能最大限度地实现教育和引导效果。

表扬的第一个环节要以陈述具体事实开始。当父母发现孩子在学习行为方面做对了或学习成绩取得进步时，父母要明确地将表扬的事实依据告诉孩子。让孩子明白自己哪些方面做对了，哪些行为得到了父母的肯定和欣赏，从而也更加容易在后续的学习过程中继续保持或完善这些具体行为。这是表扬的必备前提，也是表扬能达到激发孩子努力完善自己的关键。

表扬的第二个环节要肯定事实的可贵性。当父母将值得表扬的事实陈述完毕后，要紧接着肯定该事实的可贵性，让孩子清楚地知道自己被表扬是有理由和依据的。这一步的关键是让孩子明白自己行为的正确标准，理解父母对自己的表扬不是随心所欲的，而是建立在一定的标准之上。

表扬的第三个环节要明确表达父母的感受。在陈述事实并肯定事实的可贵性之后，父母要明确地将自己的感受传达给孩子。很多父母容易在这个环节出现"表扬陷阱"，即明确地告诉孩子："妈妈真高兴！"由于孩子才是学习的真正主体，父母只是孩子学习的支持者而不是当事人，这种说法无形中削弱了孩子的学习主体意识，同时也有可能让孩子觉得妈妈喜欢我只是因为我成绩好，如果哪天我成绩不好了，妈妈也许就不爱我了。因此，正确地感受应该是告诉孩子："妈妈真为你感到高兴！"或"妈妈太为你自豪了！"

表扬的第四个环节要明确表达父母对孩子的期望。在准确地表达完父母的感受之后，父母要在孩子已经取得的成绩基础上，明确地表达出父母对孩子的期望。同时从动机上和能力上充分信任孩子能够实现父母的期望。这里有两个关键问题要注意，一个是父母的期望宜粗不宜细，例如父母可以告诉孩子："妈妈相信你下次肯定能考得更好！"而不能直接告诉孩子："妈妈相信你下次肯定能再进步 10 分，考到 90 分！"后一种表达将让孩子感觉到父母对自己目前的成绩实际上还是不满意的。另外一个问题是父母的期望要符合孩子的实际情况，在尊重孩子实际情况的基础上结合教育心理学上的"篮球架效应"提出相应的可实现的期望。

表扬的第五个环节是父母要配合肢体语言表达欣喜和信任之情。在完整地表达上述四大关键表扬环节之后，父母可以适当地配合肢体语言表达对孩子的欣喜和信任之情。人与人之间的沟通，非语言因素发挥着比语言因素更加重要的作用。父母对孩子采用恰当的肢体语言将能让孩子更加直观地感受到父母所要传达的信任和力量。具体的肢体语言方式可以是拥抱孩子、亲吻孩子、轻拍肩膀、抚摸孩子的头发或与孩子击掌庆祝等，也可以在条件允许时对孩子的进步采取更为隆重的认可和庆贺方式。

【经典案例】

表扬能让人体验到学习的乐趣

曾经获得国际艺术交流形象大使特别奖的10岁学生孙诗奥在致词时激动地说："没有我母亲的夸奖，就没有我今天的荣誉。"事实的确如此。孙诗奥5岁开始学习钢琴，与其他初学钢琴者一样，一开始都是反复地弹奏，反复地识谱，反复地学唱，有时候，一个音节就得反复弹奏一两天！不到两个月，他就有些厌烦了，对学钢琴渐渐产生了抵触情绪。

有一天晚上，当他随随便便地弹完一段曲子，然后准备溜掉时，妈妈叫住了他。妈妈说："哎呀，儿子，你弹的是什么曲子啊？咋这么好听呢！"孙诗奥一听这话立即高兴起来，没想到妈妈竟然这么爱听自己弹奏的曲子，看来还真是弹得很好听。他回转身来，愉快地又弹奏了一遍。妈妈认真地听完后，用带着崇拜的口吻说："诗奥，你弹得真不错！可惜呀，妈妈还没有听够，你能不能再弹几段别的曲子？妈妈听得都快陶醉了。"就这样，在妈妈不断地夸奖下，孙诗奥学琴的劲头越来越足，进步也越来越快，快乐感也越来越多。从这个案例可以发现，不仅孩子的学习（包括练琴、看书、做作业等）需要表扬，包括日常活动也需要表扬（例如孩子独自去购买日用品等）。只要父母懂得表扬的理论基础和正确方法，在善用表扬的基础上，肯定能逐渐激发出孩子在学习过程中的成就感和愉悦感。

7.4 积极鼓励：引导孩子从挫折中奋起

有位著名的教育家说过："在教育孩子这件事情上，我不知道除了鼓励还有什么其他更好的方法。"正如《学习的革命》一书中所言："如果一个孩子生活在鼓励中，他就学会了自信；如果一个孩子生活在认可中，他就学会了自爱。"鼓励能让孩子从自卑走向自信、从怯弱走向勇敢、从落后走向进步、从厌学走向好学、从平凡走向优秀。

【理念剖析】

著名教育家苏霍姆林斯基说过："鼓励学生，让学生感受到鼓励的快乐是一种巨大的情绪力量，它可以促进学生勤奋学习的愿望。"鼓励之所以如此重要就在于鼓励能够唤起孩子巨大的热情，保护孩子的自尊和自信。其内在的教育心理学依据主要体现在以下方面。

（1）孩子出生时会有一些孤独、恐惧和不安全感，而且学习和做事的现实能力基本为零。这就决定了孩子在学习和成长的过程中，随着感知能力和创造行为的不断发展，接触到的事情会越来越多，这就必然会遇到各种困难与挫折。为了维持应有的自尊与自信，迅速走出困难与挫折的困扰，迫切需要来自身边最亲近的人的支持和鼓励，而孩子身边最亲近的人往往就是爸爸和妈妈。

（2）鼓励能让孩子情绪高昂，斗志饱满。美国著名的教育心理学家罗斯·坎贝尔曾经说过："每个孩子都有一定的情感需要……这种需要决定着孩子行为中的许多东西（愉悦、满足和高兴等）……自然情感贮存越是充实，情绪就越高涨，行为也就越好，他才能感觉到自己处于最佳状态。"因此，鼓励是满足孩子积极情感需求的重要途径。

（3）鼓励能够强化孩子的自信和勇气。著名教育家索洛维契克曾经说过："童年时代受人喜欢的孩子，从小就觉得自己是善良聪明的，因此才受人喜爱。于是，他也就尽力使自己变得名副其实而造就自己，成为有自信心的人，而那些不得宠的孩子呢？人们总是训斥他们：你是个笨孩子、懒孩子……于是，他们也就真的养成了这些不好的品质。由此可见，孩子品质的养成很大程度上取决于自信和周围环境的评价。父母如果能在孩子的作业本、练习簿和绘画本中写上鼓励和支持的语言并适时地将其表达出来，无疑会使孩子的这些优良品质在愉悦和满足中被不断强化，进而更有前进的动力和上进的信心。

（4）鼓励可以增进父母与孩子之间的情感，改善亲子关系。中国有句俗话"投之以桃，报之以李"说的就是这种良性互动关系。父母对孩子真诚无私的鼓励和支持，自然而然会加深孩子对父母的爱戴和尊敬，从而建立起良好的亲子关系。良好的亲子关系是帮助孩子快乐学习、发奋上进的前提和基础。

（5）鼓励能够激发孩子的主动性和创造性。著名教育家苏霍姆林斯基曾经说过："人的心灵深处，总有一种把自己看作发现者、研究者和探索者的固有需要，这种需要在儿童的精神世界中尤其强烈。"这种需要其实就是孩子主动性、积极性和创造性的源泉。因此，父母不要站在孩子的前面说教，而要站在孩子的后面鼓掌。给孩子以动力和信心，鼓励孩子积极健康地发展自己各方面的潜能，全面提升学习能力，完善精神人格，激发孩子爱好学习、善于学习的激情和动力。

【方法指南】

由于鼓励在教育和引导孩子的过程中发挥着如此重要的作用，因此，鼓励是家长应该熟练掌握并经常应用的一种教育方法。要想发挥出鼓励在教育孩子中的作用，必须遵循如下原则与方法。

（1）充分相信孩子潜能的无限性。从孩子的大脑容量和学习潜能看，孩子几乎能学会他想学的任何东西。但是，由于受到环境的影响和家长错误教育理念的束缚，很多孩子的潜能并不能得到充分开发。特别是当孩子在学习和生活中遇到困难和挫折时，父母必须给予孩子充分及时的鼓励。这种鼓励必须建立在父母对孩子的人格和能力充分信任的基础上才能达到应有的效果。因此，父母在对孩子进行鼓励时，务必要发自内心地信任孩子的无限潜能。

（2）遇到困难和挫折时教会孩子正确的做事方法。由于孩子尚处于成长过程中，对于第一次遇到的事情很容易做错。当孩子将事情做错时，父母要分析一下是方法问题还是价值判断问题。如果是方法问题导致事情做错了，父母要及时帮助孩子掌握正确的方法，并通过鼓励让孩子尽快摆脱受挫感和沮丧感。如果是价值判断导致的不知道对错而把事情做错了，父母应该适时地引导孩子分清是非，并通过鼓励让孩子尽快摆脱迷茫感。

（3）全方位提高孩子的学习能力。当孩子在学习中遇到困难和挫折时，除了及时地鼓励孩子外，还得分析一下孩子的学习能力是否有待提高。学习能力包括注意能力、观察能力、想象能力、创造能力、记忆能力和思维能力等。提高学习能力必须接受系统训练，同时也并不是一件高不可攀的事情，只要引导得当，孩子的学习能力肯定能在快乐学习的过程中得到同步提高。

（4）用恰当的语言鼓励孩子。在我国目前的应试教育环境中，孩子面临的学习压力非常大。不仅自己面临着升学压力，还面临着同班几十名同学的竞争压力，甚至还有来自父母的高期望值带来的压力。但凡有一点上进心的孩子，绝不会能够学好（或考好）偏偏不学好（或不考好）。如果孩子能考90分，他肯定不会故意考50分。因此，当父母发现孩子考试成绩不理想时，可以用恰当的语言鼓励孩子，最有效的两句话应该是："孩子，没关系，下次再来！"或"没问题，像你这么聪明的孩子，下次肯定能考好！"。当发现孩子遇到想做而又不敢动手做的事情时，父母也可以用语言鼓励孩子："孩子，没问题，我相信你！"。如果孩子遇到更大的挫折，父母完全可以告诉孩子："孩子，没关系。你尽管尽力去学，凡事只要尽力而为，全力以赴就好。无论遇到什么情况，爸爸妈妈永远支持你，家里永远是你温馨的港湾和坚强的后盾。"

（5）用恰当的肢体语言让孩子感受到父母的鼓励。在用语言鼓励孩子的同时，父母还要注意用恰当的肢体语言让孩子感受到来自父母的接纳和支持。肢体语言可以包括拥抱、轻拍孩子肩膀或抚摸孩子的头发等，从而将信任和力量传达给孩子。

第7章
激发孩子快乐学习的十大教育方法

【经典案例】

牛奶瓶打碎以后

史蒂芬·葛雷是个颇有成就的医学科学家。还在7岁的时候,有一次他尝试着从冰箱里拿一瓶牛奶,由于端瓶子的姿势不对,结果失手将瓶子掉在地上,牛奶溅得满地都是——像一片牛奶海洋一样!

葛雷的母亲闻声来到厨房,见此情景,母亲并没有对他大呼小叫、责骂、教训或者惩罚他,而是对着葛雷说:"哇,孩子,你制造的混乱还真棒!我几乎没有见过这么大的牛奶海洋。反正损害已经造成了,在我们动手清理之前咱们在牛奶海洋中玩会纸船如何?"葛雷见妈妈没生气,反而要一起玩纸船,当然很乐意了。于是,母子俩在牛奶海洋中开心地玩起了纸船游戏。等游戏做完了,牛奶海洋也渐渐消退了。母亲说:"孩子,咱们一起将地面收拾干净如何?"在这种情况下,葛雷肯定不好意思拒绝。于是,母子俩又一起动手,使用海绵吸、毛巾擦等方式,将一片狼藉的地面收拾得干干净净。

等一切收拾妥当后,母亲对葛雷说:"孩子,如果你能用正确的姿势端牛奶,肯定能成功地端过来。现在,让我们找一个空的牛奶瓶,装满水。然后一只手端着瓶子的把手,另外一只手托着瓶底。眼睛正视前方,一步一步走稳了。这样端牛奶肯定能成功。"当葛雷照着妈妈的方法重新做了一遍之后欣喜地跳了起来,因为他发现自己已经完全能够胜任端牛奶的任务了。

这么一件小事,竟然让这位著名的科学家一直保存在记忆深处,足以说明这件事情对他的影响。身为父母,我们也至少可以得到一些启示:一是当孩子不小心犯错时,父母完全不必暴怒,而是应该用温和的心态冷静地处理;二是父母要让孩子从小就明白,只要做事就有可能犯错,而且有可能遭遇失败,错误和失败并不可怕,关键是能否勇于面对错误并改正错误,经历错误并改正了错误的人才不会害怕错误和失败,才有勇气和信心做到在哪里跌倒就在哪里爬起来;三是父母要引导孩子亲身实践将事情做对的方法,孩子犯错或失败后，父母千万不能唠叨、数落、指责甚至暴力相向，而应该像葛雷的母亲那样，在孩子犯错或失败后，循循善诱地引导孩子去实践，去摸索，让孩子掌握正确的做事方法，只有这样，孩子才能吃一堑，长一智，在错误中实现不断成长和进步。

7.5 确认放大：培植孩子优点的终南捷径

确认放大原理是教育心理学领域的一个重要概念，其内在含义是：父母持续地将注意焦点集中在孩子的某一特征上，则该特征将会被不断放大。也就是说，父母的注意焦点犹如阳光，孩子身上的优点和缺点犹如埋藏在孩子心中的种子。阳光持续地照在优点的种子上，则优点将逐渐固化在孩子身上，孩子也将会越来越优秀。如果阳光持续地照在缺点的种子上，则缺点也将会逐渐固化在孩子身上，孩子也将会变得越来越糟糕。

【理念剖析】

确认放大原理也叫"皮格马利翁效应"，又名"罗森塔尔效应"。相传，皮格马利翁是古希腊神话中的塞浦路斯国王，他性情孤僻，一人独居，擅长雕刻。他用象牙雕刻了一尊表现他的理想中的女性的雕像，并取名叫盖拉蒂。他和雕像久久依伴，将全部热情和希望放在自己雕刻的少女雕像身上，慢慢发现自己已经深爱这尊雕像而无法自拔。国王天天诚恳地请求爱神赋予一个如雕像一样优雅、美丽的妻子。久而久之，爱神被他的爱所感动，最终雕像变成了现实美少女，皮格马利翁也如愿以偿地娶她为妻。这个故事留给人们一个非常重要的启示：赞美、信任和期待如果能够持之以恒，则这种期待将能转化为现实。如果说这个故事与中国文化中的"精诚所至，金石为开"还比较接近的话，那么"罗森塔尔效应"则已经是现代心理学意义上的科学研究成果了。

第7章
激发孩子快乐学习的十大教育方法

罗森塔尔是美国著名的心理学家,有一次,他到一所小学做心理研究实验。他首先在实验班级随机抽取了约20%的学生,并且非常认真地告诉教师:"经过我们课题组的科学测定,这些学生都是绝顶聪明的孩子,每一个学生都是学习的天才。为了确保研究结果更科学,请你们不要将这些情况告诉学生们。"与此同时,他又在实验班级随机抽取了另外20%的学生,然后将名单交给教师,并且非常认真地告诉老师:"经过我们课题组的科学测定,这些学生都是非常愚笨的孩子,都不是学习的料,迟早会在学习上一事无成。为了确保研究结果更科学,也请你们不要将这些情况告诉学生们。"一年之后,罗森塔尔再次来到这所学校,发现在他认定为聪明的这些学生中,学习好的变得更好了,学习中等的变为优秀了,学习差的变为中等了。而在他认定为愚笨的那些学生中,学习优秀的变为中等了,学习中等的变差了,学习差的变得更差了。又经过若干年后,这些被认定为聪明的学生都在不同的工作岗位上干出了非凡的业绩,而那些被认定为愚笨的学生在工作岗位上表现得非常平凡。产生这一现象的根本原因就在于,罗森塔尔的"权威性谎言"[1]对教师产生了明显的"暗示"作用,而教师又将自己的这一心理暗示通过情绪、语言和行为等传导给学生,最终使学生感受到了来自教师的截然不同的感染力量。

继"皮格马利翁效应"和"罗森塔尔效应"之后,心理学家克劳特又在实验研究的基础上提出了"标签效应"或"标签理论"。克劳特在实验中首先要求人们为慈善事业做出捐献,然后根据他们是否有捐献,标上"慈善的"或"不慈善的"。另一群被试则没有使用标签法。过了一段时间,当再次要求他们捐献时,标签就有了使他们以第一次的行为方式去行动的作用,即那些第一次捐了钱并被标签为"慈善的"人,比那些没有标签过的人捐得要多,而那些第一次没有捐钱被标签为"不慈善的"则比没有标签的贡献更少。这就是著名的"标签效应"或"暗

---

[1] 在心理学上有一个著名的权威效应,又称为"权威暗示效应",即当一个人身份高、地位显赫、有威信,受人尊重和爱戴,那么他所说的话以及所做的事就更容易引起别人的重视,并且人们会更加坚信其正确性。这就是人们通常所说的"位卑言轻,人贵言重"。因此,身为著名心理学家的罗森塔尔,他说的话自然对教师具有非常强烈的影响。

示效应",有人又称为"期望效应"[1],也与心理学中的"自证预言"同出一门[2]。在教育孩子的过程中,父母一定要记住尽量给孩子贴上诸如"爱学习""爱读书""能独立做作业""有毅力""诚实""善良"等正面标签。

【方法指南】

确认放大效应确实具备着非常神奇的教育效果。但是在实际应用过程中,应该遵循着一定的规律和方法。这些规律和方法可以概括为如下五个方面。

(1)确认放大原理要求家长将关注的焦点集中在孩子的优点上。确认放大原理要发挥出应有的教育作用,要求家长必须更多地关注孩子身上的优点。哪怕孩子现在对学习真的没有什么兴趣,父母如果希望孩子喜欢学习,就可以抓住孩子一瞬间在翻书或做作业的情景,然后告诉孩子:"没想到我家儿子(闺女)还这么爱学习!"在外面与亲戚、朋友和同事等聊天时,可以当着孩子的面告诉他们:"我家孩子特别愿意学习。在家从来不用我催,自己就会主动地去做作业!"如果孩子画了三幅画给父母看,父母可以挑其中相对最好的那幅画告诉孩子:"这幅画怎么画得这么漂亮!看来不愧是个小画家。"对于另外两幅画得不太好的画则不再评价。这样孩子自然而然就会生发出要继续完善自己的愿望和动力。

(2)孩子年龄越小,确认放大原理能够发挥的效果越明显。从理论上说,只要父母能够从孩子的婴儿期开始就遵循科学的确认放大原理,父母可以很容易在孩子身上培植出其期望的优点。从勤奋好学到诚实守信,再到勇敢善良,只要从小就开始不断地在孩子身上贴上这些优秀的标签,孩子慢慢就能按照这些特征要

---

[1] 期望效应说的是期望对于人有非常巨大的影响,因此,要想使一个人发展得更好,就应该给他传递积极的期望。积极的期望能够促使人朝着优秀的方向发展,消极的或负面的期望则会促使人朝着顽劣的方向发展。中国俗话说的"说你行你就行,不行也行;说你不行你就不行,行也不行"就带有非常朴素的期望效应的影子。

[2] "自证预言"是指人们会不自觉地按照心中既有的期望(或预言)来行事,最终导致当初的期望(或预言)成为现实。这个效应在日常生活中有诸多体现,例如:人们对一件事情的判断,往往不是根据事情的真相,而是按照自己内心的想法或期望推测出来的结果;人们总是相信自己愿意相信的东西,而不在乎真相。

求自己，进而找到勤奋好学等优点的自我感觉。

（3）确认放大原理与其他教育理念结合在一起使用效果会更好。在采用确认放大原理教育孩子时需要注意，要将确认放大原理与其他教育理念结合在一起使用。当家长不断地确认孩子爱好学习、独立学习的特征时，孩子随之会在这些方面发生一些正向的改变。如果这时候家长会继续采用欣赏孩子、表扬孩子和鼓励孩子等教育方法，则孩子就会将这些正向的改变与快乐联系在一起，表现在学习上，就是将学习与快乐联系在一起，从而达到帮助孩子实现快乐学习的目的。

（4）确认放大原理必须与学习能力的提升同步进行。确认放大原理能够不断提升孩子的学习愿望，也能在短时间内激发孩子的学习兴趣，但是要将这种愿望和兴趣长久地保持下去，还必须配合学习能力的同步提升。只有不断提高孩子的注意能力、观察能力、记忆能力和思维能力等，才能将通过确认放大原理激发出来的学习愿望和学习兴趣不断放大并持续下去。

（5）与确认放大效应对应的激将法存在着一定的适用条件。所谓激将法是利用他人的自尊心和逆反心理[①]的积极因素，以故意"刺激"的方式，激起不服输的情绪，将其潜能激发出来，从而达到预期的教育目的。由于激将法采用的"正话反说"的方式引导孩子好好学习，很多父母觉得反而能达到比确认放大原理更好的教育效果。殊不知，激将法存在着一定的适用条件，一是孩子必须存在着争强好胜、不服输的心理；二是激将法主要用于具备学习能力但比较自负而努力程度又不够的孩子，对于心理比较脆弱或敏感的孩子最好别用激将法；三是对同一个教育对象，激将法不能频繁地使用，偶尔使用才能保证教育效果；四是在使用激将法的时候，切忌将自己的孩子与其他更优秀的孩子进行简单的横向比较，这样只会激起孩子对学习的厌烦和抵触。

---

① 所谓逆反心理是指人们彼此之间为了维护自尊，而对对方的要求采取相反态度和言行的心理状态。当父母要求孩子做某事时，如果孩子觉得这个事情是他本来不想做的，或者觉得没有充足的理由，就会因受到父母的强迫而感到自尊受到伤害，从而产生故意和父母"对着干"的态度。

让孩子快乐学习的 52 个方法：
减负增效的家庭教育途径

【经典案例】

让孩子从小乐于独立完成作业

小盼盼刚上幼儿园大班时，老师为了让孩子早日适应小学阶段的学习模式，开始经常给孩子布置作业。刚开始的时候，都是小盼盼的妈妈陪着她一起做作业。时间一长，虽然孩子每次放学回家后都会做作业，但是有一个前提：那就是她妈妈会陪着她一起做作业。

从长远来看，要想让孩子养成自主学习的习惯，必须从小让孩子学会独立做作业。于是，小盼盼的妈妈有意识地开始让盼盼独立做作业。有一天，小盼盼的作业刚好是将当天学习过的六个汉语拼音每个抄写一行。这几个汉语拼音刚好是小盼盼比较感兴趣的几个，写得也比较顺手。小盼盼的爸爸将其接回家之后，连续接了好几个电话。小盼盼见妈妈还没到家，爸爸又在忙，便自己掏出作业本开始抄写汉语拼音。等爸爸处理完事情，小盼盼开心地举着作业本对爸爸说："爸爸你看，我把作业写完了。"小盼盼的爸爸当然也很开心，于是用非常夸张的语气对小盼盼说："我家闺女真是个让爸爸省心的孩子，这么小就已经能自己独立做作业了，爸爸太为你感到高兴了！"

等到晚上小盼盼的妈妈回到家，小盼盼的爸爸又用非常高兴的语气告诉妈妈："亲爱的，告诉你一个特大的好消息。你家闺女今天是自己一个人将作业做完的。有这么一个让妈妈省心的懂事闺女，你应该感到很开心吧？"妈妈心领神会，立即开心地冲上去抱着小盼盼亲了好几下，然后对小盼盼说："妈妈真是太太幸福了。有这么一个爱学习的好闺女，真不知道是哪辈子修来的福分！"听完爸爸妈妈的话，小盼盼的眼神明显光亮了很多。此后，小盼盼更加乐意自己一个人独立完成作业了。

7.6 理解万岁：理解是引导孩子的前提

随着现代信息社会的飞速发展，孩子接触到的信息量与日俱增，看待问题的深度和广度也与父母之间存在着很大的差异，这就必然会形成所谓的"代沟"。即连续两代人或隔代人之间因价值观念、思维方式、行为模式和道德标准等方面的差异而带来的思想观念和行为习惯的差异。有专家研究发现，在现阶段的社会背景下，年龄相差3—5岁就会出现比较明显的"代沟"现象。而正常情况下，父母与孩子之间的年龄差异一般都在20岁以上，因此，从理论上说，父母与孩子之间存在着代沟是非常正常的现象。而消除代沟的最重要途径就是实现父母与孩子之间的相互理解与顺畅沟通。

【理念剖析】

如果父母能对自己与孩子之间的观念、行为、习惯和情感等有着比较全面的认识，则将很容易理解"代沟"所造成的差异及其解决方法。记得鲁迅先生曾经说过："孩子的世界，与成人截然不同，一味蛮管，就大碍孩子的发展。"著名作家张爱玲也说过："小孩子不像大人这么糊涂，父母大都不懂子女和青年的特点，健忘，才使我们流过了儿童时代，便把儿童时代的心理忘得干干净净。"因此，为了构建良好的亲子关系，应该站在孩子的立场看看待并思考问题。因为同样的问题，父母年轻的时候也有过。如果处理得好，则站在"代沟"两岸的父母和子女就能够建立起和谐的沟通桥梁，如果处理不好，父母和孩子之间极易形成一条不可逾越的、无形的、深深的沟壑。

父母一旦察觉出与孩子之间的"代沟"，应努力想办法跨越这种"代沟"。为了成功地跨越"代沟"，两种能力非常重要。一种是共情能力，也有人称之为移情能力，即设身处地体验他人情感并对他人情感做出适当情绪反应的能力。共情能力越强的人，越能设身处地理解他人的情绪感受，这些人就是那种看到别人踩到尖东西时也会喊"哎哟"的人。全球著名的科学家爱因斯坦曾经说过："人生的意义就在于设身处地地为别人着想，乐别人之乐，忧别人之忧。"在溺爱环境中长大的孩子往往共情能力很差，表现出来就是以自我为中心、缺乏同情心、行为残忍、抗挫折能力差、不擅长人际交往、对长辈不够尊重等。有科学研究表明，孩子从3岁左右形成了独立的主体意识之后，其共情能力便开始逐渐发展。他们能从表情来辨别和理解他人的情绪感受，并采用一定的方式来取悦父母。这就是为什么很多孩子从小都有一种取悦父母的倾向，父母完全可以利用这种倾向引导孩子养成更加优秀的人格特征。

　　跨越"代沟"的第二大能力是倾听能力。父母在孩子面前的倾听行为和倾听能力不仅能让孩子感觉到平等和尊重，还会引导孩子将自己想说的话告诉父母。此外，父母能够善于倾听、乐于倾听孩子的话，还将提高孩子的思维能力和表达能力。记得有这样一个小故事，一个小孙子问爷爷："为什么人有两只眼睛、两只耳朵、两只手，却只有一张嘴巴呢？"爷爷告诉小孙子："这是要让人多看，多听，多做，少说话呀。"短短的对话彰显出了"听"的重要性。当别人说话的时候，倾听意味着接纳——我乐于和你分享这一时刻；倾听意味着尊重——你讲的内容非常有趣或的确很重要，我很感兴趣或很重视；倾听意味着陪伴——我在这里，我和你在一起，你并不孤单，痛苦我们可以一起承担，快乐我们可以一起分享；倾听意味着理解——我能体会你现在的心情，我能明白你这样做的理由；倾听意味着关怀——我可以和你分享我的经验，必要的时候我会帮助你；倾听意味着欣赏——你讲得真好，真精彩或你做得真棒；倾听意味着感动——谢谢你对我的信任，把你生命中那样重要的事情或秘密与我分享，我不会辜负这份信任；倾听意味着融汇——原来你的故事和我如此相似，原来我们可以成为朋友知己……父母在与孩子倾述或倾听中实现着亲子关系的融洽与默契，在同一个过程的两个不同侧面，收获着信任与感动。

第7章
激发孩子快乐学习的十大教育方法

【方法指南】

为了有效发挥理解在教育和引导孩子中的作用，父母除了要具备基本的共情能力和倾听能力外，还得发自内心地尊重孩子，将孩子视为朋友以及平等独立的主体，认真倾听孩子的心声，不带自己的偏见（自己的价值观）去分析孩子的行为。此外，还得对孩子各个阶段的想法和特征具备基本的了解和判断，才能准确地了解孩子行为背后的心理原因。

孩子对于父母思想的认识也是随着年龄增长而慢慢变化的。孩子在 5 岁的时候，感觉爸妈什么都懂，真厉害、真神秘；8 岁的时候，感觉老师懂最多，爸妈有些东西不知道；12 岁的时候，爸妈你烦不烦？唠叨起来没个完；18 岁的时候，爸妈你们太老土，思想很落伍，我们没有共同语言，我的心思你不懂；25 岁的时候，爸妈有时候也不是全错啊，也是为我着想，真不应该朝他们发那么大的脾气；50 岁的时候，父母当年是多么的睿智！可是再去哪里找他们说话呢？

为了全面了解孩子的想法并科学地运用理解孩子达到教育和引导孩子的目的，天才诗人马迪·金从孩子角度写给父母的一首诗颇具启发意义，这首诗的名字为《如果您能记住》。虽然这位天才诗人不是教育家，但是他却敏锐地捕捉到了孩子与父母之间在沟通与理解方面的障碍与诉求，同时也告诉家长应该如何在理解孩子的基础上正确地对待孩子。

如果您能记住（马迪·金）

如果您能记住，

您走一步我要走三步才能赶上。

如果您能理解，

我观察世界的眼睛，

比您的眼睛矮三英尺。

如果您能在我乐意的时候，

让我自己试试，

让孩子快乐学习的 52 个方法：
减负增效的家庭教育途径

而不是把我推到前面或挡在后面。
如果您能满怀爱心地感受我的人生，
而不剥夺我自我决定的需要，
那么我将长大、学习和改变！

如果您能记住，
我需要时间获得您已有的生活经验。
如果您能理解，
我只讲述那些相对我的成熟程度来说，
有意义的事情。
如果您能在我可以时，
让我独自迈出一步，
而不是把我猛推出去或强拉回来。
如果您能用您的希望感受我的生活，
而不破坏我对现实的感觉，
那么我将长大、学习和改变！

如果您能记住，
我像您一样，
失败后再试需要勇气。
如果您能理解，
我必须自己弄清我是谁。
如果您能在我想要的时候，
让我寻找自己的路，
而不是为我选择您认为我该走的路。
如果您能用您的爱，
感受我的人生，

第 7 章
激发孩子快乐学习的十大教育方法

而不破坏我自由呼吸的空间,

那么我将长大、学习和改变!

在了解孩子并科学地理解孩子的时候,还有另外一个非常典型的误区就是父母态度的转变。孩子很小的时候,很多父母都对他们关爱有加,也具备着很大的耐心和恒心,但是随着孩子慢慢长大,父母发现孩子并没有朝着自己希望的方向发展,或者学习成绩没有进入年级或班级前十名,便一改往昔的耐心和爱心,换成了"恨铁不成钢"驱使下的暴躁、责骂,甚至体罚。这时候的孩子根本找不到小时候的感觉。如果父母能够多从孩子的角度出发考虑问题,多理解,多鼓励,多支持,才能真正激发出孩子应有的勇气、自信和激情。在 2011 年初,作者易今的一首小诗《妈妈,不要对我发火》就道出了无数个此类孩子的心声,也值得为人父母者反复阅读和思考。

妈妈,不要对我发火

我还记得,我刚出生的时候,你把我抱在怀里,轻轻地摇晃,

我还记得,我牙牙学语时,你不停地对着我重复,哪怕只是一个字,

我还记得,我蹒跚学步时,你总是张开双臂,对我说,来吧,不要怕,

你的耐心,让我学会了走路和说话。

现在,我的人生之路刚刚起步,

才开始尝试着挣脱你的搀扶,

去探索我周围所有的一切,

我也会失败、摔倒,

妈妈,你为什么突然就变得怒目圆睁、说着刺耳的语言、对着我大叫大嚷。

我出生睁开眼看到你的时候,你是我眼中最美的天使,

你有温柔的眼神、鼓励的表情和无私的希望,

妈妈,你对我发火,是不是告诉我,你那里已不再是我的天堂。

虽然我装得满不在乎,可我真的很想努力做好,我真的很害怕,

我不愿看到你因为愤怒而扭曲的脸庞，
我怎样才能让你重新成为我的天使妈妈，
可努力过后，你依然会发火，
因为你需要我完美，
完美得就像那年历中的孩子，可他只是挂在墙上。
我做不到，也很伤心，我一定很让你失望，
虽然你在对我发火时，我装得就像没事儿人一样。
我呆呆地看着你，强忍着眼泪，
不想让你知道，
我无数次躲在被窝里，流着眼泪，怀念着我以前天使妈妈的模样。
知道你上班辛苦，可上学未必轻松，
常常是坚持过了冗长的课时，但课间也只能留在原位上，
没完没了地做题目，去那些课外讲堂，
无休止地面对那些老师们的说教和撒谎，
假期里只能在家里，享用爷爷奶奶准备的一日三餐，
除了电视和游戏，我只能望着窗外发呆，
可我不能抑制我骨节的生长，和对自立的渴望，
我也想像鸽子一样在外面成群结队、自由自在地飞翔，
可我一直在笼子里，无法舒展翅膀，
而你的呵斥，更让我丧失信心、丧失勇气、丧失尝试的欲望。
妈妈，你能不能回到从前，回到你抱我在怀里时的模样，
人生的道路还很长很长，
我不能保证我不会摔倒、不会失败、不会胆怯、不会迷茫，
妈妈，到那时，你能不能还像小时候教我学走路时一样，
对我说，大胆地走吧，不要怕，别紧张！

【经典案例】

小灰雀和海鸥的故事

有一个年幼的孩子对一个问题一直想不明白：自己的同桌为什么每次都能考第一，而自己却每次都远远排在后面，每次排名只能在第21名左右？

回家后他问道："妈妈我是不是比别人笨？我觉得我和他一样听老师的话，一样认真地做作业，可是，为什么我总比他落后？"妈妈听了儿子的话，感觉到儿子开始有自尊心了，而这种自尊心正在被学校的排名伤害着。她望着儿子，没有回答，因为她不知道该怎样回答。

又一次考试后，孩子进步了，考了第20名，而他的同桌还是第一名。回家后，儿子又问了同样的问题。妈妈真想回答说，人的智力确实有三六九等，考第一的人，脑子就是比一般的人灵。然而这样的回答，难道是孩子真想知道的答案吗？她庆幸自己没说出口。

应该怎样回答儿子的问题呢？有几次，她真想重复那几句被上万个父母重复了上万次的话——你太贪玩了；你在学习上还不够勤奋；和别人比起来还不够努力……来搪塞儿子。然而，像她儿子这样脑袋不够聪明，在班上成绩不甚突出的孩子，平时活得还不够辛苦吗？所以她没有那么做，她想为儿子的问题找到一个完美的答案。

儿子小学毕业了，虽然他比过去更加刻苦，但依然没有赶上他的同桌，不过与过去相比，他的成绩一直在提高。为了对儿子的进步表示赞赏，她带他去看了一次大海。就是在这次旅行中，这位母亲回答了儿子的问题。

现在这个孩子再也不担心自己的名次了，也再没有人追问他小学时成绩排第几，因为他已经以全校第一名的成绩考入了清华大学。寒假归来时，母校请他给同学及家长们做一个报告。他讲了小时候的一段经历："小学毕业时候母亲带我去看大海，我和母亲坐在沙滩上，她指着前面对我说，你看那些在海边争食的鸟儿，当海浪打来的时候，小灰雀总能迅速地起飞，它们拍打两三下翅膀就升入天空；而海鸥总显得非常笨拙，它们从沙滩飞入天空总要很长时间,然而,真正能飞跃大海横过大洋的还是它们。"这个报告使得现场的很多母亲流下了眼泪,其中包括他自己的母亲。

7.7 陪伴依恋:孩子情感模式初始化的重要途径

随着市场经济的迅速发展,越来越多的中国父母开始变得越来越忙。不仅企业家和官员很忙,就连高校和科研机构的学者以及普通的工薪阶层也很忙,这样便必然导致这些父母陪伴孩子的时间越来越少。有些父母将孩子交给爷爷奶奶或姥爷姥姥照看,有些父母将孩子交给玩具和电视,有些父母将孩子交给保姆照料,有些父母则将孩子交给亲戚朋友代管……为了弥补陪伴孩子时间不足的愧疚感,很多父母便在孩子身上大量地花钱,各种各样的文化课辅导班,琳琅满目的兴趣班,种类繁多的玩具和食品等,只要家长能想到以及消费得起的,都最大限度地满足孩子的要求。父母以为这样就可以让孩子的学习成绩越来越好,生活得越来越幸福。殊不知,这种父母陪伴过少、物质需求立即满足或过度满足的状态恰恰是对孩子精神世界的巨大伤害。

【理念剖析】

按照马斯洛的层次需求理论,人的需求层次由低到高依次为:生理需求、安全需求、社交需求、尊重需求和自我实现需求。孩子的需求层次也一样,当孩子某一层次的需求获得了相对满足之后,他的需求就会向更高一层次发展。此时,获得了基本满足的这一层次的需求就很难成为孩子的激励力量了。因此,当孩子的生理需求和安全需求得到满足后,自然而然会产生社交需求,即获得父母、亲戚、朋友等的关心与爱护。同时,孩子也非常渴望父母传递给自己的亲情、友情、平等、尊重和信任等情绪感受,从而满足自己的情感需求并产生更高层次的安全感。这种情感需求比生理需求和安全需求更细微,更难捉摸,很多家长往往忽略了孩子的这种感受,代之以各种各样物质需求的满足。

第 7 章
激发孩子快乐学习的十大教育方法

法国著名思想家伏尔泰曾经说过："对亚当而言，天堂是他的家；然而对亚当的后裔而言，家是他们的天堂。"因此，孩子赖以生活和成长的家不仅仅是满足孩子基本生理需求的物质场所，更是一个充满着关爱与温馨的精神栖息地。无论这个家是贫穷还是富有，是高贵还是贫贱，只要拥有父母的爱与陪伴，只要有父母与亲人们的相互关心与帮助，孩子就能感觉到家的温暖，对家和父母充满着信赖和依恋，这种感觉是满足孩子情感需求、激发上进心的重要保障。孩子最需要的不是父母的财富和地位，而是父母的时间与陪伴。如果没有父母的陪伴和关爱，哪怕将孩子置身于再精致的豪宅或别墅，让孩子天天吃着山珍海味、燕窝鱼翅，孩子都只能成为精神上的"留守儿童"。这些儿童长大后大概率会出现各种各样的学习障碍，例如无法集中注意力、缺乏自信、情绪容易低落、对周围的人和事缺乏兴趣等，甚至有部分儿童还会直接产生轻生厌世等念头。

父母在陪伴孩子的同时，还要注意陪伴孩子的质量。只要用心，同时发自内心地关爱与欣赏自己的孩子，父母的陪伴可以达到非常理想的教育效果。一个鼓励式的拥抱、一次温柔的抚摸、一次天马行空的漫谈、一次海阔天空的想象、一次温馨的月夜散步、一次疯狂的公园赛跑等，都可以让孩子感受到父母无私温暖的爱，渐渐对父母产生深厚的情感依恋。当这种情感依恋建立起来之后，孩子与父母之间的情感纽带将非常牢固，亲子之间的沟通与交流也将非常顺畅，孩子也会朝着积极上进的方向发展。尤其是在童年时期，既是孩子与父母情感纽带构建的关键期，也是孩子情感模式初始化的关键期。这种情感纽带构建得越牢固，孩子往往也更乐于听从父母的意见和建议。父母如果不愿意投入时间用心陪伴孩子，那么等孩子进入青春期或成年后出现各种各样的问题时，父母花再多的时间、精力和财富也很难弥补当年的失误了。

【方法指南】

为了让孩子身心健康地成长，父母不仅要为孩子提供必备的物质条件保障，更要投入必需的时间以陪伴孩子。通过陪伴激发孩子成长动力的内在逻辑为：父母陪伴孩子—产生情感依恋—建立安全感—满足情感需求—激发成长动力。因此，

让孩子快乐学习的 52 个方法：
减负增效的家庭教育途径

父母陪伴孩子可以从如下几个方面进行。

（1）父母要与孩子共度美好温馨的家庭时光。父母要从小带领孩子一起投入各种各样有趣的活动，例如全家人一起去图书大厦或新华书店、一起逛公园、一起购物、一起远游、一起锻炼身体、一起骑车、一起游泳等，让孩子的记忆中保留尽可能多的美好温馨的画面。停留在孩子脑海中的这些画面，一方面将增强孩子对父母和家庭的情感依恋，另一方面可以让孩子更加留恋温馨的家庭时光，还可以增加孩子对家庭生活的美好憧憬。

（2）父母要主动融入孩子的游戏，达到促进学习增进亲子感情的目的。在孩子的世界中，学习就是游戏，游戏就是学习。因此，父母应该融入到与孩子的各种互动游戏中，无论是益智游戏，还是健身游戏，或者是学习，父母都应该主动地融入到游戏中，而不是被动地以陪玩的心态应付了事。

（3）父母要尽可能地陪伴孩子共进晚餐。由于现代社会的生活和工作节奏普遍很快，父母要一日三餐陪伴孩子难度比较大。因此，父母可以选择比较轻松的晚餐时间，陪伴孩子一起共进晚餐。无论多忙，都要挤出时间与孩子一起共进晚餐，晚餐过后与孩子一起交流分享学校发生的各种趣事等。

（4）父母尽量陪伴孩子参加各种体育活动。父母陪伴孩子参加体育活动能够收到事半功倍的教育效果。首先，父母与孩子一同参加体育活动，能够增进父母与孩子之间的情感依恋。其次，在父母具备优势的体育项目中，可以让孩子对父母产生崇拜之情，从而消除孩子的对抗情绪，尤其是青春期的孩子。最后，孩子参与体育活动能够有效地促进左右脑同步开发，从而通过提升学习能力达到提高学习成绩的目的。

（5）不要按照父母自己的意志强迫孩子参加没有兴趣的活动。同样是陪伴，孩子的兴趣有无将产生截然不同的效果。父母在陪伴孩子参加各种学习、体育或艺术活动时，一方面要尊重孩子自己的选择，另一方面要注意调动并激发孩子的兴趣。如果父母根据自己的选择和判断强迫孩子参加自己没有兴趣的活动，那么家长的陪伴实际上成了变相的监督和检查，照样无法满足孩子的情感需求，反而会激发孩子的厌烦和抵触情绪。

第 7 章
激发孩子快乐学习的十大教育方法

【经典案例】

孩子成长要"有所陪，有所不陪"

父母陪伴孩子的主要目的是满足孩子的情感需求，建立并巩固安全感，激发上进心。因此，在孩子的成长过程中，父母要坚持"有所陪，有所不陪"的原则。在旅游踏青、体育活动、家庭聚会等方面要做到尽量多陪孩子，而在学习和做作业方面则要有意识地引导孩子独立自主。例如，当孩子在做作业时，家长既不能搬把椅子坐在孩子旁边陪着，也不能中间隔三差五地跑到孩子房间检查一下作业完成情况，更不能最后代替孩子检查作业。这种在学习上的全程陪伴只会增强孩子的依赖性，很难形成独立的自主学习能力和作业完成能力。

在做作业方面，孩子往往从幼儿园大班开始就会接受一些家庭作业的训练。进入小学后，孩子一开始对待家庭作业往往会抱着非常新鲜而神圣的态度。如果父母能针对孩子做作业这一行为正确地使用表扬、欣赏和鼓励等教育理念和方法，孩子将逐渐培养起做作业的愉悦感和成就感，最后形成独立完成作业的良好习惯，可以完全摆脱做作业时父母的陪伴。但是，并不是每个孩子都能从一开始就养成独立的学习习惯。如果孩子偶尔忘记写作业了，家长的态度将会直接影响到孩子后续的习惯养成。如果父母看见孩子忘记写作业了，脾气立马就上来了，对孩子非打即骂或讽刺挖苦，这种凭着情绪做事，一遇到问题就着急，一着急就上火，一上火就打骂孩子的父母很难培养出一个独立且能对自己负责的孩子。

父母可以从一开始就充分信任自己的孩子，让孩子独立地完成作业。当父母发现孩子忘记写作业时，也完全没有必要着急上火，甚至逼着孩子非得完成作业后才能睡觉。父母可以给孩子提供若干选择，让孩子自己决定该怎么做。一种方案是当天完成作业，那就得晚睡会儿；另外一种方案是可以第二天早上写，父母到时提前四十分钟到一个小时叫孩子起床；如果孩子既不愿当晚写，也不想第二天早上写，那就只能采用第三种方案，让孩子自己去和老师解释清楚忘记写作业这件事，这次作业就不做了。但凡有一点上进心的孩子都会选择第一种或第二种方案，因为第三种方案孩子也知道是非常不合适的。无论孩子选择哪种方案，父母一方面要充分尊重孩子自己的选择，另一方面千万不要出于心疼或同情一直陪着孩子。这种情况下，父母的陪伴往往会产生非常糟糕的效果。因为家长这时陪着孩子写作业，孩子很有可能会故意夸大做作业的痛苦，博取父母的同情，从而影响到孩子做作业的专注程度和作业效率。此外，家长陪着孩子做作业很容易让孩子觉得做作业不是他一个人的事，而是孩子和家长共同的事情，日积月累，孩子便很容易对家长产生依赖感，特别不利于培养孩子的自我责任意识。最后，家长陪着孩子做作业，免不了会对孩子唠叨、抱怨、指责或催促（例如，抓紧写吧，看看现在都几点了；爸爸妈妈一直陪着你受罪，谁让你忘记写作业了呢；以后回家可千万记住及时做作业，不要再忘了，等等），这样不仅无法督促孩子提高做作业的速度，还有可能激发孩子对父母、对学习的厌烦和抵触情绪。

7.8 批评有度：善用、慎用批评和惩罚

由于人的本性中都存在着"追求快乐、逃避痛苦"的天然倾向，而批评往往会给孩子带来难受和痛苦的情绪感受，孩子一般都会对批评持抵触和反感态度。因此，批评孩子是家长需要非常慎重使用的一种教育方法。但是，在孩子的实际成长过程中，由于受阅历、经验、能力和见识等诸多因素的影响，孩子难免会犯各种各样的错误。为了避免孩子再犯此类错误，批评和惩罚也是可行的教育方法（中国民谚中的"棍棒底下出孝子"以及西方谚语中的"省了棍子惯坏了孩子"等都包含着通过严苛惩罚达到教育孩子的目的）。但是，无论是一般的批评和惩罚，还是比较严厉的惩罚，都必须遵循科学的原则，讲究科学的方法。

第 7 章
激发孩子快乐学习的十大教育方法

【理念剖析】

由于人的本性中都存在着获得别人认可和表扬的情感需求，因此，当孩子受到父母的批评和惩罚时，很容易出现失落、难过、沮丧等情绪感受。实际上，孩子从出生之时起，确实无法分清是非曲直，关键在于父母如何引导、环境如何熏陶以及学校如何教育。此外，孩子的本性也是善良的，正所谓"人之初,性本善"，但是再善良的孩子也会犯错，成年人也不例外，"人非圣人，孰能无过"。因此，教育孩子的关键不在于禁止孩子犯任何错误，犯了错误后如何科学地通过批评、惩罚和鼓励等教育方式帮助孩子发自内心地认识错误、改正错误以及后续不再犯此类错误，也就是引导和帮助孩子从错误中学习和成长。

从接受批评和惩罚后的心理感受看，最佳的批评和惩罚方式应该是能激起孩子的自我反思并主动探究改正错误的方法。如果批评和惩罚不当，不仅不能达到引发孩子反思的目的，还可能出现适得其反的效果。例如，如果是非常恶劣的批评，不仅不能达到教育孩子的目的，还可能伤害孩子的人格和尊严，降低孩子的自我价值认知。如果是比较严重的批评和惩罚，也很难达到教育孩子的目的，很有可能激发孩子的叛逆情绪，从而收到意料之外的教育效果。如果是否定性的负面批评太多，时间长了，要么真把孩子说傻了，要么就把孩子说得什么事情都不敢做，从而导致孩子害怕失败，害怕挑战，唯唯诺诺，自卑怯懦。

从父母使用批评的适用条件看，并不是孩子犯了错误都能通过批评达到既定的教育效果。下列三种情况下可以对孩子使用批评和惩罚。一种情况是明知故犯，即孩子明明知道自己做的事是错误的，却偏要这么做，属于主观故意。另一种情况是孩子明明有能力把事情做好，却偏不把事情做好，也属于主观故意。第三种情况是孩子所做的错事属于第一次犯此类错误，尚未形成稳定的行为习惯。如果已经形成了稳定的行为习惯，基本上就不能用批评了，越批评，孩子的问题会越严重。很多孩子身上的问题都是父母不断地批评、不断地巩固和强化，最终形成了孩子身上稳定的不良习惯而造成的。

52 | 让孩子快乐学习的 52 个方法：
减负增效的家庭教育途径

【方法指南】

由于批评一旦使用不当，便会收到意想不到的负面效果，因此，父母在通过批评和惩罚教育孩子时，一定要注意采用科学的方式方法。概括起来，批评时要注意的问题主要集中在如下方面。

（1）批评的矛头只能针对"具体行为"而不能指向"孩子本身"。父母要批评的是孩子所犯的错误，而不是孩子这个整体的人。例如，当父母发现孩子撒谎时，父母应把批评的矛头指向"撒谎这一行为本身"，而不能指向"孩子就是个爱撒谎的人"。这两者之间看似非常接近，但实际上却存在着天壤之别。

（2）父母批评孩子一定要注意时机。父母要及时指出孩子的错误并科学地批评，时间隔得太长再批评孩子，会让孩子由于淡忘而产生莫名其妙被批评的感觉，从而达不到应有的教育效果。其次，当孩子情绪低落或亢奋时也不能批评孩子，这个时候批评孩子极易引发抵触情绪。另外，在饭桌上批评孩子会影响孩子的饮食健康，在睡觉前批评孩子会影响孩子的睡眠质量。最后，当父母情绪低落或正处在气头上时，也千万不能批评孩子。

（3）父母绝对不能当众批评孩子。批评孩子要注意场合，当着客人或全家人的面，千万不要批评孩子，在公共场合也不要批评孩子。中国有句老话"人前教子"已经被现代教育心理学研究成果证明是个非常错误的教育方式。当着众人的面批评和教训孩子只会伤害孩子的自尊心。例如，有一次，约翰在与一些朋友共进晚餐时，朋友 5 岁的儿子不慎将身前的牛奶瓶打翻了。当这个朋友开始当众抱怨和责备儿子时，约翰也故意弄翻了他身前的牛奶瓶。当约翰开始解释他 46 岁了还会打翻牛奶瓶时，小男孩开始露出了微笑。而男孩的父亲似乎也明白了约翰的意思，转而开始陪着儿子一起收拾残局。这就是一种非常好的避免当众批评孩子的教育艺术。

（4）父母批评孩子时要保持正确的态度和姿态。为了提高孩子为人处事的能力，父母既不能怕孩子承受不了而对错误轻描淡写，也不能过分强调孩子的过错而言过其实，如果父母总是喜欢夸大孩子的过错会让孩子养成害怕选择、胆小怕事等性格。另外，父母批评孩子时的态度要真诚，要认真、耐心地倾听孩子的辩解，父母千万不能对孩子所说的话进行奚落和嘲讽。

（5）父母批评孩子时要采用平和、体贴、恰当的语言。在现实生活中，很多父母误把抱怨、指责，甚至羞辱和谩骂当作批评，这是对批评最大的误解和滥用。此外，也有不少父母喜欢在批评孩子时使用讽刺、挖苦的语言和语气，这些都将让批评的效果大打折扣。正常人在烦闷的心境下很难听得进别人的意见，要想让孩子能听进父母的意见和建议，父母要处在一个理性、平和的状态，初心是爱和善意，同时引导孩子处于一个平和甚至愉悦的心理状态。正如戴尔·卡耐基所说的那样："在传达令人不愉快的看法之前，先表扬优点，这有助于别人接受意见"。这是一种更高明的批评艺术，将批评变成了表扬，在缺点中寻找闪光点，将能收到更好的教育效果。

（6）批评孩子切忌秋后算账和横向比较。已经发生很久的错误就不要再提了。此外，不能拿自己孩子的错误（或缺点）与其他孩子的优势进行简单的横向比较，同时要在批评孩子的同时将道理讲清楚，让孩子发自内心地认识错误并找到改正错误的方法。父母要表达的核心意思主要是如下三个：一是事情做错了，只要改正就好，是人都会犯错误；二是你是个好孩子，永远都是；三是无论遇到什么苦难与挫折，爸爸妈妈都会永远爱你。

（7）父母批评孩子时要慎重。一方面切记不要给孩子本人贴负面标签，例如"我看你是无可救药了""你怎么就这么笨"等就是非常伤害孩子的负面标签，在批评孩子的同时一定要肯定孩子的成绩和优点。另一方面，批评孩子的标准要前后一致，不要父母心情好时就一笑带过，心情不好时就抓住孩子错误不放。此外，父母批评孩子的频率不能过于频繁，持续时间也不能太长。频率太高，孩子会对父母的批评产生漠视，持续时间长，则容易伤害孩子的自尊心。

（8）父母要坚决杜绝家庭暴力。打孩子虽然在世界范围内都很普遍，但是打孩子仍然是应该非常慎重使用的教育方式。从年龄角度看，五岁之前的孩子可以适当适度"打"一下，因为这个年龄段的孩子尚未建立很好的判断能力，父母一味地讲道理并不能起到明显的作用，直接通过拍打等方式给孩子带来身体上的疼痛感反倒更能加深孩子的印象。五岁到十岁之间的孩子，应该尽可能地少"打"，实在需要打也应该是在反复说理无用，而孩子又犯了原则性错误的情况下才能"打"。进入十岁之后（尤其是到了十二岁开始进入青春期）的孩子是千万不能"打"的，因为这个阶段的孩子往往非常敏感，自尊心强，简单的打骂只能激发孩子的叛逆情绪。从"打"孩子的部位看，一般只能拍打手心和屁股而不要涉及其他部位。此外，为了达到教育效果，在打孩子之前一定要告诉他为什么要打他，而且打后要与孩子多沟通，多交流，强调以后不能再犯同样的错误。孩子犯错误并不可怕，可怕的是一而再、再而三地犯同样的错误。

综合上面的分析可以发现，对孩子进行科学的批评应该包括如下六个关键的环节。

批评孩子的第一个环节是营造平和、理性的沟通环境。如果能在孩子的错误中找到优点或闪光点（一个错误中至少得找到一个闪光点），多用"如果"这种展望句式，少用"但是"这种转折句式，将能收到更好的教育效果。

批评孩子的第二个环节要以陈述具体事实开始。当父母发现孩子在学习或生活方面犯错时，要明确地将孩子犯错的事实告诉孩子，让孩子明白自己哪些方面做错了。这是父母对孩子进行批评的前提和事实依据。

批评孩子的第三个环节要确认错误的可罚性。当父母将需要批评的事实陈述完毕后，紧接着就该告诉孩子为什么要批评他，明确表达孩子所犯错误的严重性以及该错误对父母、孩子和他人的伤害性。这个环节的关键是让孩子明白为什么自己所犯的错误必须受到惩罚，理解父母对自己的批评是建立在一定的依据和标准之上。

批评孩子的第四个环节要明确表达父母的感受。在陈述事实并肯定事实的可罚性之后，父母要明确地将自己内心失望和愤怒的感受传达给孩子。这个环节的关键是父母要让孩子明白，他的错误让父母感到多么的痛心和难过。如果父母对孩子的无条件关爱是正常和充分的，孩子将能同时感受到痛心和难过，从而让孩子将错误行为与痛苦联系在一起。

批评孩子的第五个环节要注意保护好孩子的自我价值。这个环节的关键是要让孩子明白，虽然他的某一具体行为错了，但是父母仍然觉得他是个好孩子，而且今后仍然会一如既往地爱他，在父母心目中，他永远是爸爸妈妈的好孩子。

批评孩子的第六个环节是明确表达父母对孩子的期望。这个环节的关键是让孩子明白，虽然他犯了错误，但是父母仍然对他充满信心，无论是从能力，还是从人格，父母都相信他在今后的学习和生活中不会再犯此类错误。

【经典案例】

自然后果法的魔力

自然后果法是法国著名教育家卢梭最早倡导的一种教育方法，意思是"通过儿童体验其过失的不良后果，来纠正他们的过失"。"如果他有冒失的行为，你只需让他碰到一些有形的障碍或受到他的行为本身产生的惩罚，就可以加以制止""应该使他们觉得这些惩罚正是他们不良行为的自然后果"。虽然自然后果法已经广泛应用在教育中，但是需要父母有意识地引导、能够"狠心"坚持下来（仅限于不会导致严重伤害和没有生命危险的情况），还需要人为地创设一些自然后果（例如，孩子乱扔文具，父母可以有意识地将其藏起来，让孩子在一段时间内失去这种文具等）。这种教育方法的内在逻辑为：如果孩子行为的自然后果是令人愉悦的，孩子自然会继续做同样的行为，如果自然后果使人不快，孩子自然会改变其行为。下文就是一个经典的运用自然后果法的教育案例。

8岁的史蒂文已经上小学了，他各方面的表现都比较优异，在学校里的人缘也很好，非常招人喜欢，但就是很容易健忘。他所在的学校不供应午餐，所以妈妈温蒂总会在早餐的时候把午饭盒放在他的书包旁边，让他带去吃。但是经常发生的情况是，当妈妈从厨房清理完早餐的碗筷时，发现史蒂文又忘记把午饭盒带走了。为了不让小孩饿着，温蒂只好在繁忙中开车去学校送饭。

有一次，温蒂在和邻居凯莉喝下午茶的时候，抱怨了自己孩子的问题。

52 | 让孩子快乐学习的 52 个方法：
减负增效的家庭教育途径

凯莉给她出了一个主意：运用"自然结果法"，让孩子领受到忘记带午饭的自然结果，他就能改正"健忘"的毛病，但是妈妈这边意志一定要坚定。凯莉讲了自己家的一个故事，给温蒂分享：有一次，女儿苏珊娜不知道怎么突发奇想，在大冬天打算穿小短裙去上学，家里人怎么劝都不答应，最后爸爸终于点头答应了她，但是提出晚上自己坐大巴回家。结果苏珊娜晚上到家时冻得哆哆嗦嗦。从此以后，苏珊娜凡事都会三思而后行，不再做傻事了。

听了凯莉的育儿经，温蒂暗暗下了决心，要帮史蒂文彻底改掉这种"健忘症"。她找来史蒂文谈话，告诉他："妈妈相信你已长大了，可以对带午饭负责，今后如果你忘带午饭，妈妈不会再去送饭了。"史蒂文嬉皮笑脸地说了句："好的，妈妈。"

计划开始执行后，温蒂发现自己受到了不少干扰。因为每次史蒂文一忘记带饭盒，一直把他当得意门生的山姆老师都会借钱给他买午饭，帮他解决温饱问题。温蒂发现这个事情后，找老师协商，山姆也答应不再借钱给史蒂文，让史蒂文开始接受考验。一次，史蒂文又忘记带午饭了，他向老师借钱，但老师说："很抱歉，史蒂文，我和你妈妈已经讲好，你要自己解决午饭问题。"史蒂文给妈妈打电话，请求她送午饭来。温蒂很和蔼但坚决地拒绝了他的要求。

最后，史蒂文的一个朋友分给了他一半三明治，但史蒂文还是被饥饿折磨了一下午，体验到了因自己不带午饭而饥肠辘辘的感觉。从那以后，史蒂文出门前都会长个心眼，很少再忘掉他的午饭了。

自然结果法这种教育儿童的方法需要家长的引导，运用自然结果法要先和孩子讲清道理，要让他预见到自己行为的可能后果，并对此负责。当孩子犯错误时，家长不采取补救措施，这样孩子自然会吃到"苦果"，以加深孩子的体验，达到教育的目的。孩子一些细小的不良行为，如赖床、作业拖拉等，都可以尝试着用这个办法来解决。

7.9 规则育人：贵在公正平等和透明

在现代社会体系中，方方面面都有相应的规则在进行着某种程度的约束，协调着社会的发展。小到学校和班级的校纪班规，大到国家的宪法和规章，无不在约束着人们按照既定的规则做事。中国老话讲的"没有规矩，不成方圆"就是这个道理。因此，规则是指规定出来供大家共同遵守的制度或章程，可以是书面形式的成文条例，也可以是约定俗成、代代相传的不成文规定，这些规则直接影响着人与人之间、人与组织之间以及组织与组织之间的关系与行为。由此可知，规则意识是指发自内心的、以规则为自己行动准绳的意识，是人们关于规则和规则现象的思想、观点、心理和知识的总称，属于社会意识范畴。由于成文条例和不成文规定都对孩子的成长和学习发挥着非常重要的影响，因此，从小培养孩子的规则意识不仅对于孩子长大成人后顺利融入社会至关重要，对于孩子寻找到学习的快乐感和愉悦感也非常重要。

【理念剖析】

孩子从出生之日起就生活在各种各样的规则体系中。尤其是进入幼儿园和中小学之后，从按时上学、提前预习、认真听讲、按时完成作业等方面，无不体现着孩子必须遵守的各项规则。如果孩子能够从小养成优秀的规则意识，则将能在遵守这些规则的基础上更好地体验到学习的快乐感和成就感。如果孩子没有从小养成良好的规则意识，将对遵守这些规则视同痛苦的逼迫，从而出现漠视规则、挑战规则的任性举动，任性的孩子势必会出现各种各样的学习障碍。因此，要从小培养孩子优秀的规则意识，应该遵循和落实下述理念。

（1）让孩子充分认识到规则的公正性与互惠性。为了培养孩子良好的规则意识，父母首先要让孩子体验到规则不仅是公正的（无论是谁都必须遵守规则，父母也不例外），而且是互相受益的（即遵守规则不仅能给别人带来好处，还能给自己带来好处）。例如遵守课堂纪律，不仅能让其他同学专心听课，让老师更好地讲课，也能给自己营造一个良好的学习环境。

（2）帮助孩子从被动地接受规则转变为主动地建构规则。对于孩子而言，如果父母简单地将规则视为强制性的外部要求，则很容易引起孩子的反感、抵触，甚至挫败感。由于每个孩子心中都有强烈的被鼓励、被认可和被肯定的心理需求，所以如果父母经常对孩子大声训斥"不行""不要""不能""不许""禁止"等字眼，孩子感觉到的就是强硬的被动限制。如果父母经常对孩子表达"你行""你能""你会"或者"如果你能这么做，我们大家都会为你感到高兴"等，孩子将会慢慢滋生出"我能""我行""我会""我可以"等积极感觉，从而主动建构起良好的规则意识。

（3）引导孩子在体验中循序渐进地养成规则意识。规则意识的养成不是靠简单说教、硬性规定和粗暴惩罚就能实现的。说教多了，很容易出现"超限效应"，引起孩子的厌烦和抵触。规定太硬性，很难让孩子发自内心地认可和接受规则。如果孩子违反了规则，父母只会进行粗暴的惩罚，也将激起孩子的不满甚至叛逆。因此，父母要在循序渐进中培养孩子的规则意识。当孩子遵守规则时，父母应该给予及时的肯定和表扬，当孩子违反规则时，父母可以给予适度的批评和惩罚，同时让孩子明白各种行为规则的必要性。当孩子渐渐发现遵守规则时能获得他人的表扬与认可时，内心的愉悦感将会促使孩子更加乐于遵守各项规则，从而逐渐做到远离任性。

（4）让孩子成为规则的主人。在家庭内部制定规则时，父母可以让孩子参与规则制定过程中的讨论，让孩子充分地发表意见，父母应该在耐心聆听的基础上尊重孩子的合理意见。此外，对于那些与孩子的学习和生活密切相关的规则，父母可以尝试着让孩子主导规则的制定，父母只是提供一些必要的指导和帮助。即使是孩子主导下制定的规则，父母和孩子也都应该严格遵照执行。由于是孩子自己主导制定的规则，孩子的主人意识和责任感将更强，也更愿意遵守这些规则。

（5）规则的执行要前后一致，善始善终。规则制定之后就要开始执行规则，执行规则的时候要注意三点，一是执行的标准要前后一致，不能因为父母心情好时就执行得松一些，心情不好时就执行得更严格。二是执行规则要保持连贯性和一致性，不能出现虎头蛇尾、半途而废的情况。三是父母不要因为"不忍心"而放宽规则的执行标准或者干脆直接放弃规则，这样不仅会伤害孩子的规则意识，还会损伤父母在孩子心目中的权威，因为"破坏规则比没有规则更可怕"。

（6）父母在规则执行过程中要做到诚信为本，言出必行。规则意识的养成以及规则的权威有赖于父母的态度和行动。如果父母能够在与孩子的日常交往中以及规则的执行过程中做到诚实守信，做不到的事情绝不轻易承诺，一旦承诺了的事情就将尽最大努力去实现，万一由于各种客观因素实现不了，也要提前征得孩子的理解和谅解。

【方法指南】

为了帮助孩子养成良好的规则意识，同时通过规则教育来激发孩子的学习兴趣，父母应该在家庭教育中学会使用规则来约束和激发孩子。概括起来，正确使用规则教育应该包括如下五大关键步骤。

（1）父母要明确哪些事情该孩子做，哪些事情该家长做。在很多父母看来，孩子的主要目的就是学习，为了提高学习成绩，孩子什么事都不用做，只要努力学习就行了。殊不知，这种只知道让孩子学习的家庭教育不仅会扼杀孩子的学习兴趣，也会削弱孩子的学习能力。正确的事情分工应该是：孩子自己的事情自己做，力所能及的家庭事务尽量做。

（2）在相互尊重的基础上与孩子平等协商制定规则。平等与尊重不仅是父母激发孩子独立主体意识的关键，也是培养现代社会高素质公民的基础，还是孩子摆脱支配与服从的动力来源。家长应该在平等以待、相互尊重的基础上与孩子心平气和地就学习、生活等问题达成共识。

（3）父母与孩子一道制定出明确的操作规范和行为准则。规则的制定不仅应获得孩子的认同，还应具备可操作性。这就要求父母能够结合孩子的实际情况，制定出明确的操作规范和行为准则。例如，如果孩子非常想去海洋馆，父母可以与孩子达成如下规则：每天放学后应该首先将家庭作业做完，然后用半小时帮父母做些力所能及的家务，例如拖地、整理书房等，这半小时的劳动可以换算成一定的报酬，当报酬积累到一定数量的时候，父母才能带孩子去海洋馆。这样便使得规则具有了可操作性。

（4）规则制定后家长要负责一视同仁地执行规则。父母与孩子一道制定规则后，接下来的重要任务就是要将规则执行好。孩子要受规则的约束，父母也要受到规则的约束，父母没有超越规则约束的特权，也不能超越规则范围去干涉孩子。当孩子想破坏规则获取额外利益时（例如，孩子的劳动时间不到半小时就不想干了或者家庭作业尚未做完就想获得报酬等），父母绝对不能因为心慈手软而同意孩子破坏已经定好的规则。

（5）父母要负责检查监督和跟进反馈。孩子毕竟是孩子，自我控制能力还不及成年人。因此，当规则一旦确定，父母必须负责检查监督规则的执行情况，同时对执行效果进行及时的跟进反馈。对于孩子做对的事情以及遵守规则的情况，要给予及时的表扬和认可，对于孩子做错的事情以及违反规则的情况，也要给予及时的提醒和督促。

【经典案例】

通过规则教育戒掉电视瘾

随着电子产品的普及，越来越多的孩子沉迷在电视、电脑和手机等电子产品提供的虚拟世界中。下面的这个案例虽然是关于如何戒掉电视瘾的，但实际上对于如何戒除电脑、手机等电子产品的上瘾状态同样适用。

小林已经上小学三年级了，是个非常聪明的孩子，但是成绩在班上一直处于中等水平。究其原因，主要在于小林每天放学回家后都要看上两个小时的电视。看电视既把做作业的时间耽误了，同时也让小林失去了很多深入思考的机会。小林的妈妈看在眼里，急在心里。她也知道，小林实际上是个很上进的孩子，只是由于自制力还不够强，抵制不了电视的诱惑，虽然他心里也很想放学后全心投入到学习和读书中。如果这个时候对小林采取简单的打骂或呵斥不仅不能让小林戒掉电视，还有可能受逆反心理和确认放大效应的影响，反而让小林更加沉迷于电视。

于是，小林妈妈想了一个办法。有一天，小林一边恋恋不舍地看着电视，一边在自责："今天的作业还没做完，明天咋向老师交代呢？"妈妈趁热打铁，立即将小林拉过来，自己则蹲在小林身前，让自己的视线与小林的视线处在同一个高度。然后用商量的口吻说："儿子，妈妈知道你是个非常上进和好学的孩子，心理也特别想戒掉电视对不对？"

小林说："是啊，妈妈。"

妈妈说："那咱们一起想个办法将电视戒掉好不好？"

小林高兴地说："那太好了。是个什么办法呀？"

妈妈说："儿子，这样吧。从今天开始到下周，你仍然每天坚持看 2 个小时的电视。一分钟都不能少。如果哪天电视节目不好看了，你也得坚持看够两个小时再去学习。但是进入第三周，咱们每天只能看 1 小时 55 分钟电视。进入第四周，咱们每天只能看 1 小时 50 分钟电视。依此类推，直到咱们每天只能看 30 分钟以内的电视。这个规则对你适用，对爸爸妈妈也适用。妈妈也想借这个机会改改我一直沉迷电视的不良做法。你能不能也帮妈妈这个忙，我还有很多喜欢的书要看呢。"

由于妈妈趁着小林也有少看电视的想法时与小林协商如何戒掉看电视的问题，再加上小林妈妈用的是非常平等和尊重的方式，此外，每隔一周才减少 5 分钟的看电视时间，自然感觉不到太大的痛苦。因此，小林非常爽快地答应了。

接下来就看小林妈妈如何执行已经定好的规则了。由于第一周并没有减少看电视的时间，妈妈和小林都相安无事。到了第二周，当小林看了 1 小时 40 分钟电视时，妈妈提醒他："儿子，还有 15 分钟就得关电视了。"小林也突然想起了自己的承诺，但是又实在想继续看完这部电影。到了 1 小时 55 分钟时，妈妈再次提醒关电视，小林央求到："妈妈，你就让我再看五分钟吧。马上就要结束了。只要五分钟就行了。"妈妈语气温和但态度坚决地说："儿子，咱们上周就说好了。你要是不关，我就替你关了！"听到妈妈如此坚决的语气，同时联想到妈妈平时都是说话算话，小林只好带着一些不情愿将电视关了。妈妈见小林自己将电视关了，立即冲上去抱着儿子说："儿子，你真是个信守诺言的人，妈妈稍微一提醒，你就主动将电视关了。妈妈太为你感到高兴了！"小林听完妈妈的表扬，有点不好意思地说："妈妈，我刚才还有点不愿意关呢。明天我肯定不用你提醒，到点我就把电视关了。"

就这样，小林妈妈按照循序渐进的原则，一个学期后就将看电视的时间缩短为半小时，这半小时主要用来收看《新闻联播》，因为《新闻联播》的语言非常严谨、规范和简洁，同时也能反映很多国内外大事，对小林的学习也能起到很好的促进作用。

7.10　榜样的力量：无穷的身教影响力

在孩子的成长过程中，父母对其发挥的榜样作用将产生着非常深远的影响，这种影响虽然不会一一对应地体现在孩子身上，但却会对孩子的人格和行为发生潜移默化的影响。此外，通过榜样力量教育孩子并非要求父母所有具体的事情都要做得比孩子更优秀，而是要求父母为人处世的原则、态度和精神要成为孩子的表率。毕竟在现实社会中，许多为人父母者都没有太多的知识和文化，或没有太高的学历和令人羡慕的工作职位，甚至很多父母想陪伴孩子读书都不可能，想辅导孩子做功课更力不从心，但是他们仍然能够发挥出优秀的榜样作用，从而最大限度地激发出孩子的学习动力和潜能，这就是老子当年在《道德经》中所说的"行不言之教"。

【理念剖析】

受过良好教育、拥有高学历的父母确实学习能力强，这些父母的反思、学习与成长确实对优秀孩子的培养至关重要。但是，也有很多父母由于受制于知识和教育等因素而无法学习，但照样能培养出优秀的孩子，那就是因为这些父母通晓人性，同时具备着那些最基本的优秀人格素养。这两类父母可能自己并不足够优秀，但是都能培养出优秀的孩子。究其根本，就在于这些父母能够通过自己的一言一行为孩子的成长提供优秀的榜样。正如英国学者塞缪尔·斯迈尔斯认为的那样："儿童时期，心灵的大门毫无遮拦地敞开着，时时准备接纳新鲜事物……童年就像一面明镜，在日后的生活中反射着最早进入他生活的东西。第一次在孩子生活中出现的事情必将影响其一生。第一次喜悦，第一次悲伤，第一次成功，第一次失败，第一次辉煌，第一次灾难，构成了他这一生的生活背景。"

在榜样的作用中，母亲和父亲都功不可没。对于母亲在教育孩子中的作用，古今中外无数的学者都论证过。例如，德国著名哲学家康德曾说："我永远也不会忘记我的母亲。在我孩提时，母亲就给我播下了向善的种子；并引导我感受大自然的启迪，领悟人生的真谛，拓宽我的视野。在我人生的旅途中，母亲的榜样时刻激励着我。"德国著名的教育家福禄培尔曾经说过："国民的命运，与其说操纵在掌权者手中，倒不如说是握在母亲手中。因此，我们必须努力启发母亲——人类的教育者。"德国教育家卡尔·威特也说过："作为母亲，应该使孩子成为爱美、爱正义、爱真理的人。许多母亲只顾关心孩子的健康而忽略孩子的品德的形成和智力的发展，这都是错误的、不负责任的行为。"前苏联教育家马卡连柯也认为，母亲时时处处都在影响着孩子，这种影响有时是有形的，有时是无形的。他说："不要认为，只有当您与孩子谈话，或教导他，或命令他的时候您才在教育孩子。在您生活中的每一时刻，即使您不在家的时候，您都在教育着孩子。您怎样穿衣服，您怎样与别人交谈和怎样谈论别人，您怎样高兴和忧愁，您怎样对待朋友和敌人，您怎样笑，怎样读报——所有这一切对孩子都具有重要意义。孩子能发现并感觉到语调中的细微的变化；您思想上的所有转变，都会通过无形的途径传达给孩子，而您却没有察觉。"由此可见，母亲爱孩子、信任孩子等于在培育孩子爱和信任的品质。正如爱默生所说："信任人，人便会真诚地待你；真诚地信任人，人将努力表现伟大。信任人，人才对你忠实；以伟人的风度待人，人才表现出伟人的风度。"母亲要想让孩子表现伟大、表现伟人的风度，就要充分地信任孩子、鼓励孩子、

52 | 让孩子快乐学习的 52 个方法：
减负增效的家庭教育途径

支持孩子。为了让孩子成为优秀而品德高尚的人，母亲应该将自己变成高尚的人；为了让孩子成为坚强的、心胸宽广的人，母亲应该把自己变成坚强的、心胸宽广的人……坚强的母亲教会孩子在困难面前勇气十足，心胸宽广的母亲让孩子学会展望未来，温柔善良的母亲让孩子懂得悲天悯人，冷静镇定的母亲使孩子学会坚强忍耐，文化修养深厚的母亲会影响孩子的思想深度。

从上面的分析中可以发现，母亲的榜样作用主要体现在如下方面。

（1）认真负责，态度严谨。对孩子对家庭对事业高度负责。如果家里有一个做事严谨细致、一丝不苟的妈妈，孩子做事的态度也必然会细致严谨。

（2）意志坚强，持之以恒。拥有自己的为人处事原则和独立操守，不会为外界的诱惑所动。对于自己认可的事情，能持之以恒地坚持直到成功。

（3）心胸宽广，大度宽容。能容下难容之人和难容之事。人生在世，必然会碰到各种各样的人和事，有些人和事甚至会让人感到非常委屈，这就需要靠宽广的胸怀去接纳、宽容和化解。

（4）勤劳坚毅，任劳任怨。能够任劳任怨地为孩子、为家庭辛勤劳动。在中国，母亲往往是任劳任怨的代名词，有一个勤劳坚毅的母亲，自然能对孩子产生很好的影响和熏陶。

（5）温柔善良，脾气温和。"母爱似水"，以温柔细腻见长。一个善良的母亲，必将带领孩子成为一个善良的人。温柔和善良最能展现母性的一面，也是母爱的重要体现，因而也是儿女最能受益的品质。无论是男孩还是女孩，善良都是非常优秀的品质。

（6）善解人意，受人信任。善于理解他人的想法，体验他人的情绪感受。善解人意的人不仅能更好地赢得家人的喜欢与关爱，同时也能更好地赢得亲戚、同事和朋友的喜欢与信任。

（7）冷静镇定，从容优雅。遇到任何事情都能冷静处理，泰然处之，不会因为遇到一点点困难而惊慌失措，也不会因为遇到挫折而心灰意冷。

（8）迎难而上，百折不挠。遇到任何困难都会迎难而上，愈挫愈勇。一般而言，女性的耐受力向来比男性强，正所谓"女本柔弱，为母则刚"。因此，女性的抗挫折能力一旦展现出来将给孩子留下终身难忘的印象，也是做事具有恒心的重要体现。

为了发挥出母亲的榜样力量，上述品格至关重要，正所谓"母爱似水""水滴石穿"，至于具体从事什么职业和岗位倒不是特别重要。父亲的榜样作用也是如此，具体的工作职位并不重要，重要的是在工作、生活和学习中所体现出来的优秀品质和素养。对于父亲这一角色而言，应该具备的优秀品质主要体现在如下方面。

（1）独立负责，勇于担当。正所谓"父爱如山"。独立不仅意味着经济能力上能够照顾好整个家庭，还包括心理上能够勇于承担责任，这种责任既包括对父母、对妻子、对孩子以及对其他家人的责任，还包括对事业、民族和国家的责任。

（2）百折不挠，愈挫愈勇。无论是打造幸福家庭，还是哺育孩子成长，或者是为事业奔波，总会遇到各种各样的困难，这时就需要家庭的顶梁柱能够力挽狂澜，带领大家从挫折中奋起。

（3）勇敢无畏，能担风险。在遇到困难和挫折的时候，在人生面临重要抉择的时候，需要一种勇敢无畏的精神，同时愿意承担一定的风险，也有能力承担一定的风险，这也是考验父亲勇气和智慧的重要关头。

（4）眼光长远，积极乐观。父亲的眼光是否长远将直接影响着孩子的思维和决策模式，而具备长远眼光的人在看问题时往往更多地聚焦在积极的一面，因而更容易养成阳光乐观的心态。这些都将对孩子产生长远的正面影响。

（5）明辨是非，坚持原则。在家庭教育中，父亲更容易成为规则的制定者和执行者。因此，如果父亲具备明辨是非的能力，同时在双方或多方制定好家庭规则后能够严格地执行规则。这将在很大程度上弥补母亲过于温柔导致的规则执行力不够等问题。

（6）心胸开阔，大度宽容。人们常说，比陆地更宽广的是海洋，比海洋更宽广的是天空，比天空更宽广的是人的心灵，而比人的心灵更广阔的则应该是男人的胸怀。虽然母亲具备很多优点，但同时也具备着敏感、脆弱、爱唠叨等缺点，

让孩子快乐学习的 52 个方法：
减负增效的家庭教育途径

这些需要父亲的宽容和理解。孩子在 3 岁左右以及进入青春期之后，一般都会表现出明显的叛逆性，为了帮助孩子顺利地度过叛逆期，也需要父亲的宽容和支持。孩子考试成绩退步了、竞赛成绩不理想等，也需要父亲的理解和支持。由此可见，没有一个宽容大度的父亲将很难培养出人格健全、心胸大气的孩子。

（7）勤劳智慧，自律自制。勤劳且能在勤劳的过程中充满着愉悦和乐观的心态，将对孩子的人生观和职业观产生积极的正面影响。而高度自律自制则是一个优秀父亲的重要标志。现代社会中处处充满了诱惑，为了远离诱惑，必须依靠智慧和高度的自律自制。同样，孩子在学习和成长过程中，也必然会面临着各种诱惑，例如贪玩、青春期早恋等，如果没有一定的自律自制能力，也将很难持续地获得好成绩。

（8）热爱运动，健全身心。生命在于运动，男性的生命力更在于运动。运动不仅能强身健体，还能增益心灵，更能帮助孩子顺利地实现社会化。在运动过程中，还能培养顽强不屈、坚忍不拔的精神，促进人的内心更加强大。如果父亲是一个热爱运动的人，孩子也能受到感染，从而在运动中实现身心的健康发展。

【方法指南】

人是环境的产物。父母对于改变自然环境和社会环境基本上无能为力，但是对于营造良好的家庭环境却发挥着举足轻重的作用。孩子的成长必须依靠自己去摸索、实践、思考和感悟，因此，父母对孩子的教育和引导更多地体现在榜样的影响和环境的熏陶上。概括起来，父母在日常生活、学习和工作中不该为孩子树立的榜样以及应该为孩子树立的榜样可以体现在下面的小诗中。从这些精炼的文字中，父母可以学会如何恰当地营造成长环境对孩子实施积极的影响和熏陶。

如果一个孩子生活在批评之中，他就学会了谴责；

如果一个孩子生活在敌意之中，他就学会了争斗；

如果一个孩子生活在恐惧之中，他就学会了忧虑；

如果一个孩子生活在怜悯之中，他就学会了自责；

第7章 激发孩子快乐学习的十大教育方法

如果一个孩子生活在讽刺之中，他就学会了自卑；

如果一个孩子生活在妒忌之中，他就学会了嫉妒；

如果一个孩子生活在耻辱之中，他就学会了负罪感；

如果一个孩子生活在鼓励之中，他就学会了自信；

如果一个孩子生活在忍耐之中，他就学会了耐心；

如果一个孩子生活在表扬之中，他就学会了感激；

如果一个孩子生活在接受之中，他就学会了关爱；

如果一个孩子生活在认可之中，他就学会了自爱；

如果一个孩子生活在分享之中，他就学会了慷慨；

如果一个孩子生活在安全之中，他就学会了相信自己和周围的人；

如果一个孩子生活在诚实和正直之中，他就学会了公正；

如果一个孩子生活在真诚之中，他就学会了心情平静地生活；

如果一个孩子生活在友爱之中，他就能感受到生活的美好。

【经典案例】

孩子的心灵世界是妈妈的反光镜

孩子的眼睛很亮，对父母的一言一行、一举一动都观察得十分细致。对父母的优点、缺点也看得一清二楚。有的孩子曾经得出这样形象而准确的结论："父母是个万花筒。"

同样是妈妈，每天都辛辛苦苦地为孩子为家庭忙里忙外，但是在孩子心目中留下的印象却有着天壤之别。究其原因，就在于妈妈在爱的智慧和爱的方式方法等方面存在着巨大的差异。下面是两个孩子在作文中描写的妈妈形象。

作文1：强忍着

我特别可怜我的母亲，我特别恨我的父亲。我妈每天上班很累，回家以后做饭、洗衣服、料理家务，都是她做，我看她一天到晚忙得筋疲力尽。就在这么忙的情况下，她每天还腾出三四十分钟数落我、批评我。她说的话还那么没有水平，还没有我水平高呢，你说我妈有多可怜。我父亲呢，他在家里，除了骂我，话很少，整天拉长个脸，一根一根地抽烟。二十一世纪了，他不民主，居高临下。他怎么说，我就得怎么做，我要反驳他，他就揍我。

对我的父亲母亲，我就是三个字：强忍着。

作文 2：我的妈妈

北京市宣武区第一实验小学的王尔晴同学读三年级时，就在一篇作文中将她的妈妈——中央电视台著名的节目主持人敬一丹（她是中央电视台名牌栏目《焦点访谈》和《东方时空》的著名主持人，曾连续 3 次被评为全国"十佳电视节目主持人"，多次荣获"金话筒"奖，在自己的事业领域取得了巨大的成功）描写得有血有肉，亲切活泼，富有浓厚的生活情趣：

妈妈从来不叫累，也不怕苦，不怕脏。她没有闲着的时候，就连打电话，也要拿一块抹布擦电话。

妈妈脾气大，她每次发脾气差不多都是冲着我或爸爸。

妈妈不挑食，很节省，从不乱花一分钱、浪费一粒米，要是爸爸扔了一个纸盒子，妈妈就会再捡回来。

妈妈很爱我，她经常带我出去，让我长知识，开眼界。我请别的同学到家里来时，她很欢迎，热情地招待每个同学，给同学和她的父母倒水、拿水果，跟同学的父母聊天。同学要走了，她就把同学送到楼下或车站。

王尔晴的这篇作文在我国为了迎接第四次世界妇女大会时举行的《我眼中的妈妈》征文活动中获奖了。发奖那天，父母都参加了孩子的领奖仪式。女儿在台上读获奖作文，妈妈敬一丹在台下流泪。我们可以理解，妈妈从孩子的眼中看到了自己，发现了自己从来都没注意过的优点和不足。用敬一丹的话说："我自己获奖，有的是成就感；而女儿获奖，我感受到的是幸福感。"

结束语

作为一名学教育、做教育近三十年的人，面临孩子学习和教育问题时，我和大多数家长一样，也经历过从无原则的爱到无所适从的困惑再到学习、反思和改进。在这个过程中，很荣幸地遇见了康小明博士。作为从江西这个高考大省考出来的两个教育人，学习对我们来说并非痛苦和无聊，而是充满了成就感和快乐感的愉悦体验。为了帮助到更多的父母和孩子，我们一直在酝酿着要一起编写一部有关家庭教育的书籍，从理论和实践两个层面帮助家长朋友们掌握如何引导孩子体验到学习的愉悦感，帮助更多的孩子激发他本该具有的学习潜能。

首先，希望阅读本书的读者能够认同我们的学习观，第一，爱学习、会学习比暂时的成绩更重要，第二，热爱生活、健康成长比学习更重要。第三，人生是一个终身学习的过程，正所谓"活到老，学到老"，要通过学习，找到自己喜欢并且擅长的事情，同时通过做好这件事给自己和他人带来快乐和价值。

"耕读传家"是我国自古以来的优秀传统。学习，自古以来就是中国家庭最重视的内容之一。作为北京市朝阳区家庭教育指导中心的负责人，我在长期的实践工作中，也经常听到很多的孩子抱怨家长只关心成绩，不关心他的生活、思想和心理。我以为，学习成绩的好坏其实与原生家庭有很大关系，特别是学习动力、学习习惯、学习能力等方面。本书里提到了大量的与学习相关的基础理论知识，有些理论知识尚属研究前沿，相关结论有可能会被最新的研究结论替代，但是大方向基本没有问题。此外，本书中也列举了大量的案例，有些案例是作者亲身经

52 | 让孩子快乐学习的 52 个方法：
减负增效的家庭教育途径

历的，也有一些案例是引用自其他途径，由于时间仓促，难免挂一漏万，如有未能注明出处的内容，烦请发现或知情的读者不吝告知。

此外，作为家长，把握好孩子学习的关键期也非常重要，正所谓"菩萨畏因，众生畏果"，孩子学习成绩的好坏要按照系统思考的原理，找到根源，方能有效。我甚至认为在受孕的一瞬间就决定了孩子的很多，因为 DNA 的作用是强大的，孩子的出生也决定了他的生活和教育环境、学习条件和成长机会等，而这些东西又是孩子自己不能左右的。但是，每一个孩子都可以通过智慧父母的科学引导以及自己的努力成就一个崭新的自我。因此，做好孩子教育的第一要务是要重视原生家庭建设，而家庭教育则首先要重视孩子的健康，包括身体的健康、心理的健康和精神的健康。在确保孩子健康的情况下，家庭教育的最终目标是要在孩子身上注入一种精神力量，在他需要的时候可以感召他、影响他，让他有能力去做正确的事情。这种精神力量也正是国家提倡的家风和家训的内核，"忠厚传家久，诗书继世长"说的就是这个道理。晚清重臣、一代儒学大家曾国藩向来主张勤俭持家，努力治学，睦邻友好，读书明理，在他的影响下，后代都能够恪守家训，自律自理，成人成材，就是一个鲜活的例子。

"天下之本在家"。家庭是人生的第一个课堂，父母是孩子的第一任老师，也是陪伴孩子时间最长的老师。家风是一个家庭的精神内核，正所谓"积善之家，必有余庆；积不善之家，必有余殃"。众所周知，袁隆平的家庭给了他无限的力量，袁院士写给母亲的信《妈妈，稻子熟了》写道："这辈子对我影响最深的人就是妈妈您啊！他们说，我用一粒种子改变了世界。我知道，这粒种子，是妈妈您在我幼年时种下的！"可见，家庭给予袁隆平的底色是非常厚重的，为他的成长和成就打下了坚实的基础。此外，我国著名的教育家叶圣陶先生也说过："教育就是培养习惯，衡量教育是不是成功就看有没有形成良好的习惯"。在本书中，我们提到了如何构建孩子的生命支柱、人格支柱和能力支柱，也提到了让孩子快乐学习的家庭教育方略，就是希望大家能够了解孩子的学习规律和成长规律，在尊重和信任孩子的基础上，采用科学的方法激发孩子的学习兴趣，培养良好的学习习惯，赋予他优秀的学习能力，让他能够高效学习，进而实现快乐学习。

结束语

　　人的成长从家庭出发，最终也还要回归家庭，家庭教育是不可逆的，却是可以改变的。衷心希望所有的家长朋友们能够从现在开始重视家庭教育，重视家风传承，让所有孩子能够高效而快乐地学习，能够健康而茁壮地成长。"家庭的前途命运同国家和民族的前途命运紧密相连"，《家庭教育促进法》的出台就是全面加强和完善我国家庭教育工作的冲锋号角！衷心希望我们通过关注家庭建设，传承优良家风，弘扬传统美德，助力中华民族的伟大复兴！

蔡　芳

2021 年 12 月 1 日

参考文献

1. 陈会昌,尊重平等教育的心理学基础与实施策略,《心理发展与教育》,2005.
2. [美]弗洛姆,《为自己的人》,三联书店,孙依依译,1988.11.
3. 黄之瑞、张佩珍等译,《公民的诞生》,教育科学出版社,2002.4.
4. 李开复,《做最好的自己》,人民出版社,2005.9.
5. 林崇德,杨治良,黄希庭. 心理学大辞典[M].上海:上海教育出版社,2003.
6. [德]卡尔·威特著,鲁曼俐编译,《卡尔·威特的教育》,哈尔滨,黑龙江科学技术出版社,2010.11.
7. [法]卢梭:《爱弥儿》,李平沤译,人民教育出版社,2001.5.
8. [美]弗洛姆,《爱的艺术》,李健鸣译,上海译文出版社,2008.4.
9. 任代文等译,《蒙台梭利幼儿教育科学方法》,人民教育出版社,2001.5.
10. 谭小宏,秦启文,责任心的心理学研究与展望,《心理科学》,2005,28(4).
11. 蒲清平,徐爽,感恩心理及行为的认知机制,《学术论坛》,2011(6).